谨以此丛书献给25年来所有参与本课题研究的老师们！

脑科学·思维·教育 丛书

教学改革的回归与创新

——『学习与思维』课题研究20年

温寒江
王迎春
连瑞庆
◎主编

教育科学出版社
·北京·

一项有战略意义的研究

全面实施素质教育是为了适应现代社会对人的素质的需要，也是为了适应现代社会中人的自身发展的需要。提出提高人的全面素质，当然是针对原有教育模式中存在的不全面的地方，这些不全面的地方主要是指对培养人的创新精神和实践能力重视不够。因此，改革人才培养模式，加强对人的创新精神和实践能力的培养就成为实现全面素质教育的重要课题。

培养创新精神的关键是培养人的创新思维，而这一过程实际是开发人的潜能，特别是开发人的大脑潜能的过程。现代脑科学的研究已越来越被各国政府和科学家所重视，因为从某种意义上说，一个国家的综合国力取决于经济实力，经济实力取决于科技实力，科技实力取决于创新实力，创新实力取决于人才实力，而人才实力则取决于人脑功能的开发水平。因此，加强脑科学的研究以服务于人脑潜能的全面开发就成为综合国力竞争的有战略意义的重点。

我国著名教育家温寒江同志，多年以来，以其深厚的教育理论素养和丰富的教育实践经验，根据脑科学研究成果指导了形象思维的研究与教育改革实验，并取得了重大进展。近几年，又将脑科学应用于基础教育中培养创新精神的理论与实践的研究，取得了可喜成果，这部丛书就是这一成果的展示。本丛书凝聚着许多优秀教育工作者进行的理论与实践探索的心血与智慧，无论对全面教育改革，还是学科教学论的发展，都会产生重要的影响。

我衷心希望，培养创新精神的研究会有助于教育的创新，会有助于从更深的层面上理解和实践全面素质教育的深刻内涵。

陶西平

2010 年 3 月

一、教育的困惑

新中国成立 60 多年来，我国教育事业有了很大的发展，取得了巨大的成绩。但是，我们也看到，当前中小学课堂教学相当普遍地存在枯燥乏味、抽象难懂、死记硬背、高分低能的现象。教育还不能适应经济社会发展的形势，还不能适应国家对人才培养的要求。问题的症结在哪里？教育理论是否存在缺失？教学改革路在何方？对此，我们常常感到困惑。

二、脑科学的启示

20 世纪 70 年代末至 80 年代，是思想解放的年代。在对教育问题的思索中，有几件事情对我们的影响是深刻的。首先，《毛主席给陈毅同志谈诗的一封信》发表后，在毛主席肯定形象思维的鼓舞下，文艺界展开了新中国成立以来第三次关于形象思维的大讨论，对形象思维在文艺中的作用，文艺界取得了比较一致的认识。其次，我国著名科学家钱学森，大力提倡形象思维，把形象思维作为人类思维的基本方式之一，并建议把形象思维作为思维科学研究的突破口。最后，美国心理学家斯佩里（R. Sperry）对裂脑人的实验研究，揭示了大脑两半球功能的不对称性和右半球的许多高级功能，获得了1981年诺贝尔生理学或医学奖。

裂脑人的实验成果表明，人们可以用语言(概念)来思维，也可以用非语言的表象来思维，从而打破了行为主义心理学研究行为而不研究意识（思维）的禁区，也打破了"只有唯心主义者……才能谈到没有语言的思维"（斯大林语）的神话，大大解放了人们的思想。

斯佩里的裂脑人实验和钱学森的倡导，使我们对教学改革的思索，聚焦到脑科学、思维、教育这三者的结合上来，以脑科学的新成果为依据，探索一条教学改革的新路。

脑科学和教育科学是两个不同领域的学科，脑科学成果在教育中的应用，要找到结合点或切入点。我们选择的切入点是"思维"。因为思维既是脑科学的重点研究内容，又是学习科学的核心。思维是这两个学科最大的共同点。这样，我们的课题就直接把脑科学关于思维、表象、记忆、语言学习等重要研究成果，同中小学的各科教学、同人的全面发展联系起来了。

我们的课题是北京市哲学社会科学"八五"、"九五"、"十五"、"十一五"规划重点课题。"八五"课题名称为"开发右脑，发展形象思维的教学实验与研究"，"九五"、"十五"为"发展形象思维的理论研究与教学实验"，"十一五"为"学习中思维的全面、协调和可持续发展研究"，总称为"学习与思维"。1998年春，我们有幸向李岚清副总理汇报课题研究的进展和阶段成果，李岚清副总理对课题研究的充分肯定和重视，使课题组全体成员受到莫大的鼓舞。

三、时代·问题·目标

（一）问题

马克思说：问题就是公开的、无畏的、左右一切个人的时代声音。

我们正处在建设富强民主、文明和谐的社会主义现代化国家，实现中华民族伟大复兴的时代。我们又处在人的思维方式、社会媒体深刻变革的时代。

处在这样一个伟大的时代，我们怎样把握教育的问题？当前教育存在的问题是什么？在课题开始时，我们并不十分清楚。其原因正如古诗所说，"不识庐山真面目，只缘身在此山中"。随着研究的深入，特别是"十一五"期间，在科学发展观的指导下，我们开展学习过程中思维全面、协调、可持续发展的研究，对当前教育存在的主要问题感到清晰了。概括起来，可以从教学实践和学习理论两个方面来说。

在实践上，课堂教学相当普遍地存在四种现象：枯燥乏味，抽象难懂，死记硬背，高分低能。

在理论上，可以从以下四个方面进行阐述：

（1）从学习与发展的内涵来说，人的全面发展（德、智、体、美）内在联系的机制是什么？为什么说科学与艺术是相通的？

（2）从学习与发展的顺序来说，学习从已知到未

知，新旧知识(技能)内在联系的机制是什么？(目前国外有多种学习迁移理论，但没有统一的学习迁移理论)

（3）从学习与发展的层次来说，技能、能力、创新能力内在联系的机制是什么？能否培养中小学生的创新能力？

（4）从学习与媒体的关系来说，当代信息技术迅速发展，信息技术(网络、多媒体)如何同学科教学整合？

这四个问题是教育理论的基础性问题。这几个问题解决了，学习的其他一些重要问题，如认识活动与身心发展、知识的理解、学习的效率、学习可持续发展等问题，也就比较容易解决了。

我们的研究表明，上述当前教育存在的问题，其根源在于忽视思维或思维的片面性。

（二）目标

课题研究有以下三个目标：

（1）全面发展思维；

（2）教会每一个学生，使学习可持续发展；

（3）培养能力、创新能力，让青少年智力得到最佳发展。

四、教学必须深入改革

20 多年来，课题研究以马克思主义认识论和科学发展观为指导，以脑科学的新成果为依据，全面发展思维，深入教学改革，探索一条教学改革的新路——教学改革的回归与创新。

所谓"回归"，我们认为，当前教学的改革，应从各种忽视思维、脱离思维的学习理论及其影响中，回到学习的基本命题即学习与思维上来。正如温家宝同志所指出的："教学改革还要回到学、思、知、行这四个方面的结合，就是学思要联系，知行要统一。"所谓"创新"，就是学习落实科学发展观，以思维的全面、协调、可持续发展为核心，走学习可持续发展、最佳发展的创新之路。

五、改革的思路、方法与成果

我们研究的思路是：在学习过程中，开发大脑潜能（开发右脑）—发展形象思维—思维的全面发展—思维的全面协调可持续发展—学习的可持续发展。通过发展思维，把教育与脑科学有机地结合起来。

我们研究的基本方法是：理论结合实践，我们采取边研究边总结的方法，把理论研究和教改实验结合起来。理论研究的成果为教学实验提供依据，学校改革实践又检验与丰富了理论研究的成果。

20 多年的研究与实验取得了丰硕的成果。

（1）我们在理论结合实践下，用中国的学术话语，解决并回答了当前教育存在的上述问题，完成了课题研究的目标。

（2）编辑出版了40 多本理论研究与教学实验的成果，其中有总课题出版的专著、论文集31 本，实验学校出版的专著、校本教材12 种。

《脑科学·思维·教育丛书》是从上述课题成果中精选出来的研究成果。

课题的研究工作得到了中央和北京市教育部门的领导，得到了北京市社科联、北京市哲学社会科学规划办公室、北京教育学院、北京市教育学会的关心和大力支持。清华大学美术学院教授、博士生导师史习平先生听闻"学习与思维"课题 25 年研究成果选集出版在即，特为此治印祝贺。在此，谨对为本课题的研究、实验、出版给予关心、支持和帮助的领导、专家、学者和有关工作人员致以衷心的谢意！

本丛书由北京市社会科学理论著作出版基金资助出版。

温寒江

2014 年 12 月

人们常说："十年磨一剑。"我们的"剑"磨了 20 年，这把"剑"就是关于学习与思维的研究，就是脑科学在教育中的应用。

20 年来，我们课题组以脑科学的新成果为依据，以发展思维为核心，研究的思路是：学习与形象思维发展—学习与创造性思维发展—学习与思维的全面发展—学习与思维的全面协调可持续发展。科学发展观揭示的是发展的普遍规律，"十一五"期间，我们学习落实科学发展观，把学习与思维的研究提升到一个科学的新水平。

这本《教学改革的回归与创新——"学习与思维"课题研究 20 年》，是总结课题 20 年研究与实验成果的重要组成部分。它的内容由三部分组成，分为三编：第一编，教学改革的回归与创新——"学习与思维"课题研究 20 年的报告；第二编，中小学各科教学理论、教学法创新点；第三编，部分实验学校改革实验的总结。其中，第一编由温寒江、王迎春、连瑞庆执笔，后两编文章作者见正文。

教育是在传承与创新中，不断提升与发展的。"学思结合""温故知新"等古老命题，与当代脑科学成果相融合，与时俱进，再一次放出东方智慧的耀眼光芒。 教育改革既要继承传统中科学有益的成分，又要不断吸取当代科学技术发展的新思想、新成果；把以爱国主义为核心的民族精神和以改革创新为核心的时代精神结合起来，努力走出一条教育改革的创新之路。 这就是我们提出教育改革的回归与创新的意义之所在。

　　由于我们水平有限，本书的错误、疏漏之处在所难免，敬请广大读者和各位专家批评指正。

编者
2010 年 4 月

目录

第三编　部分实验学校改革实验的总结

第一编

教学改革的回归与创新
——『学习与思维』课题研究20年的报告

第一章

问题·目标

一、问题

我们的课题研究是从基础教育中存在的问题提出来的。课题开始时，我们首先感到的问题是，学校的课堂教学相当普遍地存在枯燥乏味、抽象难懂的现象。如学生对语文、地理等学科的学习感到枯燥乏味、没有兴趣，对平面几何的学习认为抽象难懂。

随着课题研究的逐步深入，涉及的问题多了起来。"十一五"期间，我们学习落实科学发展观，进行了学习中思维全面协调可持续发展的研究，对过去的教学工作进行了反思，对基础教育中存在的问题有了比较全面、深入的认识。概括起来，当前基础教育存在的问题，可以从实践和理论两个方面来说。

(1)在实践上，课堂教学相当普遍地存在四种现象：枯燥乏味，抽象难懂，死记硬背，高分低能。

(2)在理论上，现有教育理论(学习理论)存在八个未能解决的重要问题：

① 人的全面发展(德、智、体、美)的内在联系是什么？ 为什

么说，科学与艺术是相通的？

② 人是怎样认识客观事物和理解所学知识的？ 对此，现有理论有较大的局限性，如不能阐明人如何领悟一首诗、听一个故事或唱一首歌，也不能说明如何正确理解并掌握一项体育技能。

③ 中小学生能否培养创新能力？ 技能、能力、创新能力内在联系的机制是什么？

④ 温故知新，学习是从已知到未知，那么，新旧知识内在联系的机制是什么？（目前，国外有多种学习的迁移理论，但没有统一的学习迁移理论。）

⑤ 学习是一种认识过程，关于学科学习过程的理论，有的学科存在缺失，如语文、几何；有的学科尚不清楚，如体育、音乐、美术。

⑥ 教育要信息化，那么，信息技术与学科教学整合的原理、方法、特点是什么？

⑦ 学习是否可以持续？中小学各科教学均存在教学难点，如何化解教学难点？

⑧ 学习脱离实际的理论根源是什么？

上述当前教育工作在实践上、理论上存在的问题，不是一般性问题，而是根本性问题。这些问题的长期存在，已严重影响教育质量的提高和素质教育的发展。其根源在哪里？ 我们试图用两种思维的理论回答和解决这些问题。

二、目标

20 年来，发展思维始终是课题研究的核心目标，其他目标是随着课题研究的深入逐步被提出来的。集中起来，研究的目标主要有三个：

第一，全面发展思维；

第二，教会每一个学生，使学习成为可持续发展；

第三，培养能力、创新能力，让青少年的智力得到最佳发展。

第二章

课题研究的历程·指导思想·特点

一、基本情况

我们的课题是北京市哲学社会科学"八五""九五""十五""十一五"规划重点课题。"八五"课题名称为"开发右脑，发展形象思维的教学实验与研究"，"九五""十五"为"发展形象思维的理论研究与教学实验"，"十一五"为"学习中思维的全面、协调和可持续发展研究"，总称为"学习与思维"课题。

20年来，参加课题研究的学校先后共有38所，其中幼教3所、小学20所、特教2所、中学11所、大学2所。其中"十一五"期间参加课题研究的学校有20所：幼教2所、小学9所、特教2所、中学7所。幼教有：北京市第五幼儿园、福建省龙岩市市直机关幼儿园。小学有：北京市朝阳区实验小学、北京育才学校(小学部)、北京市朝阳区星河实验小学、北京市西城区官园小学、北京市怀柔区第三小学、北京小学(走读部)、北京市平谷区金海湖第一小学、北京市昌平区回龙观中心小学、北京市朝阳区黄胄艺术实验小学。特教有：北京市东城区特殊教育学校、北京市宣武区培智中心学校。

中学有：北京市第八中学、北京市第一六一中学、北京工业大学附属中学、北京市文汇中学、北京市怀柔区雁栖学校、北京市怀柔区第二中学、北京市昌平区沙河中学、北京师范大学密云实验中学。

课题研究先从学科的改革实验研究开始。"八五"期间，大中小学有 15 个学科进行了发展形象思维的学科改革实验。"九五"以后，实验学校相继成立，大部分学科子课题的成员参加了实验学校的改革实验，学科子课题的工作也相继结束，只有体育、音乐、美术三个学科子课题 20 年来一直保留下来。前后参加学科子课题和实验学校教学改革实验的教师约 1 000 人。

1998 年春，我们有幸向时任国务院副总理李岚清同志汇报课题研究的进展和阶段成果。李岚清同志对课题研究的充分肯定和重视，使课题组全体成员受到莫大的鼓舞。

二、课题研究的基本过程和思路

课题研究开始时，根据课堂教学相当普遍地存在枯燥乏味、抽象难懂的现状，课题提出以发展形象思维为突破口，探索一条使课堂教学变得生动有趣、学习内容变得比较容易理解，有效地提高教学质量的教学新路。然而，什么是形象思维，如何在学科教学中发展形象思维，教学改革的具体目标是什么，如何进行改革等，都没有现成的答案和经验。我们采取边学习、边实践、边总结的办法，摸着石头过河。

（一）"八五"期间

"八五"期间，我们首先进行关于形象思维的研究，把重点放在三个问题上。

（1）确定形象思维的科学依据。我们学习了 R. W. 斯佩里的裂脑人实验和认知心理学关于表象的研究，把课题研究从一开始就建立在科学的基础上。

（2）研究形象思维的思维方法、思维的产生与表达。在研究过程中，关于观察的研究是一个关键问题。现有理论把观察看做是一种感知觉。我们研究认为，观察是一种基本认识过程，观察有感性认识和理性认识之分，有目的的、深入的观察抓住了事物的本质，是思维的过程，而且主要为形象思维。观察和实践(实验)是一切直接经验的来源。

(3)探索如何通过学科教学发展形象思维，把理论研究与教学改革实验紧密联系起来。大中小学有 15 个学科进行了这项研究。

(二)"九五"期间

20 世纪 90 年代，时任党和国家领导人江泽民同志高瞻远瞩，多次强调指出："创新是一个民族进步的灵魂，是国家兴旺发达的不竭动力。""九五"期间，我们在研究形象思维的基础上，把研究的思路集中到创造性思维的问题上来。

(1)什么是创造性思维？ 我们用两种思维——抽象思维和形象思维的理念，研究了创造过程的思维，重新界定"创造性思维"，认为"创造性思维是创造过程中的思维活动，它主要是两种思维(抽象思维、形象思维)新颖的、灵活的、有机结合的思维活动"。新的概念为研究和培养创新能力开辟了新途径。

(2)传统教育能培养创新能力吗？ 这是我们需要搞清楚的问题。我们回顾了从夸美纽斯的《大教学论》到苏联凯洛夫的《教育学》等经典教育书籍，不难看出，传统教育没有提出培养创新能力(或创造能力)的教育目标，也没有论述培养诸如联想、想象、发散思维、直觉这些最具灵活性、创造性的思维方法，且不重视实践能力的培养。因此，我们认为传统教育对于创新能力的培养是有限的。

(3)探索一条通过中小学各科教学培养创新能力的途径。我们研究认为，要在中小学生中培养创新能力，关键在于更新观念，突破现有教育理论的局限。

首先，建立发展形象思维、两种思维相结合的学科教学过程新模式。创造性思维的培养不能只靠某一门课或某一种教学方法，而必须根植于思维的肥沃土壤之中，这个肥沃的土壤就是两种思维相结合的各科教学。

其次，培养创新能力要进行教学方法的创新，如自主学习、探索学习、思维发散训练法、想象法、直觉法等。"九五"期间，我们开展了广泛的教学法创新活动和相关的征文活动。

最后，培养创新能力，要改革课程设置，实施学科课、活动课相结合、课内外并举的课程体制。其间，许多实验学校开展了多种多样的课外兴趣小组、科技小组活动。

(三)"十五""十一五"期间

20 世纪末，在认知神经科学诞生后不久，我们从译者沈政教授那里得到美国 M. S. 加扎尼加主编的《认知神经科学》一书。这是一部大型专著，由一批世界知名脑科学家从感知觉、注意、记忆、语言、表象与思维、意识等领域，比较系统地论述了脑与认知的机制。该书成为我们把脑科学的成果应用于教育研究的科学理论依据。

从"十五"到"十一五"的 10 年间，是课题研究逐渐深入的阶段。我们以马克思主义认识论和科学发展观为指导，以脑科学(认知神经科学)为依据，更加深入地进行了课题研究。"十五"期间，我们着重研究了学习基本过程中的思维、技能、知识三个基本要素。

1. 思维是大脑的机能

现有关于思维的定义，大多数是从抽象思维的特点来界定的。我们根据脑科学研究了语言、表象、思维推理的脑机制，认为思维的定义应该把重点放在脑的属性和功能上：(1)大脑的两种思维属性。第一，客观事物必须在个体内(主要为大脑)得到表征(语言和表象)；第二，这种心理表征在大脑中是可操作的。(2)大脑的认识功能。即通过思维人们可以认识客观事物的基本属性和本质，还可预测和把握未来。

因此，我们提出思维的定义为：思维是人脑对客观事物在脑中的表征——语言(概念)和表象——进行加工的认识过程，它既能反映、揭示事物的本质特征和事物间的规律性联系，又能预测、计划事物的未来。

这个基于脑科学的思维的定义，有三个特点：一是思维的全面性，即思维包括抽象思维和形象思维，两种思维都要发展；二是思维的两个属性，即思维活动包含着思维材料和思维方法，二者不可分；三是思维的可操作性，即两种思维都有各自的思维方法，分一般思维方法和特殊思维方法。

2. 技能是外界信息与大脑联系的通道

我们用两种思维的观点，对技能的概念作了新的界定："技能是认识过程中，客观事物的信息经感官活动(眼、耳、鼻、舌、身)内化为思维，或思维活动及其结果通过感官活动表达出来的方式方法。"技能分内化技能和外化技能，一般由人的外部动作(感官、肌肉、骨骼等)和内部智力活动(思维活动)两部分构成。技能是同思维相联系的。

新的技能的定义，主要特点有：(1)统一了技能的概念，不再分智力技能和动作技能；(2)所有技能都是同思维联系着的；(3)完善了学习的认识过程，即学习是一种认识过程，思维是这个过程的核心，技能(能力)是它的两翼，知识是认识的主要结果。

能力和技能属于同一类认识活动。我们研究认为，"能力是一种顺利地或高质量地完成获取知识和运用知识的个性心理特征，是技能高水平的综合"。能力由两部分构成，一是技能成分，即基础部分；二是技能高水平的综合形成的提高部分。第一部分说明能力的培养要从扎实的相关技能开始，第二部分指出能力训练的目标，即要通过训练形成相关的心理品质(思维品质)。就是说，根据学科特点，在技能的基础上，通过有效的思维训练(如概括性、灵活性、综合性等)就可以培养能力。这样，能力就成为可操作的活动，而不是过去那种不可捉摸的东西。

可见，思维、技能、能力三个基本概念是相互联系、简单明了的。然而，现有理论由于忽视形象思维，把技能分为智力技能和动作技能，没有统一的技能概念，导致技能与思维、技能与能力没有内在联系，使原本简单明了的关系，变得复杂而且难以理解了，严重影响教育质量的提升。

3. 知识是技能的产物

知识是人类长期认识世界、改造世界(包括认识自己)的过程中所获得的认识和经验的总和。它实际上是认识过程中技能不断转化(内化和外化)的产物。

在知识分类的研究中，我们强调了两点：(1)间接经验和直接经验。学生以学习间接经验为主，这是一条教育的基本经验，但做起来往往产生偏差，容易忽视直接经验，忽视实践，忽视观察。(2)科学知识和个性化知识。个性化知识是指人们认识客观事物时，同个人的感受、体验相联系的知识，如文学艺术、体育技术等知识，但人们往往忽视个性化知识的特点。

忽视直接经验，忽视个性化知识特点的认识根源，是思维的片面性。

(四)"十一五"期间

"十一五"期间，通过学习实践科学发展观，"学习与发展"研究的思路清晰了。

我们把关于学习的研究分为两步：第一步是学习的基本过程。学生获取知识和运用知识的过程，是认识过程的基本一环，这方面在"十五"期间已基本完成。第二步是学习的连续过程，即学生通过学习促进身心和谐发展的过程。在科学发展观的指导下，抓住学习中思维的全面、协调和可持续发展这条主线，对学习与发展的研究是顺利的，并把学习理论的研究提高到一个新水平。

1. 思维发展的全面性、协调性，是学习与发展的基础

(1)思维的全面性，是人的德、智、体、美全面发展的基础，它是通过教学落实教育方针、促进身心全面发展的理论依据。

(2)在学习的基本过程中，知识是认识的结果，技能的转化是认识的过程，知识和技能是协调发展的；这是学习中思维材料和思维方法协调发展的具体体现。

（3）在学习过程中，两种思维相结合的形式是多种多样的。不同学科中两种思维结合的教学模式和特点，是学科思维协调发展的形式，凸显了学科的本质和特色。

（4）现代教育媒体（多媒体和网络技术）是发展两种思维的好载体。目前，我们处在传统媒体（书籍）和现代教育媒体并用的时期。历史的发展表明，一种新媒体的产生，必然促进学习方式的变革，催生新的学习方式。我们认为，新的学习方式是个别教育与集体教育的最佳结合。

2. 知识、技能的迁移，是学习与发展的内在机制

我们提出两种思维统一的学习迁移理论，即前后两种学习经验（知识、技能、能力、习惯等），若有共同的思维要素（思维活动的方式方法），就能产生知识、技能的迁移。迁移是新旧知识、技能内在联系的机制，也是学习可持续发展的内在机制。迁移问题是一个关乎学习质量与效率的重要问题。

3. 化解教学难点（学习难点），是学习可持续的关键

基础教育中，各学科普遍存在教学难点，这成为学习可持续发展的障碍。破解教学难点，是广大教师最关心、最直接、最现实的问题。如何破解教学难点，通过教师的经验，可以将其概括为：在思维全面发展和知识与技能相协调的基础上，整体把握教材，运用学习迁移的理论，适当地进行教学内容和教学方法的改革，这样，难点便是可以化解的。每一个教学难点的化解，都意味着学习又前进了一步，保证了学习的可持续发展。

总之，20年来课题研究的基本思路是以思维为核心，学习与思维相结合，其历程为：学习与形象思维发展—学习与创造性思维发展—学习基本过程与思维全面发展—学习中思维的全面、协调和可持续发展。由此，20年课题研究与实验是教学改革的回归与创新。所谓"回归"，是指教学改革要从忽视思维或思维存在片面性的有关理论及其影响中，回到学习的基本命题——"学习与思维"——上来。正如温家宝总理所指出的："教学改革还要回到学、思、知、行

四个方面的结合，就是学思要联系，知行要统一。"所谓"创新"，就是学习落实科学发展观，以思维全面、协调、可持续发展为核心，走学习可持续发展、最佳发展的创新之路。

三、课题研究的指导思想和特点

（一）以马克思主义认识论、科学发展观为指导思想

学习是一种认识过程，是学生通过获取知识和运用知识，认识客观世界，促进身心和谐发展的过程。人的认识活动是一个长期的过程，实践、认识、再实践、再认识，以至无穷。实践和认识的每一个循环的内容，都不是简单的重复，而是相对地进到了高一级的程度。

学生的学习过程也是这样。外界信息经感官内化为思维，形成内在的（主观的）知识，再通过感官活动转化为外在的（客观的）知识，这是学习过程的基本一环；而在学习的连续过程中，学生在获取知识和运用知识的同时，他的技能、能力、情感、意志也得到了发展。所以，学习的目标既要着眼于知识的获取和运用，又要注意技能、能力、情感、意志的发展，把学习的基本过程和连续过程统一起来。这就是认识论的学习观。

坚持以人为本，全面协调可持续的科学发展观，它揭示的是发展的普遍规律。学习落实科学发展观，就要坚持以人为本，实现人的全面发展的目标，就要在学习过程中，以思维的全面、协调和可持续为核心，促进学生身心的全面和谐发展。思维的全面发展，就是抽象思维、形象思维都要发展；思维的协调发展，就是知识与技能要协调发展和学科中两种思维要协调发展；思维的可持续发展，就是在思维全面发展、知识与技能协调发展的基础上，通过知识、技能的迁移，化解教学难点，促进和实现学习的可持续发展。科学发展观为我们研究学习与发展，指明了一条科学的思路。这也是我们课题研究的第一大特点。

（二）是脑科学在教育中的应用

近半个世纪以来，脑科学的研究有了很大的进展，脑认知成像

技术的出现和发展，为认知过程提供了大脑的数据。心理学与脑科学结合而诞生的认知神经科学，正取代认知心理学成为心理学发展的新阶段。

将脑科学的研究成果应用于教学领域，是脑科学与教育研究中最前沿的应用研究问题之一。日本率先在世界上倡导"脑科学与教育"的跨学科研究，OECD 教育改革研究中心（Center for Education Research and Innovation，简称 CERI）于 1999 年举行"学习科学与脑研究"的学术研讨，并于 2002 年 4 月正式启动了脑科学在教育领域的运用研究计划。

我们课题研究的是脑科学成果在教育中的应用。脑科学和教育科学是两个不同领域的学科。对于跨学科的研究，关键是要找好结合点或切入点。我们选择的切入点是"思维"。为什么我们选择思维为切入点？ 这是因为：

（1）R. W. 斯佩里等人的裂脑人实验，揭示了大脑两半球功能的不对称性。正如诺贝尔奖授奖机构对斯佩里的研究成果所作出的评价："十分成功地揭开大脑两半球的秘密，并且证明这两半球是高度专业化的，而且许多较高级功能都集中在右半球。"我们的课题早在 1992 年就提出"开发右脑，发展形象思维"，迈出了脑科学在教育中应用的第一步。

（2）思维是学习过程的核心。柯斯莱恩曾说，心理表象的研究已成为认知神经科学对心理事件研究的重点。因此，思维是学习科学和脑科学研究共同的重点问题。

我们在"学习与思维"课题的研究中，抓住思维这个中心，把脑科学关于思维、表象、记忆（工作记忆）、语言等主要成果，成功地应用到中小学各科的教学改革中来，并且把脑科学对工作记忆的研究成果，概括为"思维的基本法则"。

脑科学在教育中的应用，成为我们研究学习理论和教学改革实验，进行教育创新的科学依据。这是我们课题研究的第二大特点。

（三）坚持理论与实践相结合的原则

理论与实践相结合，是我们课题研究的一个基本原则，也是我们课题研究的第三大特点。我们研究的课题，是前人未曾研究过的问题。我们边研究边实践，把理论研究与教学实践结合起来。理论研究的成果促进了教学改革实验，为教学实验提供了理论依据；教学改革实验又丰富了理论，并且检验了我们初步形成的理论成果。

我们课题研究的时间长、实验面广，为此，我们采取点面结合的方法：一方面，各实验校(园)通过专题学习、经验交流、观摩教学、撰写论文、参加征文活动等形式，组织实验教师广泛参加课题的实验研究；另一方面，对部分学科进行比较系统的教学改革实验，并经过对比统计表明，学生的学习兴趣、学习成绩、学习能力明显高于对比班，教学质量有显著提高。

如"八五"期间，小学语文、中学平面几何、中学体育、小学美术、幼儿园绘画等学科，进行了实验对比统计分析；"十五"期间，小学识字教学、小学生数学能力与创新能力、中学物理学习能力、中学地理读图能力等，进行了学习能力的测查与分析。

化解教学难点，是对思维的全面性、知识与技能协调发展和学习可持续发展的综合性检验。"十一五"期间，各实验学校(园)普遍进行了化解教学难点的改革实验，有100多名教师撰写了论文，破解了一批长期没有解决的教学难点(如小学数学应用题教学，小学生作文起步教学，中学平面几何入门教学，地理读图教学等)。

第三章

20 年课题研究的丰硕成果

一、基础理论的研究与创新

"八五"期间，我们首先进行了形象思维基本理论的研究，阐述了以下几个问题：(1)形象思维的科学依据；(2)形象思维的一般概念与特点("十五"期间对思维的定义作了修改)；(3)形象思维的普遍性；(4)发展形象思维的重要意义；(5)形象思维的一般方法；(6)形象思维的产生——观察与直觉；(7)形象思维的表达；(8)形象思维与教学等，初步形成形象思维的理论框架。研究成果为《开发右脑——发展形象思维的理论和实践》中的第一编《形象思维概论》。

"九五"期间，我们研究了学习与创造性思维的培养，根据思维发展的全面性，重新界定创造性思维的定义，总结了培养创造性思维、创新精神和实践能力的初步经验，阐述了中小学创新教育的目标、原则和途径，提出了中小学创新教育体系的一个初步框架，撰写了《构建中小学创新教育体系》一书。

"十五"期间，在思维全面发展的基础上，主要研究了学习的基本过程及其三个要素，即思维、技能、知识，撰写了《让青少年智力得到最佳发展——两种思维的智力基本理论》一书。

"十一五"期间，学习科学发展观，并在"十五"研究的基础上，以思维的全面协调和可持续发展为核心内容，着重研究学习与发展的问题。课题关于学习理论的研究，概括为概念和原理两个方面：(1)在概念方面，以思维概念为中心，形成思维、技能、能力、创新能力等内在联系紧密的基本概念体系，这方面在"十五"期间已基本完成；(2)在原理方面，提出五个基本法则、原理，即思维的基本法则、学习的迁移原理、学习基本过程原理、发展的多元性和多层次性原理和学习可持续发展原理。

上述概念体系和原理体系，构建了以学习与思维为主要内容的"新学习论"，即两种思维的学习论，具有比较简单、明了、系统和完善的特点。

1. 简单、明了

例如，学习基本过程原理、发展的层次性原理，可以用图表来表示，一目了然：

感知(客观事物)—内化技能—思维及其结果(知识)—外化技能—知识(物质化)

技能 $\dfrac{\text{高水平的综合}}{}$ 能力 $\dfrac{\text{最高水平的表现}}{}$ 创新能力

2. 系统性：概念与原理之间内在联系紧密

例如：

(1)学习的迁移原理，实质上可以从思维的定义及其两个属性(思维材料、思维方法)与技能形成的理论推导出来；

(2)发展的层次性原理，可以从思维、技能、能力的概念推导出来。

3. 完善：是对现有教育理论的完善

两种思维的学习理论，抓住了思维这个纲，全面阐述和回答了现有教育理论(学习理论)存在的八个重要问题，是对现有教育理论的完善。

以上研究成果，形成了《学习与思维——学习中思维的全面协调可持续发展》一书。

二、中小学学科教学理论、教学法的创新

近20年来，课题组各实验学校(园)和广大实验教师，通过边学习边研究边实践，进行了学科教学发展思维的研究和教学改革实验，这是本课题研究十分重要的方面，它和课题的基本理论研究相辅相成。思维的全面发展研究，为教学的改革创新拓展了广阔空间。20年来，中小学、幼教大部分学科在发展思维的理论和教学法方面，都有许多突破和创新，积累了丰富的经验。已出版的《"开发大脑潜能 发展形象思维"创新教育丛书》中的学科教学专著有14种(约300万字)，《开发右脑——发展形象思维的理论和实践》第二编，1998年4月"开发右脑，发展形象思维，深入素质教育"研讨会的《论文集》、课题六次征文中获得一等奖的论文及"学习与思维"研究班结业优秀论文共200余篇(共约100万字)，它们都是学科教学理论和改革实验不断创新的成果。

在这些优秀成果中，我们从学科发展思维的理论、教学法、教学过程模式和教材创编四个方面，遴选出一批重要的"创新点"共35项。其中，学科发展思维的理论创新15项，教学法创新12项，学科教学过程模式创新4项，教材创编4项，是成果中的精品(详见本书第二编)。其作者都是改革实验学校的领导和学科带头人：他们中有的是一直从事教育改革的学科教育专家，如马芯兰、马成瑞、高敬东、裴新生、于宪敏、张伯琥、吴文漪、杜玫等。这些教改实验的成果，比较好地解决了目前课堂教学中存在的枯燥乏味、抽象难懂、死记硬背、高分低能的现象。

三、实验学校的变化与教学质量的提高

20年来，实验学校由于开展了全面发展思维的教学改革实验，学校面貌发生了深刻的变化：学校的科研氛围普遍浓厚了；教师队

伍的素质提高了；教育教学的质量有了明显的提升；一批实验学校形成了办学的特色。

1. 科研氛围普遍浓厚了

大多数实验学校都是从初期的只有几个人参与教学实验发展到绝大多数教师乃至全体教师全员参与；开展教学实验的学科也从单一学科发展到在诸多学科甚至全部学科进行教学实验的局面。"科研兴校""科研促教研"成为许多实验学校的办学理念，科研成为学校工作的热点。例如，"十五"期间，北京市朝阳区实验小学教师共撰写研究报告、学科论文、教育案例、实践总结近500篇，教师们做各级各类研究课1 200余节，其中全国和市级研究课100余节，校级研究课600余节，专家指导的研究课近500节。

大部分实验学校通过实施"确定小专题—学习—实践—总结、交流"的模式，把科研实验的任务，落实到每一个实验教师。如北京市官园小学根据研究目标和学科特点，各学科实验教师制定了本学科的子课题，其中语文学科制定的课题有："在识字教学中发展形象思维""在作文教学中培养学生的观察力和想象力""培养低年级学生的语文课外阅读兴趣"等。

各实验学校的科研组织机构也得以健全。各校科研机构基本上经历了从无到有，从临时到常设，现已形成了由"一把手抓科研"，"分管副校长—教科研室—教研组—课题组"这样一个多层级的、各司其职的、能有效实施科研管理的体制。

2. 教师队伍的素质普遍提高了

实验学校涌现出一批优秀的学校领导者、管理者和名师队伍。据初步了解，已有15位本课题研究的骨干教师升任为中小学校的正副校长，其中正校长9位，副校长6位；14位教师升任为学校的教科研主任；4位教师被调任为市、区级教研员；4位教师荣获"特级教师"称号；1位教师荣获"北京市杰出人才提名奖"；1位教师被评为"全国特教先进个人"；还有1位教师荣获北京市第四届胡楚南优秀中学教学成果奖。

教师的专业化水平得到普遍提升，许多教师获得市、区级学科带头人和骨干教师的称号。例如，北京育才学校小学部现有一线教师98名，其中，市、区级骨干教师分别为4名和34名，合计占教师总数的42.2%；在职称评定中，被评为特级教师的有4人，中学高级教师的有7人，小学高级教师的有41人，合计占教师总数的50%。再如，北京市朝阳区实验小学现有教师129名，其中，市级学科带头人和骨干教师14名，还有68名专任教师入选朝阳区区级学科带头人和骨干教师，合计占教师总数的63.5%。又如，"十一五"期间，北京工业大学附属中学(北工大附中)参与课题研究的有46名教师，其中有4名被评为市级骨干教师，8名被评为区级骨干教师；46名教师中有8名被晋升为中学高级教师，7名被晋升为中学一级教师。

3. 教学质量有了显著的提升

实验学校通过发展思维的改革实验，不仅使课堂教学变得比较生动和有趣，同时也提升了教学质量。如北京市朝阳区实验小学在近几年来全区进行的语文、数学、英语学习测试中，成绩多次名列前茅。

前面已谈到，一批实验学科进行了比较系统的改革实验，实验结果与普通班做了对比。对比统计结果表明，实验班学生的学习兴趣、学习成绩、学习能力明显高于对比班，教学质量有了显著的提升。

例如，北京市徐悲鸿中学(初中部)是一所美育特色学校。"九五""十五"期间，他们把发展形象思维贯彻到各科教学过程中。为研究美育教育对智力发展的影响，他们把初一新生和初三毕业生的成绩与同水平普通学校学生的成绩作了总结对比。统计结果表明，该校与对比校在教学成绩上有显著的差异(详见北京科学技术出版社2006年1月出版的《走进现代教育——"发展形象思维的理论研究与教学实验"课题研究十五年》一书的第120页)。

4. 一批实验学校形成了办学特色

20年来，一批实验学校在教学改革实践中，形成了办学特色。

如北京市朝阳区实验小学、北京育才学校小学部、北京市宣武区北线阁小学、北京市东城区特殊教育学校、北京市宣武区培智中心学校、北京市第五幼儿园、福建省龙岩市市直机关幼儿园、北京市第八中学、北京工业大学附属中学、北京市第一六一中学、北京市第五十七中学、北京市文汇中学、北京市徐悲鸿中学(初中部)等。举例如下。

北京市朝阳区实验小学建立了把发展两种思维置于教学过程的核心、运用现代教育技术实现数字化校园的办学特色。

福建省龙岩市市直机关幼儿园根据幼儿身心发展特点,编辑出版了一整套幼儿教材和学具,探索出一个"形象思维—语言—思维全面发展"的幼儿教育新模式。

北京市第八中学在高中开设"研究性学习"课程,把研究课题与课外科技活动相结合,建立了研究课程的组织管理、课题编选、学习方法指导、学习评价、方案设计等管理体系,形成了自己的特色。

四、综述

综合以上阐述,我们课题研究的成果是丰硕的,获得了理论研究和教学改革实验双丰收。

20年的课题研究工作,概括地说,就是以发展思维为中心,成功地实施"两个工程",即学习可持续发展工程和培养学习能力工程。其成果主要体现在:

(1)抓住思维这个中心,从发展形象思维、思维的全面发展到思维的全面、协调和可持续发展,各实验学校普遍开展了改革实验,已出版的中小学、幼教发展思维的专著就有10种。

(2)关于学习可持续发展,就是以思维的全面发展和知识与技能协调发展为基础,运用知识的迁移,化解教学难点,教会每一个学生。各实验学科也都进行了改革实验,出版了《以人为本,关爱每一位学生》和《化解教学难点,教会每一个学生》等著作。

（3）关于能力培养，就是以思维训练为主线，根据能力发展层次性理论，把技能的训练与能力、创新能力的培养联系起来，因材施教，让青少年的智力得到最佳发展。这方面的研究成果有《构建中小学创新教育体系》《让青少年智力得到最佳发展》《小学生创造性学习教学法》《小学数学教学与创新能力培养》等。

因此，20年来，经过课题组全体成员、实验学校的共同努力，我们在理论结合实践上实现或基本实现了课题研究的三个目标：①全面发展思维；②教会每一个学生，使学习成为可持续发展；③培养能力、创新能力，让青少年的智力得到最佳发展。

第四章

课题研究的意义和价值

前面，我们概括地总结了课题研究的成果。20 年的课题研究还有另一种成果，那就是它的方法论意义和社会价值。

一、思维的全面性是教育改革的基础

当今，科学技术日新月异，经济社会迅速发展，教育面临三个深刻的变革：(1)人的思维方式的变革，即从只重视抽象思维到两种思维并重的思维全面发展的变革。这是自 2 000 多年前亚里士多德提出形式逻辑以来，最为深刻的变革，它涉及哲学、美学、心理学、语言学、教育学、文艺理论、体育理论等学科。(2)社会媒体及其信息传播方式的变革，即从纸质媒体(书本、报纸)到电子文本、网络的变革。这是约 1 000 年前毕昇发明印刷术以来，最为深刻的变革。(3)学习方式的变革，即从集体教学到个人自学与集体教学的最佳结合的变革。这三种变革是相互联系，相互促进的。我们的研究表明，现有学习理论存在诸多重要问题，其根源就在于忽视思维或思维存在片面性。

因此，思维不是一般性问题，是教育改革深层次的问题；思维

的全面性，是教育改革的基础。

二、探索了一条以人为本,又好又快的教学改革基本途径

深入教学改革应该抓什么？ 我们的经验是，一抓思维的全面发展，二抓学习的两个法宝：迁移和能力。

知识的获取，技能的形成，都是从已知到未知。迁移是新旧知识、技能联系的机制，运用迁移是提高学习效率的有效途径。能力是顺利地或高质量地获取知识和运用知识的一种个性心理特征，是技能高水平的综合。培养能力是提高教学质量的有效途径。抓住迁移和能力，可以使质量和效率统一起来，使学习又好又快。

如何进行有效的迁移？ 我们认为：（1）教师了解学生对有关旧知识(技能)掌握的情况，是教育学生进行有效迁移的前提。（2）要着力研究学科知识迁移的特点。有的学科要加强知识(概念)的内在联系和结构性，如数学、体育；有的学科要突出基础性、常用性的知识，如语文；有的学科结构性、常用性两方面都要加强，如化学、地理等。（3）充分运用思维、技能(能力)的广泛迁移。

我们总结了培养能力的改革经验，提出培养能力的公式，认为培养能力的问题就是高质量教学的问题。

三、教会每个学生,实现教育公平

温家宝总理指出："教育公平是最基本、最重要的社会公平。"让城乡儿童都能上学，是实现教育公平的关键一步。儿童入学了，还要通过教学改革，使他们学会、学好。我们课题组进行的教学改革，把"化解教学难点，教会每一个学生"，作为改革的一个主要目标，是实现教育公平的一项根本举措。在改革中，在一个班级、一所学校或一个地区，做到教会每一个学生，就是在这个班级、这所学校或这一地区实现了教育的最大公平。

学习科学所涵盖的内容既深又广：既有基础理论研究，又有学科应用研究；既有对已有理论的传承，又有理论和方法的创新。20

年来，我们只是做了一些基础理论研究，做了一些关于中小学学科中发展思维、培养能力、教学法创新的研究与实践。我们希望越来越多的人参加到学习与思维的研究与实践中来，使两种思维的学习理论得到充实、完善和提高，使广大中小学生的学习都得到可持续发展，我国基础教育的质量得到新的更大的提高。

20 年课题研究的成果，是参与课题研究的全体成员共同努力的结果，是党中央，北京市委、市人大教育部门的领导，北京市哲学社会科学规划办公室，北京教育学院，北京市教育学会领导的关心和大力支持的结果。

由于我们的水平有限，课题研究的缺点和不足在所难免，希望专家、读者予以批评和指正。

第二编 中小学各科教学理论、教学法创新点

第五章

学科教学的理论创新

初中语文教学的形象思维

一、发展形象思维,符合学生阅读文学教材的认识特点

语文教材中有相当数量的文学作品,它们都是形象思维表达的艺术形式,具有形象性、具体性和情感性的特点。语文教材内容的这种特点,决定了学生在阅读这些教材时,离不开形象思维,因此语文教学必须发展学生的形象思维。

例如,学生在阅读文学作品时,如果头脑中能够产生联想、想象,心中激起感情的波澜,那么他们对作品的理解、知识的掌握,就会更加丰富生动、深入持久。这就是阅读过程中的再造想象——根据语言文字的描述,在头脑中产生相应的表象,也就是从文字中看出一幅幅图画。它是语文阅读教学中形象思维的一种重要方式。语文教学如何培养学生的再造想象,发展他们的形象思维呢?

1. 创设情境

所谓创设情境,就是根据教学内容,在课堂上创设一种与教学内

容相关或相似的形象、情境或气氛，以此来引发学生进行再造想象。

例如法国著名小说家都德的《最后一课》，通过小弗朗士和韩麦尔老师上最后一堂法语课的情境，表现了法国人民在国土沦丧时的悲愤心情和强烈的爱国主义精神。为了能引起学生感情上的共鸣，教师可首先让学生听课文的配乐朗诵。沉重的音乐，激越的语调，一下就把学生带到了一个悲愤的情境之中，学生的情感受到强烈的震动。接着，在整个教学过程中，教师始终都用饱含感情的语言和郑重严肃的表情感染学生，特别是在课文最后描述韩麦尔先生脸色惨白、说不出话、写下"法兰西万岁"、做一个痛苦的手势时，教师又用深沉有力的动作加以表现，使学生深深沉浸在作品的高潮气氛中，仿佛看到韩麦尔先生的高大形象，感受到他同祖国语言告别时的极度悲愤之情和强烈的爱国主义精神。

像这样在课堂上有意营造、渲染一种与教学内容相关的特定气氛，绝不是可有可无的衬托点缀，而是整个教学内容的一部分。它是经过精心创设、自始至终融于教学过程之中的，使学生身临其境，从而理解课文内容。

2. 丰富表象

再造想象是以丰富的表象储备为基础的。没有丰富的表象，也就没有再造想象，没有形象思维。教师在课堂上运用各种手段丰富学生用以想象课文内容的表象材料，是非常重要的。

例如《变色龙》这篇课文，文章较长，对话较多，学生又不熟悉年代久远的外国人物，头脑中缺少表象材料。所以在学习课文前，教师先让学生看有关课文内容的录像片。片中奥楚蔑洛夫媚上欺下、狡诈多变的卑劣形象，被充分表现出来，特别是他脱大衣、穿大衣的动作，生动反映了他极力掩饰内心恐惧的狼狈窘相，还有那耀武扬威、趾高气扬的神气，趋炎附势、献媚讨好的丑态，都给学生留下了鲜明、深刻的印象。因而在分析人物形象时，学生能够准确抓住人物特点，表演了人物出场时神气活现的样子和对话时的语气神情，并且模拟想象了人物的内心独白，非常形象。正是这些丰富的人物表象，使学生加深了对课文的深入理解。

3. 调动表象

在语文教学中，适时、充分地调动学生已有的生活经验（即表象储备），对培养学生的再造想象，发展形象思维，也十分重要。学生通过亲身的生活经历和生活体验，能够更好地理解课文内容及所表达的思想感情。

例如在学习郑振铎的《猫》这篇文章时，教师结合课文让学生谈谈自己所养的猫的形态、性格和结局。借助学生特有的亲身经历和体验，大家很快就理解了文中描写的第一、第二只猫是如何地活泼顽皮、有趣可爱、招人喜欢，第三只猫又是如何地忧郁难看、遭人冷遇、受屈而死，从而理解了文章蕴涵的深意。

这样阅读课文的过程，已经带有了学生个体鲜明的主观情感，实际上就是他们根据自己的生活经验对语言文字进行再造想象的过程。这正是语文教学培养学生再造想象的重要方法。

4. 激发情感

学生阅读课文进行再造想象的过程，是伴随情感的过程。因为情感是文学的本质所在，所以它是阅读文学作品时极为重要的心理因素，它影响并能推动学生的认识活动向纵深发展，丰富、充实他们的学习内容。

例如朱自清的《背影》这篇文章，选材是平凡、琐屑的生活小事，没有生动有趣的情节，学生学习这篇课文时往往难动真情，于是教师先让学生看课本剧教学片。剧中演员带着强烈感情的朗诵，把朱自清先生对父亲真挚深沉的爱表现得淋漓尽致，立刻把学生带入了特定的情感氛围中，唤起了他们的情感体验。在看后谈感受时，有的学生领悟了父母在日常生活中所蕴涵的一片深情，有的学生则为自己不能体会到父母之爱错怪了父母而懊悔得泣不成声。阅读中，学生特别能够对那些平淡之中见深情的语句有深入理解，从人物的细微感人的动作中体会到真挚的父子之爱。由于学生始终带着积极的情感来学习，所以生活中平凡普通的父爱变得伟大崇高了，抽象空洞的概念变得具体可感了。

再造想象的突出特点就是动情入境。动情才能入境，入境才能浮想联翩，产生形象思维。学生通过联想、想象去体验文中人物的生活与情感，这样的学习过程，就是学生自身探寻知识、内化知识的过程。所以，激发情感进行再造想象，发展形象思维，符合学生阅读文学教材的认识特点。

二、发展形象思维，符合语文教学过程的特点

语文教材中大部分是文学作品，这一特点决定了语文教学过程离不开形象思维。学生阅读文学作品，是在充分感知文章内容的基础上，通过再造想象，在头脑中形成文章所描写的形象、画面，再结合形象、画面对文章进行分析、概括，才能达到理解内容的目的。这样形象思维与抽象思维的相互结合，体现了语文教学过程的真正特点。

例如契诃夫的小说《柔弱的人》，塑造了一个性格软弱、任人宰割的女教师的形象。她被雇主多次无理盘剥，受尽委屈、痛苦，却无可奈何、无力争辩。当别人为她的遭遇愤愤不平，并问她为什么这样时，她只"苦笑了一下"。作品在这里描写了人物"苦笑"的神情，有着丰富的内涵。因为在这苦笑的背后掩藏着女教师多少辛酸与痛苦，多少悲哀与无奈。于是，教师要让学生根据课文内容想象出女教师此时此刻的心情，用内心独白的方式把人物当时的心理活动补充出来。这时学生"走进"作品，将心比心，仿佛自己就是那可怜无辜的女教师。

（1）没办法，我生性就这样软弱，就这样口笨嘴拙，我不知道怎么抗议。

（2）唉！不这样又能怎么样呢？我已经习惯了。

（3）抗议？说得容易，我也抗议过，有用吗？结果只是更糟。

以上三种心理活动哪一种最符合作品中的人物特点？学生要进行分析判断，就必须细致挖掘课文内容，认真推敲，全面分析。于

是，学生对人物特点的把握更准确了，理解更深刻了。在这个过程中，学生对人物特点的理解和分析，是伴随着对人物内心情感的想象和体验的，是抽象思维和形象思维两种思维活动的结合，而不是概念化的、贴标签式的。

三、发展形象思维，符合素质教育的目标

发展学生的形象思维，就要注意语文教学的形象性、具体性和情感性，也就要注意到语文教学"教文育人"的功能。即语文教学不仅是对学生传授知识、培养能力，还要对学生进行情感教育和人格教育，重视学生精神生活的丰富和充实。

例如学习魏巍的《谁是最可爱的人》一文，为了使学生感受文中描写的松骨峰战斗的残酷激烈、志愿军战士的英勇不屈，教师让学生讲述电影《上甘岭》《英雄儿女》的有关内容，又让学生反复朗读描写松骨峰战斗的有关段落，还让学生细致分析描写志愿军战士遗体的各种姿势所表示的一系列动词，并由这些动词去想象当时战斗的激烈、敌人的凶残，以及志愿军战士同敌人英勇搏斗的情景。学生被志愿军战士崇高的爱国主义精神和伟大的革命英雄主义精神震撼了，从而激发出对志愿军战士的崇敬之情，对社会主义祖国的热爱之情，以及对今天幸福生活的珍惜之情。学生的心灵得到了净化，情感得到了陶冶，精神得到了升华。

综上所述，语文教学同形象思维有着密不可分、天然独特的联系，语文教学应该也必须发展学生的形象思维；否则，就不符合学生学习语文的认识特点，不符合语文学科的特点。

注：本文节录自《开发右脑——发展形象思维的理论和实践》一书，该书由浙江教育出版社 1997 年 12 月出版。

(中国人民大学附属中学　廖昌燕)

数学中形象思维的研究与实践

钱学森把人的思维大致分为三种：抽象（逻辑）思维、形象（直感）思维和灵感（顿悟）思维。抽象思维的重要性已为大家熟悉，其实形象思维也十分重要。首先，形象思维是普遍存在的，在数学发展史上，任何一个抽象概念都离不开形象。其次，形象思维是创造性思维的一个决定因素，新颖独特是创造性思维的特性，灵感顿悟是创造性思维的重要方式，这些都超出了逻辑思维的范畴。另外，从教育的角度来说，形象思维可以优化教育教学过程，使学习的内容变得生动具体，好学好记。因此，数学中的形象思维问题的研究，既是数学自身发展的需要，也是数学教法与学法改革的需要，还是开发右脑、创造左右脑并用的更加聪明的新一代，迎接思维方式上被人称为"第三次革命"（三次革命即原始石器时代的"左脑革命"、20世纪50年代的"计算机革命"以及现在面临的"人的左右脑与计算机三向合作"）的需要。

数学是关于现实世界的空间形式和数量关系的学科，数和形是数学发展进程中的两大支柱。在平面上引入笛卡尔坐标系后，平面上的点与有序实数对就建立了一一对应的关系，从"数"中去认识"形"，从"形"中去认识"数"，就成为数学思维的基本方法之一。数学家华罗庚曾谆谆告诫我们，"数形结合百般好，隔裂分家万事休"，并风趣地对青少年说"不要得意忘'形'"。数形结合的思维能力不仅是中学生的数学能力、数学素质的主要标志之一，还是进一步学习高等数学和现代数学的基础。数学中的形象思维，着眼于数学问题的感性整体结构，通过联想和直觉产生关联的数学模式或图形，以反映该问题的本质及规律。形象思维，凭借其扎实的双基，敏锐的观察力，以及丰富的联想，根据整体或局部的结构特征，将许多数学问题直接或间接地转化为"形"的问题来处理。在形象思维中，思维的过程是概括的，而其概括主要是用形象进行的。它既不同于感性认识，又不同于抽象思维，而是一种形象性的理论认识活动。形象思维离不开数形结合，数与形在一定条件下互相转化。

关于数学中形象思维能力的培养，我们把它分为三个层次，即丰富表象的积累是形象思维的基础，优化解题过程是形象思维的应用，两种思维有机结合是形象思维能力的提高。我们追求的是两种思维的统一，因为形象不仅为抽象思维提供信息，也为抽象思维的发展提供途径，支持着抽象思维不断深化。形象思维是借助表象（形象材料）来思维的，因此表象的积累是形象思维的基础。数学概念、数学命题和数学推理中的数学形象是什么呢？ 不能简单地理解为图解式的直觉表象，而应该认为它们是通过抽象加工创造出来的典型形象或概括形象。例如在初一年级，用字母表示数，反映学生的认识从算术到代数的飞跃，数轴是数形结合的基础；初二年级，形式逻辑三段论，反映学生的认识从代数到几何的飞跃，几何图形中有形与性、形与数的统一；初三到高一年级，函数概念的形成与发展，反映学生的认识从常量数学到变量数学的飞跃，抓住函数图像是学好用好函数理论的关键；高一年级，空间观念的形成，反映学生的认识从平面几何到立体几何的飞跃，形与性、形与数在更高的一个层次上结合；高二年级，坐标法研究曲线，反映学生的认识从推理几何到解析几何的飞跃，用代数方法研究几何问题，数形结合达到新的高度；高三年级，极限理论，反映学生的认识从有限到无限的飞跃，而要理解极限概念，必须借助于形象思维。

几年来我们所做的工作，就是挖掘高中三个年级数学教材中，有关培养和训练形象思维能力的内容，有意识地对学生进行训练培养，从而激发学习兴趣，减轻师生负担，提高学习效率。下面是我们在各个年级的基本做法和教学实例。

首先是高一年级。在代数部分，我们通过集合加强了框图，映射介绍了树图，函数突出了图像（包括画图、识图、函数与方程不等式的相互转化）；在三角部分，我们强调了三角函数线及其运用，通过三角公式介绍了四种记忆方法(直观记忆法、重点记忆法、逻辑记忆法、实践记忆法);对于立体几何,我们强调从画图入手(观察、模仿、想象、创造),从类比入门(类比平面几何、一般化和特殊化、大胆猜想小心求证)。例如对幂函数的教学,我们按定义、图像、性质的顺序,用两个课时完成了教学参考书上规定的四个课时的任务。在随后北京市西城区的期末统考中,我校学生幂函数试题的正确率为100%,这说明我们突出函数图像的讲法是成功的。

其次是高二年级。在代数部分,我们强调了用函数观点去研究不等式和数列,突出了复数运算的几何意义及其应用,将排列、组合、二项式定理等尽可能地"形象化";对解析几何,我们强调了五个方面的结合,即数形结合(数不离形,形不离数)、动静结合(轨迹方程及其参数变化)、特殊与一般结合(标准方程与一般方程)、直觉与推理结合(题不离图,图不离理)、理论与实践相结合(解析几何应用问题)等。例如关于不等式的应用,我们在教学中精选了两个例题,课前布置学生思考,课上组织全班讨论、集思广益,最后"画龙点睛"地讲解数学思想方法,发展学生的数学思维能力。我们在教学中还设计了6张幻灯片,通过投影教学手段,动静结合,形象直观。尤其是对其中一道例题所做的复合幻灯片,把参变量的变化对方程解的影响和级制约,生动清晰地展现出来,有利于学生对数形结合、函数思想等思维方法的理解,有利于突出重点和突破难点。

最后是高三年级。在完成教学和复习任务的同时,我们较系统地介绍了数学六通法(配方法、换元法、判别式法、待定系数法、反证法和数学归纳法),介绍了常用的四种数学思想方法(函数和方程的思想、数形结合的思想、分类讨论的思想、等价转换的思想)。学生在解代数、三角、几何题目时,都创造出了一些新颖独特的漂亮解法。例如,在西城区高三年级复习三角恒等变形的练习题中,有一道题是求 $\sin^2 550° + \cos^2 580° + \sin(-350°)\cos 320°$ 的值。此题化简后,即为代数课本(人民教育出版社1996年版《代数(必修)》上册)

第 233 页的例 9：求 $\sin^2 10° + \cos^2 40° + \sin 10° \cos 40°$ 的值。这样学生除得到课本上的一种解法外，还得到数形结合的另一种解法，并由此得出更一般的结论。

在形象思维研究中，有以下两个问题需要我们进一步思考。

之一，左脑与右脑的协调。20 世纪 60 年代美国神经生理学家斯佩里等对裂脑病人的研究证明，大脑左右两半球的功能是不对称的，左脑倾向于用词语来思维，右脑则倾向于以感觉形象直接思维。我们的教学工作，主要采用大班授课的教学形式，语言是知识信息传递的主要工具。虽然这种教学方式与形象思维和逻辑思维的培养都有关系，但由于左脑的这种生理功能和传统观念（相对来说更重视逻辑思维的培养）的影响，必然偏重于左脑的训练，带有较大的片面性，不利于学生思维的整体发展。怎样避免这种片面性呢？ 在教学中引进教具，使用计算机、电化教育等是必要的。加强右脑的开发和形象思维能力的培养，寻求一种能使左右脑均衡发展的授课方式，是我们努力的一个目标。

之二，直观洞察与逻辑证明的协调。直觉思维是数学思维的重要方法之一，如何理解数学学习中的直觉思维呢？ 美国教育家布鲁纳认为：在数学中，直觉概念是从两种不同的意义上来使用的。一方面，说某人是直觉地思维，意即他花了许多时间做一道题目，突然间做出来了，但还没能为答案提供证明。另一方面，说某人是具有良好直觉能力的数学家，意即当别人向他提问时，他能够迅速地做出很好的猜测，判定某事物是不是这样，或说出在几种解题方法中哪一种将被证明是有效的。我们认为，直觉思维是认识的特殊形式，它以丰富的想象、广泛的联想为基础进行类比，提出猜想或假设，然后进行逻辑验证，肯定或否定其正确性。而第二种意义，则是指对问题的直观洞察，对事物的直接了解或认识。中学数学教学要致力于培养学生的数学思维能力，是抽象（逻辑）思维、形象（直觉）思维和辩证思维的统一，是严格推理与非严格推理的统一，是必然推理与或然推理的统一。

注：本文节录自《开发右脑——发展形象思维的理论和实践》一书，该书由浙江教育出版社 1997 年 12 月出版。

（北京师范大学附属实验中学　马成瑞）

形象思维·观察与化学教学

在化学学科的发展过程中，化学实验与观察是提出化学问题的重要途径，是获得化学实验事实的基本方法，是验证假说和理论的直接手段，也是训练科学方法的有效途径。在中学化学教学中，观察能力的培养主要是在实验过程中实现的。

人们在深入观察某一事物的时候，常常不自觉地把观察对象与过去多次观察后存储在头脑中的表象进行比较和修改，所以在观察时能对现时的表象进行修补，因此，我们说深入的观察所涉及的思维过程主要是形象思维。从抽象思维的角度看，人们在观察中获得丰富的感性材料，是借助抽象思维形成概念、进行推理的基础。实际上，观察在很多情况下，是两种思维的结合。因为在观察时，首先要有目的、有计划；其次，在观察过程中还要分清主次：这都需要抽象思维中分析、综合等方法的参与。因此，如果想在课堂教学中培养学生的观察能力有所提高，必须要注重其中涉及的思维能力的培养。

关于抽象思维的研究已进行得比较深入且取得了相当的研究成果，相对来说，有关形象思维的研究才刚刚起步。作为人类的基本思维形式之一，形象思维的思维对象是表象。形象思维本质上可以看做是表象的运动、变化和改造，它的思维方法可分为三个层次：分解与组合、类比与联想、想象与直觉。我们侧重揭示在化学科学发现中的思维过程，并在此基础上探讨如何在中学化学教学中培养形象思维的能力。

一、分解与组合的思维能力

人们在实践中对分解、组合的认识，逐渐形成一种分解、组合的思维方法，成为一种揭示事物内在联系与规律的基本方法。

形象思维是大脑运用表象进行的思维，分解与组合是形象思维的基本方法。大脑对表象的加工改造，是从表象的分解、组合开始的。

人们在探究生命起源的问题上，曾经取得过里程碑般的进步，那就是由我们中国的科学家完成的合成结晶牛胰岛素的实验。人们对胰岛素的认识过程是这样的：首先，加拿大化学家发现并从狗的胰腺中提取了胰岛素；然后，英国科学家破译了牛胰岛素的结构——氨基酸分子的连接顺序，发现牛胰岛素有 A、B 两条肽链，其中 A 链由 21 个氨基酸构成，B 链由 30 个氨基酸构成，两条肽链又通过两对硫原子连接在一起，这就是对胰岛素的结构进行分解的过程。我国科学家在 1958 年以天然胰岛素为原料，先把它解析为两条肽链，然后再将其连接为完整的胰岛素(这是进行了局部的分解与组合)。经过一年的时间，我国取得的胰岛素已具有生理活性。到了1961 年，我国开始着手 A、B 肽链的合成。为了要合成它，首先要对它进行分解(这里是彻底的分解与组合)，然后把它一段一段地接成长的肽链，最后再将两根肽链连接成蛋白质，从而实现了一个完整的分解、组合的过程。

可见，人们要想了解物质的组成、结构、性质，就要对物质进行分解，而分解的目的，最终是为了将这些物质合成出来。

二、类比与联想的思维能力

类比与联想是在表象的分解、组合的基础上的展开，与分解、组合紧密相连。

(一)什么是类比

类比是一种特殊的思维方法。它运用事物间的相似性，通过比较异同，抓住事物的特征和本质属性。类比的方法总是和分解、组合相联系的。

在有机化学的学习中，我们更注重从有机物的结构出发，去分析物质的性质：有什么样的官能团，就有什么性质。有些有机物存在不止一个官能团，物质也就有可能表现出多个官能团的性质。例如在学习苯酚的性质时，我们通常采用类比的方法，将它同苯和乙醇进行类比：

苯酚是烃的衍生物中非常重要的一类物质——酚类物质的代表物，这类物质的结构特点是羟基直接连在苯环上。苯酚是其中最简单的一种，它由羟基和苯环两部分组成。由于羟基还是醇类物质的官能团，而苯环是芳香烃的官能团，因此，在研究苯酚的性质的时候，可以从醇和苯的性质出发，进行类比研究。

首先，醇分子中的氢、氧键是可以断裂的，那么苯酚中氢、氧键与之相比，是更容易断裂，还是更难断裂呢？我们知道，乙醇不跟氢氧化钠反应，但是苯酚可以——向苯酚的浊液中加入氢氧化钠溶液后，得到澄清的苯酚钠溶液，这说明苯酚分子中的氢、氧键比乙醇中更容易断裂。

其次，苯分子发生取代反应时，碳、氢键断裂，那么在苯酚分子中，碳、氢键在什么条件下断裂呢？苯跟溴发生取代反应时，要求反应物为液溴，反应需要催化剂，反应大约需要 5 分钟的时间，得到的产物为溴苯；而苯酚与溴的取代反应相对就比较容易，向苯酚的浊液中滴入浓溴水(无需液溴)，也无需催化剂，立刻就有白色沉淀生成，而且生成的产物为三溴苯酚——有三个氢原子被溴原子取代。也就是说，苯酚分子中的碳、氢键更容易断裂，而这是由于羟基对苯环上的氢的活化作用。

运用类比的方法去进行分解、组合，我们可以发现，有机物中不同的原子团之间的影响是相互的。

(二)什么是联想

类比是运用事物的相似性比较它们的异同，抓住事物的特征和本质属性的思维方法，联想是类比的发展。联想是一种形象思维方法，是事物普遍联系规律在人的头脑中的反映。人们通过联想从事物的种种联系中去寻找、发现那些本质的、规律性的联系。

在元素周期表的学习中，周期表是周期律的具体表现形式，教学要求学生掌握周期表的结构、元素在周期表中的位置和它的结构、性质之间的关系。学生需要记忆：同一周期，从左到右……同一主族，从上到下……非常乏味。此处，教师若转换角度来看周期表，引导学生由图表出发，将它联想成一张地图，可设计如下一些问题。

（1）王国的领地间是有明显起伏还是平缓过渡？ 这说明元素的什么性质？ （递变性）

（2）王国的东北部有些地方看上去一无所有，为什么？ （无色气体）

（3）王国的大部分地区(主要是西部、西南部)看上去什么样？（亮闪闪、金属）

（4）王国里有湖泊吗？ 看上去什么样？ （有，是红色的）

（5）王国的最西部若降水会怎样？ （危险，甚至会发生爆炸）

（6）王国的疆界是否确定？ 什么地方仍在开辟新的疆土？ （周期表不完全）

在这些问题的基础上，通过教师的引导，学生在头脑中就形成了一幅比较形象的"地图"，将元素的性质、在周期表中的位置与具体的反应现象有机地联系在一起。一般来说，培养联想能力可分为两步：先寻找事物的特征，然后将它们进行类比，概括其相似之处。这样，当头脑中积累了丰富的表象、表象特征之后，联想能力自然就发展起来了。

三、想象能力与直觉思维能力

发展形象思维的第三个层次是想象和直觉。想象是形象思维各种方法(分解、组合、类比、联想)的综合应用，是人在客观事物的影响下，在言语的调节下，大脑中已有的表象经过整合和重构，形成新表象的过程。

有机化学合成的基本方法是，人们要对做什么先有个大概的计划：在那里断一个键，在这里形成一个新键……复杂的合成应用了简单的形象思维。例如，在有机合成中要保护一个基团的最简单、最基本的思维方法，就是把一个分子片段隐藏起来，对另一个片段下手改造，然后再把起隐藏作用的保护基团挪开。合成化学家的任务就如同构思一盘棋局，他不仅仅是逻辑学家和战略家，他还是一位需要去推测、去想象、去创造的探索者。

想象的培养必须以化学知识为载体，与抽象思维相结合。想象作为重要的形象思维的方法，能使人跳过某些思维的阶段，具有创造性。但是它的过程与抽象思维有着千丝万缕的联系。每一个成功的发明和发现，都是形象思维与抽象思维有机作用的结果，二者密不可分。我们在教学中要培养学生的想象能力，还知识内容形象的本来面目，但是在培养能力的过程中，必须以化学知识为载体，与抽象思维相结合，才能确保思维的正确与成功。

直觉思维又是什么呢？ 直觉思维是人类思维的基本形式之一，它以反映事物之间关系的表象作为思维材料，由于具有整体性、跳跃性，往往比逻辑思维更适合于探索和创新的需求。实际上，创造性活动中关键性的突破往往依靠直觉思维而非逻辑思维。人在思考问题时，如果没有经历明确的逻辑步骤，没有明确的过程意识，获得结论凭的就是直觉，用到的就是直觉思维。直觉思维是对事物之间关系的整体把握，是瞬间的、快速的判断。

以下是我们在化学教学中培养直觉思维的一些尝试和体会。

(1)发掘教材，在课堂教学中培养直觉思维。

(2)让学生注意积累丰富的表象。

化学是一门实验学科。在课堂上，我们应提醒学生注意观察常见物质的颜色、状态，对于重要的实验现象、实验装置和一些分子的模型，应该让学生反复看，以增强其对常见物质的识别能力。这样，学生在练习中可根据题目的描述直接反应出是什么物质。

在生活中的观察同样重要。前面提到，很多发现是触类旁通的。培养学生良好的观察品质，注意观察生活中的化学现象，对于他们的学习是非常有益的。

（3）在课堂教学中，我们要帮助学生对所学的知识进行比较、归类，认识知识之间的联系。

注：本文节录自"创新教育丛书"《思维·实验与化学教学》一书，该书由北京科学技术出版社2004年1月出版。

（北京师范大学附属实验中学　曾　晖）

地理教学与形象思维

形象思维和抽象思维都是人类的理性认识。它们都是在实践基础上由感性认识产生的。抽象思维就是运用分析、综合、抽象概括、归纳、演绎等方法，运用概念（语言）进行信息加工的一种认知方式。它具有抽象性、语言性、逻辑性的特点。形象思维就是运用分解与组合、类比与形象概括、联想、想象等方法，对已有的表象和图形进行加工处理，用语言、图形和艺术形式表达思维结果的一种认知方式。它具有形象性、整体性、概括性、跳跃性、直觉性和情绪色彩。

形象思维在地理教学中具有独特而重要的作用，下面讲地理教学中形象思维的培养和运用。

1. 运用各种地理图像的变化和组合，培养学生分解、组合、对比的思维方法

这些思维方法都是形象思维的基本方法，它是揭示事物内在联系与规律的方法。通过地理图像中方向、位置、高度的变化，整体

与局部的变化，时间与季节的变化、静态到动态的变化，空间分布规律与联系，"点""线""面"的结合等方面来培养学生掌握形象思维的方法。而创造性思维正是在这些思维方法的基础上逐步形成和发展的。

在一般情况下，学生往往对一个国家或一个地区的整体地图容易识别，而对该国家或该地区的局部地图就不易识别和辨认了。例如，对整个中国的行政区划分比较容易识别，但如果截取陕、晋、豫、冀四省之间的交界区的地图，辨认起来就困难多了。因此，在指导学生用图时，既要注意全世界的、各大洲的、全国的、各省的图形轮廓，也要注意各大洲之间、几个国家之间、几个省区之间的地图，以及一个国家或一个省区内的局部地区地图。应训练和加强学生对地图熟悉程度，逐步做到可分、可合，可局部、可整体，可单一、可综合，大大提高对各种地图的识别和辨认能力。

2. 利用地理事物与地理现象彼此相关性的特点，发展学生类比、联想的思维方法

联想是指人们从事物的种种联系中去寻找、发现各个事物本质的规律性的联系，从而认识事物的本质。联想是一种思维方法，是事物普遍联系在人们头脑中的一种反应。世界上的事物和现象都不是孤立存在的，它与其他一些事物和现象之间存在着相互联系、相互制约、相互依赖、相互转化的关系。当人们在看到一种事物或现象后，经常会产生联想。当学生看"澳大利亚地图"时，会产生联想，有人会联想到袋鼠，有人会联想到考拉，有人会联想到鸭嘴兽，有人会联想到悉尼歌剧院，有人会联想到 2000 年的奥运会，等等。由于许多的地理事物和地理现象之间是相互联系和相互影响的，因此在地理教学过程中的许多时候是需要学生进行联想的。如等高线、等深线、等温线、等降水量线、等压线等都属于等值线一类，它们表示不同的地理要素内容，但绘制的基本原理及特征又是相同的，其变化规律和判读方法也基本相间，均可从各种等值线的数值、走向、密度、形态等方面进行分析判断。又如，江西省和湖

南省均位于长江中游，在地形、河湖分布和资源方面有一定的相似性，可从地图上进行对比识别。又如，在地形图上读出某地海拔很高，就应联想到该地气候的特征应比同纬度海拔较低的地区气温低。

3. 地理形象思维的特色是空间想象力

空间想象力包括空间方位的想象力、三维立体空间的想象力和运动变化过程等空间信息的想象力等。如黄赤交角若增大为30°或减小为15°时，太阳直射点和昼夜长短将如何变化？五带的范围将有什么变化？再如，从北京到泰山、苏州、杭州、桂林、昆明、成都等地旅游，从多种路线中选择最佳路线等。教师应经常给学生创设在地图上遨游、选线的条件，以达到激活和发展学生思维想象力的目的。学生在课上学习和课下自学时应展开想象的翅膀，在地图上遨游、遐想，多来几个假设，不怕"异想天开"、也不怕"忽发奇想"——科学家魏格纳就是在丰富知识和不断实践的基础上对着世界地图"忽发奇想"，从而提出了著名的大陆漂移学说的。

想象可以分为再造想象和创造想象两种。再造想象是以头脑中原有的表象为材料，根据语言的描述在人脑中重新加工改造，产生未感知过的事物的表象的思维方法。例如，学生通过对地图的阅读，能读出地图上的各个地理事物的地理位置、方向，地势的高低、山脉的走向、山坡的陡缓、河流的流向、不同河段落差的大小，能从平面地图上想象出这一地区的立体形象，等等。这些是地理的空间想象能力，也是一种再造想象。苏联的彼得罗夫斯基说过："查看地图是培养再造想象的特殊学校。"[1]创造想象是"不依现成的语言描述或图像而独立地创造出新表象的思维过程"[2]。

为了培养想象和联想，第一，应丰富学生头脑中的记忆表象，充分储备有关表象，表象积累越丰富，联想和想象就越生动。教师

〔1〕 彼得罗夫斯基. 普通心理学[M].朱智贤,伍棠棣,卢盛忠,等,译. 北京:人民教育出版社,1981: 376.
〔2〕 温寒江,连瑞庆. 开发右脑:发展形象思维的理论和实践[M]. 杭州:浙江教育出版社,1997:62.

要尽量利用地图、板图、板画、模型、标本、投影片、幻灯片、录像带、电脑、实验演示等多种教学方法和手段，为学生提供信息，帮助学生储备表象。还可以经常引导学生观察身边的地理事物和现象，积累素材。生活在城市中的学生，能够直接观察到的地理事物是有限的。为了开阔学生的眼界，增加学生的地理知识，在有条件的时候，教师应该带领学生到大自然去考察，到公园、农村、工厂、博物馆去参观，使学生在大脑中留下许多地理事物的真实的印象，使今后的联想和想象具有广阔性和现实性的特点。例如，在学习海陆差异对气温的影响时，许多教师都让学生联想夏天在海边游泳时的体会：晴朗的中午，光脚踩在沙滩上有烫脚的感觉；跳进海水中有凉爽的感觉；天黑以后再到海边，光脚踩在沙滩上有冰凉的感觉；跳进海水中有温暖的感觉，从而得出在同样的太阳辐射的条件下，陆地增热快、降温快，陆地上的气温变化剧烈的结论。在学习冬季风的风向和特点时，让学生联想北京冬季时多刮什么风，风吹到身上有什么感觉，学生马上就总结出冬季风多为西北风，具有寒冷干燥的特点。

这样讲课不仅学生有兴趣、爱听，也有利于教师把难点讲清楚。

注：本文节录自"创新教育丛书"《地理教育中的思维·实践·创新》一书，该书由北京科学技术出版社 2002 年 1 月出版。

（北京市崇文区教科研中心　孟胜修）

体育技能教学与形象思维

形象思维是人脑利用已有的表象去思考问题、解决问题的思维过程。形象思维是以表象为材料进行思维，因此，它主要是视觉表象思维，不过，听觉、触觉、味觉、嗅觉和运动感觉同样也能产生形象思维。

运动技能是身体动作技能的一种，是在体育运动的特定条件下，人体表现出来的各种动作与姿态，从而构成一定的技能。它必须以科学、合理、完善、优化的方式组织起来，并能顺利进行和完成。这种在一定时间范围内，经过大脑的指挥及神经系统准确支配肌肉、骨骼，并体现出一定的力量，依照一定的顺序和时间，在一定的空间内完成的人体运动就是运动技能。运动技能表现为完成体育动作的技巧与能力，是科学的、规范的、有一定规格的，也是可以学习和掌握的。

不论从事哪种运动，参加者的视觉、听觉、触觉、运动觉等多种感知觉都要参与到运动中来，并通过大脑综合加工整合，协调身体各部位共同完成和实现。

体育技能教学存在两个突出的难点：一是如何使学生对体育技术动作获得正确的、清晰的视觉表象，这是学生进行练习的依据；二是学生在练习过程中，常常会产生一些不规范、不正确或多余的动作，如何在练习过程中获得一种自我纠正动作的机制。

综上所述，我们可以清楚地认识到：运动技能是大脑对动作技术特点、动作形象的掌握通过身体表达出来，是脑通过形象思维对身体动作的支配和脑中动作表象的外现。因此，运动技能的形成是脑对动作的形象思维与身体表达逐步统一的结果。为此，我们要紧紧抓住"思维"这个中心，把思维、技能与体育教学紧密结合起来。

一、体育技能的学习与训练的实质是思维活动

运动技能的学习在初学阶段更强调视觉的作用，通过视觉进行观察并建立初步的视觉表象，思维活动也从此开始。而后，视觉表象与动觉表象通过反复的练习，逐步形成运动表象。视觉表象主要指我们曾经观察到的动作在脑中的重现(如教师的示范动作、录像教

材中的示范动作)。动觉表象是在运动时，人的肌肉、肌腱、骨骼及关节表面所形成的感觉的重现。动作技能在学习过程中，只有通过这二者的结合，最终形成综合的运动表象，才能正确而迅速地掌握动作、形成技能。

在这一过程中，思维能力、特别是形象思维能力有重要作用。任何学习与思维活动都有一个由外而内、由表及里、去伪存真、去粗取精的过程，都有一个认识和感觉的过程。只有认识到了的事物才能感觉它，也只有感觉到了才能进一步认识它，而这一过程就是思维的过程。学生对体育技能的学习，完全符合这一过程。

二、体育技能教学中示范与观察是思维活动的开启和重点

教学中的示范主要是指教师的示范动作。在教学过程中，教师的示范动作应有意识地突出动作的主要特征，使学生在观察示范动作的时候把注意力集中到示范动作的主要特征上来。教师要对学生的观察重点进行必要的提示，这是一项很重要的工作。

教师的示范动作是学生建立正确视觉表象的依据。因此，教师的示范动作必须正确、规范。如果教师本身的示范动作不正确、不规范，便会使学生形成不正确的视觉表象，从而导致错误动作的产生。

观察是指学生对教师示范动作的观察，是学生思维活动的开启。学生在第一次观察教师的示范动作时，往往只注意到动作的整体，即用视觉来感知动作的完整形象，了解身体各部位的动作及运动顺序、动作方向、动作速度、动作力度、发力时间等动作形象和特征；尚不能对动作的细节进行有选择的观察，即视觉尚未达到分化的程度，不能准确地把握教师示范的要点。因此，教师在教学中应采取完整示范与分解示范相结合的方法，使学生既能获得整体动作的表象，又能帮助学生了解动作具体的要点与细节的表象。学生在观察教师示范动作的过程中，由分解到完整，由整体到完整再到细节，由模糊到清楚，从而抓住动作的特点，这是一个较为典型的

形象思维过程。

如果教师对某个动作的示范确有困难，或对一些速度快、动感强、技术比较复杂的动作，教师在示范时又难以分解的动作，则应采取电教手段，以弥补教师示范的不足。现场对学生的动作进行摄像，然后立即反馈给学生，这是一种良好的反馈手段。

在教学活动中，教师完成示范动作和进行简明的讲解后，应立即组织学生进行练习。否则，间隔时间一长，学生头脑中的视觉表象的清晰性将明显下降；同时，学生也需要通过练习来调整自身感受与示范动作所形成的视觉表象的不吻合之处。

三、练习是运动技能形成的关键，是思维的必经过程

学生在头脑中形成正确动作的视觉表象后，要通过不断地练习，把脑中的动作表象表达出来，而表达的过程也靠形象思维。这是因为正确、良好的表达不是一次练习就能完成的。学生要经过多次练习，才能去掉多余动作，纠正不规范的动作，其中每一次练习都是一个反馈过程：把自身的动作表象和教师的示范动作表象进行比较，通过比较，修改那些不规范或多余的动作。每次练习都获得自身肌肉、骨骼、关节的触觉、动觉、空间、时间感等表象，并且把这些表象和视觉表象整合起来，综合成运动表象。练习过程是脑中的运动表象不断修正、调整的过程。这当中有表象的分解、组合、类比和概括，是形象思维的过程。

学习动作并形成动作必须通过反复地练习来实现。通过练习加深自身的运动知觉，通过练习不断体会动作要领、改进动作。练习次数愈多体会愈深，"熟能生巧"就是这个道理。这是技能形成过程中两种思维的交汇，为将来技能的迁移创造了条件。

以形象思维的观点来看，运动技能的形成按照以下途径进行：通过观察形成视觉表象；通过练习产生本体运动感觉；再观察，把视觉表象和动觉表象整合起来，形成运动表象；再练习，改进动作，形成运动技能。在形成运动技能的过程中，反复地观察示范与

反复地练习是必要的。这就像做雕塑，先对照模特做出一个雏形，然后再对照模特进行反复修改、精雕细刻，最后完成一件理想的雕塑作品。

学习运动技能也是如此。在练习中先把动作的主体做出来，但其中粗糙、不合理的成分较多；经过反复地看示范与反复地练，大脑对动作的支配能力越来越精细，从而对动作的控制越来越精确，这时运动技能已经形成。

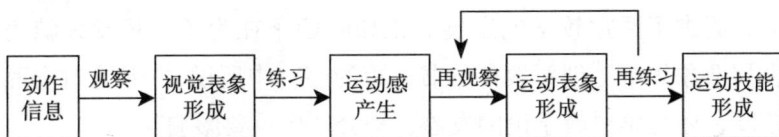

```
┌──────┐ 观察 ┌──────┐ 练习 ┌──────┐ 再观察 ┌──────┐ 再练习 ┌──────┐
│动作  │────→│视觉表象│────→│运动感 │──────→│运动表象│──────→│运动技能│
│信息  │     │形成   │     │产生  │       │形成   │       │形成   │
└──────┘     └──────┘     └──────┘       └──────┘       └──────┘
```

四、把形象留在思维中，把思维形象化

京剧界的大艺术家、盖派表演艺术的创始人盖叫天，对完善表演艺术的过程有一句经典的论述，就是"把形象留在思维中，把思维形象化"。他的这一论述一语道破了形象思维的过程，点明了形象思维的意义与形象思维的价值。

运动形象与艺术形象的积累，通过思维活动的参与可以产生迁移，而迁移是创新的基础。当今体坛的创新动作不胜枚举，在现在看来它们是通过数十年和数百年的在基础动作的基础上不断地迁移、不断地加工创造而来的。

因此可以说，形象思维是学习技能的基础，形象思维在技能学习中是不可缺的。同时，形象思维还是一种富有创造性的思维，一切事物的创新都离不开形象思维的参与与主导。

注：本文节录自"创新教育丛书"《思维·技能与体育教学》一书，该书由北京科学技术出版社 2004 年 1 月出版。

（北京市第五十五中学　张伯琥）

音乐教学与形象思维

　　《思维、情感与音乐教学》一书是北京市哲学社会科学"九五"规划重点课题"发展形象思维的理论研究与教学实验"的成果之一。该课题由原北京教育学院院长温寒江主持，经过 20 年的实验研究，在学科教学理论、教学法与教材的创编方面都取得了显著的成果，促进了课堂教学的发展。正如陶西平在为《"开发大脑潜能 发展形象思维"创新教育丛书》写的序言中所说，"无论对全面教育改革，还是学科教学论的发展，都会产生重要影响"。

　　《思维、情感与音乐教学》在仔细研究国内外音乐教育最新研究成果的基础上，提出了"音乐思维"的观点，探讨了音乐思维的特性、音乐思维在音乐教学中的重要意义、音乐思维与音乐教育的关系等问题，具有一定的创新性。

一、什么是音乐思维

　　众所周知，音乐是情感的艺术，是声音的艺术。但是，要从音乐中获得情感的体验，从音乐的声音中获得感悟必须经过思维的过程，从这个意义上来说，音乐又是思维的艺术。音乐思维是感受和理解音乐的桥梁。

　　什么是音乐思维呢？ 音乐思维是以乐音的运动形式进行的形象思维。它以独特的听觉思维方式，运用旋律、节奏、音色、和声等基本要素来表达作者对美的本质的领悟和情感体验，并通过乐句、曲式、体裁等思维方式把握和表达音乐的整体审美体验的过程。

　　只有发展音乐思维，才能加深对音乐的理解。过去，我们片面地认为思维只能通过语言才能进行。现在，随着对思维科学的深入研究，我们认识到，不仅语言是思维的工具，非语言的材料——如绘画的色彩、线条，音乐的音响、肢体的动作——都是进行思维活动的媒介。积极的音乐思维活动，可以加深对音乐的审美感受。而有了对音乐的思维能力，才能更深地理解音乐。

这个观点从思维的角度提出了音乐思维在音乐教学中的重要意义，为音乐教学的改革提出了一条新路：在音乐教学中要积极培养学生的音乐听觉思维能力，这是音乐学习的基础，并通过音乐思维提高学生的综合素质。

二、音乐思维的特性

音乐思维具有时间性、情感性、概括性的特点。良好的音乐记忆力和音乐内心听觉是音乐思维的基础。音乐思维同所有的思维方式一样，都是建立在客观形象的基础上。大量的表象积累，特别是听觉表象积累、社会实践和丰富的文化知识，是音乐思维的基础。音乐思维对激发情感、丰富想象力、提高智力和记忆力有着重要的作用。

三、音乐思维的进行方式

音乐思维是通过音乐语言、曲式和体裁进行的。

第一，音乐思维是通过音乐语言进行的。

音乐语言主要包括旋律、节奏、音色、和声等音乐要素，其中最重要的就是旋律，也可以说音乐思维主要是通过旋律进行的。音乐思维在通过音乐语言表现情感体验的同时也会产生听觉的种种联想和想象。这种和过去的经验交织在一起而产生的对以往客观事物的听觉的联想同视觉形象有着本质的区别。由于它是由情感的体验所引起的一种思维过程，反过来又会对情感产生作用，因此，对各种音乐要素的感受是音乐思维的基础。

第二，音乐思维是通过曲式进行的。

曲式就是乐曲的基本形式。音乐总是以曲式的形式出现的，所以对曲式的思维实质上也就是音乐思维的一种形式。

曲式是音乐的结构形式，是音乐语言按一定规律组织起来的形式，是音乐整体性表现手段之一。如同语言中的字、词、句、段一样，音乐也有自己的"字、词、句、段"，也就是乐汇、乐节、乐句、乐段，它们是构成曲式的基本元素。

乐段再构成曲式，如一部曲式、二部曲式、三部曲式、复三部曲式、变奏曲式、回旋曲式、奏鸣曲式等。音乐思维通过对曲式的感受、记忆、理解的过程获得音乐审美体验。如同阅读文章一样，我们不能只读一句，而要把整篇文章阅读之后才能读懂，因此，对音乐的理解也必须通过对音乐的整体思维后才能完成。

第三，音乐思维是通过体裁进行的。

体裁也是音乐结构的形式和音乐整体性表现手段之一，不同的体裁都具有不同的体裁特征。比如我们通过对进行曲体裁的音乐思维可以获得雄壮的审美体验，联想到军队行进的威武形象；通过对摇篮曲的音乐思维可以获得优美安详的审美体验，联想到年轻的母亲轻轻晃动摇篮的情景。

在音乐体裁中，表现力最丰富的是交响曲。交响曲结构宏大、色彩绚丽、音响丰富、内涵深刻，是"音乐形式中最抒情的形式"。比如贝多芬的《第五交响曲》气魄宏伟，它表现了"通过斗争获得胜利"的伟大思想，引起我们对社会的理性思考。所以贝多芬说："应该要求人们用理性来倾听我们。"这种理性的思考只有在感受音乐的基础上，通过音乐思维才能获得。

四、音乐思维与音乐教学

音乐思维的本质是音乐听觉思维，离开了听觉思维，音乐就失去了意义。音乐教育的意义不仅在于音乐，而且对培养具有高超思维能力的创造性人才有着不可估量的作用。因此，教师在音乐教学中要改变只重视知识和技能的传统观点，通过多种途径启发学生的音乐思维，使学生获得深刻的音乐审美感受和体验。

（1）在音乐教学中要积极发展学生的音乐思维。以往的音乐教学很少涉及音乐思维的问题。事实上，在音乐教学的过程中一直存在着音乐思维的活动——不仅技能的训练同思维有联系，而且在感受、理解音乐的过程中也存在着音乐思维的过程，因为音乐的审美功能主要是通过音乐思维实现的。因此，教师在音乐教学中要加强学生音乐思维的训练，深化其对音乐的感受。

（2）在音乐教学中要重视培养学生的音乐直觉能力。音乐的直觉是音乐思维的表现形式之一，它是把现在的音乐感知同过去加工积累起来的音乐表象联系起来，从而产生新的判断的过程。音乐直觉强的人，他的音乐能力就强。培养音乐直觉的最好方法就是：培养内心听觉，积极参加音乐实践、积累丰富的知识，还要注意直觉与理性的结合，学会综合、分析、概括，并深入到音乐的内部本质，获得更深的音乐审美体验。

（3）音乐思维对创造性思维有着很大的促进作用。在音乐教学中发展音乐思维能力为培养创造力奠定了基础。现在，各国都十分关注创造性教育，美国提出的"表演、创造和对音乐的反应"，意大利提出的"研究、创造、听"，加拿大提出的"课堂音乐创作方案"，都十分注重创造能力的培养。通过音乐教育发展创造性思维已经成为全球的共识，它必将为音乐教育带来一次深刻的革命。

（4）把音乐思维的理论与教学相结合将有利于学生综合素质的培养。培养学生音乐思维的具体方法有：①培养听觉；②丰富音乐情感；③提高想象力；④提高音乐记忆力；⑤开展创造性的音乐活动。

注：本文节录自"创新教育丛书"《思维·情感与音乐教学》一书，该书由北京科学技术出版社 2002 年 1 月出版。

（北京市东城区灯市口小学　吴文漪）

幼儿绘画与形象思维

传统的幼儿美术教育往往注重灌输知识、训练技能，成人化、模式化倾向严重，忽视对幼儿形象思维的训练，忽视培养幼儿的学习兴趣和主动性，以"左脑优势"的理论为指导，走语言—抽象思维的道路。我认为，现代幼儿美术教育应该走符合幼儿生理、心理发展特点，能调动幼儿学习主动性、积极性的"形象思维—语言—抽象思维"的路子。

自 1992 年开始，我参加了温寒江老先生主持的北京市社科规划项目——"发展形象思维的理论研究与教学实验"课题组，开展了幼儿美术教学实验工作，明确了幼儿美术教学的培养目标。即通过幼儿早期绘画进行形象思维训练，开发幼儿智力潜能，并与各学科以及各种游戏活动配合，全面提高幼儿素质，培养具有敏锐感受力、丰富情感和审美情趣、良好情操和坚强个性的幼儿。

一、幼儿美术教学的基本思路

1. 以形象思维训练带动幼儿绘画知识、技能的提高

幼儿美术教育的重点应是创造意识的启迪，而不应仅是技能的传授。因此，应先教幼儿会想，然后再教幼儿会画，这是美术教学的一个基本思路。

美术教学应注重激发幼儿绘画的强烈愿望，给幼儿提供一个友善的、自由的学习环境，鼓励幼儿去看别人看不到的东西，去想别人想不到的事情，将来去开创别人没有开创的事业。这不仅仅是绘画之路，也是幼儿走向未来社会的精神支柱。

美术教学还要把训练幼儿的直觉感受，对形象的观察、记忆、联想、想象、创造作为重点。当然，表达内容的丰富，绘画技能的提高，也不可被忽视。但技能训练的关键是要抓住控制技能的心理机制（形象思维）；只有这样，才能使幼儿的潜能得到更好的发挥。因为技能是思维的表达，应先学会思维，再学会表达（技能）。换句话说，美术教学是以开发幼儿智力、提高审美能力为前提，从而带动绘画知识、技能技巧的提高。幼儿的思维活跃，头脑中的形象储存丰富，情绪被调动起来，创作欲望强烈，就会画出意想不到的好作品。

2. 全面育人，发展个性

绘画是一种"个人审美心理的独特体现"，因此，教师在教学中应特别注重幼儿的个性发展。要鼓励和表扬能独立思考、勇敢表达个人感受、有创造精神的幼儿，使他们觉得在绘画过程中到处都有展现自己聪明才智的机会。

绘画还是展示幼儿心灵的一面镜子。古人说得好，"画如其人"，这对幼儿来说也是恰当的。有时，我们可以通过一幅画（无语思维）看到小作者本人的气质、心境、理想、愿望。

此外，生活是丰富多彩的，以生活为美术教学的内容反映社会、反映大自然，非常贴近幼儿的生活实际，易学易画。同时，美术教学是在与各学科配合、在多种游戏活动基础上进行的，既面对全体幼儿，又因材施教、不强求一律，从而促进每个幼儿都能在原有基础上得到全面发展。

二、幼儿美术教学的几个原则

1. 启发幼儿自愿接受学习的原则

美术教育不同于一般说理性的科目，它要靠思想的启迪和情感的激励来帮助幼儿敞开心灵的大门，而不能有任何强制性。

首先，要让幼儿对所画的形象有强烈的兴趣，爱不释手，也就是先娱目动情，然后才能激思励志。所以备课时，教师要先用"童心"去想幼儿所想，用幼儿喜闻乐见的形式去激发激活幼儿创作的欲望，让他们头脑中有鲜明清晰的形象，"呼之欲出"，使其内心产生创作的冲动。其次，要采用丰富多彩的教学形式。如为了让幼儿观察季节的特点，秋天时，可以带幼儿到公园的树林中去观察枫叶，让他们在树林里玩耍、嬉戏，沐浴秋季温暖的阳光，体验大自然的变化。回来后，让幼儿把自己画进美丽的画幅中。尽管画中的形象很幼稚，人还是火柴人，但有张着嘴喊的，有弯着腰捡树叶的，一个个活蹦乱跳，生动极了！而这正是幼儿真实生活体验的表达。

总之，美术教学应该多在活动和游戏中进行，让幼儿用眼睛去看，用耳朵去听，用脑子去想、去记，通过行动去体验，使幼儿所有的感官处于开放状态，并由现实的刺激促使幼儿头脑中的表象运动起来，经过他们的头脑加工，创造性地外化于画幅中。

可见，环境刺激就像一只无形的手，促进着幼儿大脑思维的发展。因此，这里特别强调要建立一个良好的学习环境，一个能启发幼儿创造思维发展的天地。

2. 鼓励幼儿自我发现、自我创造的原则

美术教学必须创造一个有利于幼儿创造性活动的环境和条件，以此为基础来设计教学过程。利用幼儿自我为中心"泛灵论"的心理特点，让他们不分时空、无拘无束地自由想象，给所画物体注入生命和情感，特别是用拟人化、主动情绪化的手法去画一些人物、动物，就像画他们自己。这样，画出的形象才会新颖、离奇、夸张、变形，具有丰富的想象力。

对幼儿自己选择画出的有趣形象，即使是画得不好，教师也不能横加指责，更不能讽刺嘲笑，而要多表扬、多鼓励。要让幼儿们在画的过程中有一种快乐感，感觉是一种享受。

因此，要把鼓励幼儿的好奇心、保护幼儿的自尊心作为培养幼儿创造性思维的重要准则。帮助幼儿扫除创作时的一切心理障碍，让幼儿勇敢、大胆、毫无顾虑地按自己的想法去画，这样就能取得事半功倍的良好效果。

3. 教学内容、方法的科学性、系统性原则

区别科学与不科学的标准就在于教学内容、方法适不适合幼儿绘画年龄发展阶段的特征与生理的成熟程度，是否有益于幼儿的身心健康和精神需要。

这里的"发展"系指心理功能的变化，它随着幼儿年龄的增长而进步。绘画需要手、脑、眼的协调配合，这是绘画必须具有的生理条件，它们在幼儿3～6岁时的发展变化情况如何，教师必须对此了如指掌。

　　这里的"成熟"系指学生的学习在生理方面已具备一定的条件，所以成熟乃是学习的先决条件。也就是说，幼儿在达到某一年龄阶段时，便有某种可胜任某一类活动或工作的潜在能力。教师如能抓住这个时期（幼儿早期绘画的关键期为 4 岁），就可事半功倍。早期幼儿绘画对脑能产生深远而持久的影响，可成为挖掘幼儿潜能的最好手段。此外，在幼儿绘画发展期间给予辅导和训练，其效果取决于辅导方法、内容是否适合幼儿成熟阶段潜在能力发展的需要，因为教育的功能不仅要适应幼儿现有的发展，而且要促进其脑潜能的发挥，使其绘画年龄阶段超前发展。

　　在教学内容方面，在幼儿园阶段要特别强调绘画基础知识、基本技能，以及创造意识的启迪和审美情趣的培养。从绘画造型能力来说，主要是要求幼儿掌握线、形、色和简单的绘画工具、材料，以及具有简单的组织画面的能力。根据年龄变化和难易顺序，线由涂鸦期的乱丝线、圆弧线、曲线到直线、水平线、斜线；形由圆形、方形、三角形到组合形，也就是由平面基本形到以组织形为主；色彩由三原色（红、黄、蓝）到三间色（橙、紫、绿），再将色彩分深浅认到 12 色。人物画的学习也贯穿于幼儿园教学的始终，由涂鸦期的蝌蚪人、火柴人到双勾人；同时，了解人物、动物的主要结构、简单动态，在画面中有主次地进行组织构图。

　　在绘图方法方面，幼儿美术教学以形象思维训练为主。对于幼儿园小班的教学，教师应让幼儿在头脑中大量储存表象，并以表象记忆、联想为主，训练幼儿默画。在默画训练中，先以单个人、物为主，再组合人、物进行，进而再到简单情节的创作。

　　在此基础上，教师再教幼儿更多的形象思维方法，让幼儿在掌握基本形的基础上用形象思维的方法去发散、概括。如对圆形，教师可让幼儿在规定的时间内画出多种圆形物，并比一比谁画得多而且新颖。再如学了很多动物的绘画后，教师可让幼儿抓住动物结构特征，去类比相同与不同之处。教师还要教幼儿如何由此及彼联想，如何分解、组合，怎样夸张、变形、创造新形象。

还要强调说明的是，绘画是一种智力活动，既有思维，又有表达（技巧），是一个完整的创作过程。强调教幼儿先会想、然后会画，这是因为思维在先，表达在后，"意在笔先"，两者不可偏废。过去，美术教学只注重技巧（表达），而忽视了思维训练，现在也不能因为强调思维训练，而忽视技巧。"有美无术""有术无美"，同样都画不出好画来，更无助于幼儿智力的开发与身心的健康。

同时，强调形象思维训练，并不是不示范、不演示。只是对幼儿教学更多的是形象演示，而且是多种形式的演示。即要让幼儿观察教师是如何作画，包括手的动作、笔的运动、颜色的搭配、纸张材料的运用、画面空间的安排等，而这些绘画造型语言是不能用口头语言来解释的。对幼儿来说，不能过分要求他们掌握技巧，但对教师来说，则必须掌握相当熟练的技巧。所以示范是无语的启发，而且是更有效的启发。

注：本文节录自《开发右脑——发展形象思维的理论和实践》一书，该书由浙江教育出版社 1997 年 12 月出版。

（北京市朝阳区教研中心　杜　玫）

美术教学促进学生智力的发展

徐悲鸿中学初中部是一所公立美术特色初中校，从 1994 年开始探索美育教育，面向全市招收喜爱绘画的学生。在美育课程的安排上，我们认真地进行美术基础知识教育和基本技能训练，同时开设"小雕塑""书法艺术""黑白版画""立体构成"等多种多样的校本课程。学校教师逐渐树立大美育观的思想，积极开展美术与其他各学科的整合。

我校自 1996 年"九五"规划开始之时起，参加了温寒江先生所主持的"发展形象思维的理论研究与教学实验"课题组，并成为总课题组的实验校。在这 10 年中，我们认真学习了温寒江、连瑞庆两位学者主编的《开发右脑——发展形象思维的理论和实践》一书，同时广泛地阅读、分析、讨论了大量教育教学科研方面的书籍，并在理论的指导下，进行认真、深入的教学研究和实验工作，积极探索发展形象思维对学生学习的影响。

由于人脑的右半球控制着左侧肌体的感觉和运动，着重于想象、虚构、感受和求异，是人脑处理表象、知觉，进行形象思维、直觉思维、发散思维的智力活动控制中枢，因此也被称为"艺术型半球"。美国著名教育家艾德勒教授曾设想了基础教育的课程结构模型，他特别强调设置"美育"课程，以提高学生对人类艺术活动作品的观察力、理解力、鉴赏力，最大限度地拓展智力活动的广阔空间。因此，人的右脑的开发，美育的有效实施有着不可替代的作用。

依托我校的美术特色，我们通过美术教育来培养学生的智力技能和操作技能，使学生掌握观察、想象、思维的方法和绘画造型、设色以及简单的工艺操作技能。这种美术基础知识和基本技能的培养，使学生的右半脑得到了锻炼，从而使学生的形象思维得到了更加充分的发展，极大地促进了右脑功能；在右脑功能得到优势发展的同时，由于大脑两半球的机能得到协调发展，左脑功能——抽象的逻辑思维能力——也得到了进一步的提高。

2002 年至 2003 年，课题组举办了"两种思维结合的学习理论与智力发展理论研讨班"。在学习班里，大家探讨了信息技术对现代化教育改革的影响。由于多媒体具有图、文、声、影并茂的特点，能够很好地提供大量的听觉表象和视觉表象，因此能提供非常理想的教学环境。在当前新课程改革的形势下，信息技术学科与其他学科进行课程整合的要求也进一步提高，对这一方面的研究也逐渐加强。因此，我校开展的课题组科研工作，主要集中在美育和多媒体计算机辅助教学两个方面。

我校课题组的研究工作主要由三个阶段组成：理论学习阶段、研究实验阶段和总结实践阶段。

第一阶段：理论学习阶段。

我校课题组成员共 15 人，学科涵盖语文、数学、英语、物理、历史、美术、音乐、计算机等。学校为每个课题组成员购买了《开发右脑——发展形象思维的理论和实践》等理论书，同时组织课题组教师集中学习，并进行交流和讨论。例如，大家讨论了"发展形象思维理论的研究与教学实验"课题的可行性、发展形象思维的脑科学依据、发展形象思维对学生学习成绩的提高所起的作用，对智力发展的持续性和全面性也提出了深入研究的方向，这些都为下一步的研究实验阶段作了比较充分的理论准备。

第二阶段：研究实验阶段。

各科教师进行了多种多样的教学实验。一般来说，首先在自己所教班级中的一个或两个班里进行，而将自己其他的教学班作为对比班，并在对比班中仍然采用传统的教学方法。在实验班的教学中，教师注意以理论为依据，采用注重培养学生形象思维的教学方法。由于在初中生的思维中，虽然抽象逻辑思维开始占优势，可是在很大程度上他们的逻辑思维还需要感性经验的直接支持。因此，结合学校的美术特色，课题组的教师在教学中经常使用实物、卡片、图画以及其他一些电化教学手段，有时还就课堂所学内容组织学生自主创作。这些手段给学生提供了大量相关的视觉和听觉的刺激，帮助学生的形象思维得到进一步发展。

如英语教师经常在课堂上运用简笔画这种直观形象的方式激发学生的学习兴趣和热情，用生动的形象去阐述抽象而死板的文字、句型，使其更容易为学生所接受。再如语文教师在教学工作中非常注意培养学生的想象思维，这不但是语文教学本身的需要，更是开启学生智慧潜能的重要一环。想象的潜力是每个人都具备的，因此需要教师在教学中制订计划，循序渐进地进行针对性的训练。包括在语文课中开展对故事结局的续写、改写等，以增强对学生创造想象的培养；在作文课中有意识地强调求异思维的运用，鼓励学生大胆尝试具有个性色彩的写法，如对文题的思考角度的求异，对语言个性化的追求，文章风格色彩的求异，教师评价作文时的求异等，极大地培养了学生开阔思路、不依常规、寻求变异、多方面思考问题、探求解决问题的创造性思维方式。

在此期间，许多教师开始学习运用多媒体计算机辅助教学，并制作了一大批多媒体课件。学校成立了教师电脑备课室，为教师提供了一个培训、教研、制作课件的良好环境，课题组的每一位教师都具备了在学生中推广新的学习策略的能力。如历史教师为每一节课都制作了精美的多媒体课件，在课堂上能够有效地调动学生的视听感觉，满足他们全方位感知信息的需求。当学生的眼、耳、心、脑等同时得到足够的刺激时，其所产生的认识最深刻，这时形成的记忆也最持久。

在研究实验的过程中，我们也非常注意对照实验班和对比班的教学效果，并注意收集和积累实验数据，在数据的比照中，逐步找到有利于发展学生的形象思维、提高教学效果的方法。

第三阶段：总结实践阶段。

通过第二阶段的研究实验，我校课题组教师逐渐找到适合我校学生实际情况、有助于促进学生形象思维得到进一步发展的教学方法和教学手段。在平时的教学活动中，课题组的教师有意识地将研究的成果运用于课堂教学中。

由于在"九五"期间利用多媒体计算机辅助教学所积累的经验逐渐增加，"十五"期间，我校在多媒体计算机辅助教学方面得到进一步发展，由于课堂上大量应用多媒体计算机教学课件，取得了良好的教学效果。

经过 10 年的教学实践，我们认为，利用多媒体计算机辅助教学对影响学生形象思维的形成主要有以下优势：①满足了学生全方位感知信息的需求；②提高了学生的感性认识和理性认识；③激发出学生"我要学"的愿望；④多媒体课件对传统教学无法表现的内容有互补的作用；⑤多媒体教学过程具有可再现性。

为研究我校美育教学对学生智力发展的影响，我们对我校同一批学生在其刚入校和初三毕业时分别对他们的文化成绩和左右脑能力与同水平普通校学生作了总结对照。脑功能测试和文化成绩测试的详细情况见表1。

表1　脑功能测试和文化成绩测试对照表

我　校	人　数	右　脑	左　脑	文　科	理　科	文理科平均分
初一	36	49.88	44.53	83.92	79.43	81.68
初三	37	54.88	51.91	85.68	80.84	83.26
初一	47	48.25	44.68	82.90	79.75	81.33
初三	45	51.42	50.20	80.15	78.33	79.24

注1：测查左右脑能力的智力量表选自《智力全书》（姜晓辉编著，中国城市出版社，1997）。

注2：左右脑得分及文理科成绩均为样本平均成绩。

注3：文化考试所用试卷均为区统考试卷。

经过统计计算和双侧检验发现，在初一新生入学时，两校学生的左右脑测试成绩和文化成绩基本相同（见表2）。我们在对学生进行左右脑发展状况的测试时，发现我校学生的右脑得分略高于对比校，左脑得分基本相同，这也体现在文化课的成绩上。我们认为这应该属于正常情况，由于我校录取的学生都比较喜爱绘画，在脑功能的发展上，略偏向右脑的发展；同时由于偏重绘画，在理科课程的学习上要稍微薄弱一些，从而导致了这一现象的出现。

但是在初三毕业考试中，我校学生的平均成绩明显高于对比校。其中文科成绩差别显著，而理科成绩也高于对比校。总平均成绩在 t 检验和 Z 检验的结果中也表现出显著性差异（见表3）。在对初三毕业生的左右脑发展状况测试中，我校学生的右脑得分明显高于对比校，左脑得分也比对比校要高。

对于成绩优异的右脑得分，我们认为美育教育的作用非常明显。对学生美育的培养，使他们的形象思维得到了充分的发展，因而促进了学生的右脑功能；在右脑功能得到优势发展的同时，学生的左脑功能也得到了进一步的提高。

表2 初一年级学生成绩统计及检验结果

学　校	$\overline{X}$	S	n	差异程度
我校	81.68	10.04	36	
对比校	81.33	8.76	47	
F	1.31	$df=81$	$F<F_{0.05}$	（$F_{0.05}=1.69$）
t	0.169	$|t|<t_{0.05}$	$P>0.05$	无显著性差异
Z	0.166	$Z<Z_{0.05}$	$P>0.05$	无显著性差异

注：$Z_{0.05}=1.960$

表3 初三年级学生成绩统计计算及检验结果

学　校	$\overline{X}$	S	n	差异程度
我校	84.09	9.92	37	
对比校	79.24	8.87	45	
F	1.38	$df=80$	$F<F_{0.05}$	（$F_{0.05}=1.69$）
t	2.336	$t>t_{0.05}$	$P<0.05$	显著性差异
Z	2.310[*]	$Z>Z_{0.05}$	$P<0.05$	显著性差异

注：$Z_{0.05}=1.960$

　　由此可见，我校与对比校在教学成果上具有显著性差异。这是由于对学生美育教育的深入程度不同，从而导致两校学生的成绩在经过三年的学习后，发生了显著的变化。

　　因此，我们认为：美育过程实际上就是发展和提高各种认知能力，形成完整的智力结构的过程。通过绘画对手与脑的综合训练，学习美术能使学生的右半脑得到锻炼，从而培养学生的形象思维能力和创新能力，并促进其他学科的学习成绩提高。

　　注：本文节录自"创新教育丛书"《走进现代教育——"发展形象思维的理论研究与教学实验"课题研究十五年》一书，该书由北京科学技术出版社2006年1月出版。

（北京市徐悲鸿中学初中部　杨守岐）

小学生的创造性学习能力

什么是创造性学习？ 小学生的创造性学习，并非都要像科学家、发明家那样，在学习活动过程中有什么惊人的发现，有什么伟大的发明。科学上的发现、发明与创造不是那么容易的事情。初入学的儿童，知识面很窄，实践经验也很少，要他们在学习活动过程中有所发现、有所创新，就更加不易。因此有人就认为，小学生在校学习只是接受前人的知识，学习活动的过程就是接受、掌握知识的过程，根本谈不上什么创新。这种认识貌似有理，其实则不然。小学生固然不能像大科学家、大发明家那样创造出惊人的奇迹来，但每一个小学生都具有一定程度的潜在的创造能力。只是有的学生的创造能力可能稍高些，有的学生的创造能力可能稍低些；有的学生可能在这方面表现突出些，有的学生可能在那方面表现突出些。一点创造性潜在因素也没有的学生是不存在的。关于创造性，美国的梅斯基认为：创造性是思维活动的方式，是制作具有独创性的受到自己或别人赞赏的东西的方法。这就是说，解决一个问题的新方法，生产一项新产品——例如一首诗、一支歌、一架新机器——都是创造性活动。

根据心理学理论和儿童教育工作者的实验研究，结合具体的教学活动的长期观察与感知，我认为小学生创造性学习能力主要表现为以下三方面。

(一)创造性学习的兴趣、动力(创造意识)

小学生在学习过程中的创造意识具体表现在以下几方面。

(1)具有强烈的好奇心。对学习过程中的各种新鲜事物、新的课题、小实验等感到好奇、有趣，好问、爱看、想动手，急着亲手"试试看"。

(2)争强好胜，不甘落后。在日常的学习过程中，对各种竞赛、考试等总是渴望成绩突出，胜过别人。

（3）有强烈的求知欲望。在学习过程中，对所见、所闻、所感受到的事物和问题总是没完没了地追问"这是什么""那是为什么"。

（4）兴趣广泛，对各种学习活动都感兴趣。如对阅读、写作、数学、书法、美术、体育、音乐和其他各种社会常识等学习都有兴趣。

（5）敢于提问。对不理解的问题，不明白的内容，模糊不清的地方，都能及时提问，不轻易放过。

（6）勇于质疑。能够发现课本上、教师讲解过程中的疑点，并提出异议。逻辑思维能力强，能吸收别人正确的东西并纳入自己的思维轨道。

（7）有自信心。对自己所进行的学习活动、分析和解答的方法与结果充满信心，对探索各种学习难题有必胜的信念。

（8）学习轻松，情绪稳定。学习有计划，方法灵活，学习效率高，能适应学习过程中的各种变化，保持稳定的学习情绪。

（9）学习不怕困难。课堂听讲、作业练习、课外活动等始终精神饱满。无论是犯了错误、受到批评，还是遇到挫折、碰到困难，都不灰心、不气馁。

（10）肯于吃苦。在学习活动中，不怕吃苦，不怕受累，不管遇到什么情况，都能够一丝不苟地坚持学习。

（11）虚心。能够向别人学习，当别人提出的意见与自己的相反时，一般不马上把别人顶撞回去，爱用脑子想一想。与人进行辩论时，知道自己错了就勇于承认。

（二）创造性思维

小学生的创造性思维的特点主要表现在以下几方面。

（1）观察事物细致。对学习活动中的各种事物观察细腻，能在近似的事物中敏锐地观察到相互有区别的、不易被人察觉到、易被忽视的不同点，以及不同事物中的相同点。

（2）富于想象力。对学习中的各种问题能进行积极的思考，想到事物的各个方面；能从一事物中联想到其他事物，并在不同的事物中把相同的因素联系起来。

（3）对事物反应快，容易受到启发。对学习中的一些问题，教师稍加启示（如教师的手势、眼神、神态或简洁的话语等）后就能立即作出积极的反应。

（4）勤于动脑。对学习过程中的各种问题总爱问一个"为什么"，且不满足于知其一，喜欢从与问题相关的各个方面去积极思考，寻根究底。

（5）善于假设。对各种学习问题，特别是一些不能立即解答的较难的数学问题，能运用假设的办法启发思维，寻求问题的解决。

（6）乐于创新。在学习过程中，思考问题、分析问题、解答问题，敢于打破框框，寻求新答案、新结果。

（7）有主见。不轻信他人的意见，对学习中的各种问题总爱用自己的头脑想一想，不盲从，也不人云亦云，习惯于自己动脑、动手。

（8）思维开阔。思考问题、探索问题、解决问题时，能从不同的方面、不同的渠道寻找可能性，常常别出心裁、独辟蹊径，用新颖或者异常的方法解答学习问题。对学习中的问题，尤其是各种数学习题（或问题），除了用一种方法解答外，还能从多方面来探索它的可能性。

（9）理解问题深透。对各种学习问题能从不同的角度加深理解，知其然，还知其所以然。并且善于分析各种问题之间的区别与联系。

（10）自学能力强。能自觉探讨问题，习惯于课前预习、课后复习，注意知识之间的内在联系，熟练地利用旧知识学习新知识。

（11）思维敏捷。在各种学习活动中，对教师的讲解、启发、引导、演示等反应快，分析、判断能力强，推理、运算速度快等。

(三) 创造性学习实践

小学生创造性学习实践主要表现在以下几方面。

（1）学习扎实，会利用时间。在学习上肯下工夫，学习自觉性高，能灵活地利用时间进行学习。

（2）成绩突出，知识面广。课堂检查、练习、测验、考试等成绩优异，具有基本技巧和知识，能够适当应用这些技巧、知识来分析解决学习中的各种具体问题。

（3）学习效率高。在学习的时间里，精力集中，善于动脑，理解问题深，运算、思维速度快，学习质量高。

（4）大胆，急于求新。提问题、回答问题、科学小实验、实际操作等都敢于实践，把教师指定的学习任务作为重要目标，用急切的心情去努力完成。对一些新授的数学知识，往往倍感兴趣，急于求解。

（5）掌握熟练的技能技巧。对解答各种学习问题不满足于"会"，而追求于"熟"，能够融会贯通，全面掌握，熟练运用。

（6）一鼓作气。在学习中，解答习题、探讨问题，喜欢一气呵成，有一股不完不罢休的劲头。

（7）有抑制力。学习时就认真学习，玩时就痛快玩。学习时不再去想玩，踏实学习。

（8）自理能力强。对于学习、生活中的许多事情，自己能办的事情就自己办，不依赖家长。

注：本文节录自"创新教育丛书"《小学生创造性学习教学法》一书，该书由北京科学技术出版社 2002 年 1 月出版。

（北京市朝阳区星河实验小学　马芯兰）

语言学习的关键期与小学英语教学

一、什么是语言学习的关键期

我们知道，学习语言要有丰富的词汇积累和对使用复杂的语法规则的正确理解，而这比儿童学习数学要掌握数字和计算法则（如四则运算法则）的难度要大得多。但实际上婴儿出生后就对声音的区分十分敏感，儿童的大脑在青春期之前有很大的可塑性，儿童到了3岁就能说简单的句子，且很少有错误。而数学计算则不同，儿童到了6岁往往数不到10，更不用说计算了。为什么对难学的语言，儿童能快速习得呢？　答案是：天生的机制能使儿童获取语言。

脑科学研究表明："为了正常地获取语言而必须在特定年龄接触语言环境，这个假设称为关键期假设。语言获取关键期通常与神经具有很大可塑性的时期相伴随，这个关键期被认为是在青春期开始之前。"[1]简单地说，语言学习的关键期是天生的机制使儿童获取语言快速发展的时期。

二、语言学习关键期的特点

语言学习的先天性体现在哪里？

第一，儿童学习语言有很强的模仿力。儿童是通过模仿从父母或同伴那里学习语言的，而这种模仿是先天的。研究表明，儿童的语言获取过程具有很高的一致性。大多数幼儿在9～12个月时即可说出第一个指示词，此后的6～8个月中，幼儿可持续学会约50个词，在18～24个月时，儿童开始将词组合在一起，出现双词话语，到了3～4岁时，儿童大量的话语都是符合语法的。所有这些，都是儿童模仿习得的，很少有人指导。

第二，儿童的脑中存在一个"语言模块"。它位于大多数人的左耳上方的脑区。[2]当我们想表达一个思想，比如想说谁对谁做了什么，用什么方式以及在何时何地等，有了这个"语言模块"，思维就被容易地转换为符合"普遍语法"的句子了。也就是说，有了"语言模块"，儿童就能容易地用句法来思维了。

第三，语言的先天性，这主要指儿童获取听和说的语言能力。

〔1〕 加扎尼加.认知神经科学[M].沈政,等,译.上海:上海教育出版社,1998:547.
〔2〕 卡尔文.大脑如何思维[M].杨雄里,梁培基,译.上海:上海科技出版社,1996:68.

脑科学·思维·教育 丛书

人类说话的历史已有 5 万年了，而人类最早的古文字——西亚两河流域的楔形文字和北非尼罗河流域的圣书字，成熟于公元前 3500 年。也就是说，人类在历史进程中，先有口头语言而后才有文字。在个体发育上，儿童也是先获取口头语言。即先通过听觉、视觉形成语言和大脑中的神经系统的联系，再通过"语言模块"先天的语言布线，儿童就掌握了口头语言。

第四，儿童学习第二语言也同样具有关键期。有这样一个实验研究：以朝鲜语和汉语为本族语言的人群，在 3～39 岁之间开始进入英语环境。研究结果表明：通过测试他们的英语能力，发现青春期前开始英语学习的被试，其进入英语环境的年龄与其掌握英语词法和句法的熟练程度高度相关；而青春期后开始进入英语环境的人则没有显著相关。研究还表明，青春期后才开始接触第二语言，其流畅性就极少能达到或接近本族语言的水平。这是因为神经的精细转折对语言的获取非常关键，而这种精细的转折只发生在接触语言的特定时期——关键期。[1]一些学者研究在两种语言环境中长大的儿童，他们两种语言的音调都说得正确。这可能是因为大脑中神经元开关模式不仅仅是对准母语一种语言，而由于神经细胞时间窗口的关闭，到 10～11 岁以后再接触第二语言，要像母语一样掌握第二语言的流利口语，机会就很小了。德国科学家的最新研究成果证实："人类大脑中先天存在跨越不同语言的语法通则，语言获得的过程实际上就是'普遍语法'向个体语法(即特定语言的语法)转化的过程。"[2]在生活中，这种学习第二语言关键期的现象是常见的。我国方言很多，有的方言差别很大(指口头语言)，彼此不能沟通，如果大人和小孩同时进入一种陌生的语言环境，小孩不用很长时间就能掌握方言，而大人则要用很长时间才能适应，"乡音"很难改变。正如诗中所言："少小离家老大回，乡音无改鬓毛衰"，"乡音无改"说明儿时学习的语言是牢固的。

---

〔1〕 加扎尼加.认知神经科学[M].沈政,等,译.上海:上海教育出版社,1998:547-548.
〔2〕 潘治.人脑先天存在语法知识[N].人民日报,2003-07-04(8).

三、语言学习关键期的条件

语言学习关键期有两个条件，一个是环境，一个是时间。具体如下。

第一，要有丰富的语言环境。语言环境既包括家庭成员、同伴、教师和同学，又包括他们运用语言的生活环境和社会交往环境。

第二，要在特定的时期。这个时期就是从婴儿出生到青春期开始之前，也就是个体发育中神经系统具有很大可塑性的时期。

四、语言学习关键期在英语教学中有重要意义

脑科学从20世纪七八十年代以来关于语言学习关键期（包括学习第二语言）的研究成果，对英语教学有十分重要的意义。在儿童大脑皮层上母语保持区尚未完全形成时，儿童开始以听说为主的方式学习英语，可使英语和汉语同步储存在"母语区"，使学习外语口语的阻力降低到最低程度。

在外语教学中，听说领先的原则已为大家所熟知。怎样理解这个原则，它的根据是什么？ 我们从语言学习关键期这个视角来理解，这项原则就会更加明了了。我们知道，学习语言有两个关键要素：一是靠模仿习得语言词汇；二是靠大脑的"语言模块"掌握基本语言规则。这两项都是在语言环境中，通过听、说反复练习习得的。在母语环境中，儿童在6岁以前，就是靠听、说积累了成千个口头词汇，且能在生活中进行简单的口语交流。在这里听说领先是很清楚的。小学生在关键期内学习第二语言，语言的天生机制是同样起作用的，这就是听说领先原则的科学根据。只要在语言环境中充分进行听、说训练，儿童学习英语词汇和掌握语法就变得容易了。

要事半功倍地学好外语，就要遵循语言发展规律，即听、说是读、写的基础，读、写是在口语的基础上发展的。口语是整个语言

最基本的环节，从听、说到口语再到书面语言是相继形成的，听、说、读、写四个环节相互推动，相互促进，其训练不可偏废。

因此，由于关键期的作用，小学英语教学可不讲或很少讲语法。让学生在反复练习中体会同"类"词，有助于分类记单词。对新的语句，可以通过形象教学和联系旧的知识说明句子的含义。对于一些非讲不可的语言现象，如可数名词变复数加"s"的规则，教师也可在使学生有一定积累的基础上，引导学生自己总结得出规律。

注:本文系"学习与思维"课题第六次征文一等奖论文。

（北京外事职业高中　吴　秀）

以观察为主线的小学作文教学体系

一、观察——智力的门户

观察，是一种有目的、有计划的认识过程，也是人们对客观存在的现实生活产生认识的一种主动形式。培养学生一定的观察能力，教会学生正确的观察方法，帮助学生养成良好的观察习惯，是小学生写作入门的途径。我们分年级段对学生的观察训练提出不同的要求（见表1）。

表 1 小学生观察训练的年级段要求

年级	主要内容		具体要求	训练方式及要求
低年级	观察说话写话	一年级	1. 在教师的指导下，激发学生观察的兴趣，学习观察 2. 观察自然景物，观察静物，懂得观察要有一定的顺序	1. 观察、说话写话课 2. 观察日记 要求： 运用阅读和生活中学到的词语和学过的简单句式清楚明白地写一段话 能把文章写得通顺、明白 有表达的自信心
		二年级	1. 指导学生按照从"上—下""左—右""表—里"的空间顺序，从"整体—部分"的观察顺序，记叙观察的对象 2. 指导学生学习抓住事物的特征，观察静态事物、观察动态事物	
中年级	观察感受习作	三年级	1. 培养学生留心观察周围的人和事。观察人物的动作、语言、外貌等 2. 在观察中学会抓住事物的特征	1. 作文片段训练 2. 观察作文 要求： 学写环境、场面和人物的语言、动作、外貌等片段。能不拘形式地写下见闻、感受和想象 习作要感情真挚
		四年级	1. 培养学生深入观察周围的人和事（个人、群体、场面） 2. 在观察活动和景物时，按空间顺序、时间顺序观察 3. 注意观察自己觉得新奇有趣或印象最深、最受感动的内容	

年级	主要内容	具体要求		训练方式及要求
高年级	观察认识写作	五年级	1. 养成留心观察周围事物的习惯，有意识地丰富自己的见闻 2. 在认真观察的基础上展开丰富的想象	1. 命题作文 2. 想象作文 3. 生活随想 要求： 懂得写作是为了自我表达和与人交流，要珍视个人的独特感受，积累习作素材，学习辨别是非善恶
		六年级	1. 多角度地观察生活，捕捉事物的特征 2. 注意观察细节，对观察到的自己身边的、大家共同关注的问题，发表自己的看法	

我们的作文教学是在充分重视阅读的基础上，把引导学生观察作为主线，不仅注意指导学生留心观察、细致体会，更强调怎样细致观察与体验，告诉学生怎样和生活亲密握手。我们教给学生把眼睛当做"照相机"，把耳朵当做"录音机"，调动所有的感官去观察，去感受，同时，还要学会用心灵去感悟。

二、观察与阅读的关系

（一）从阅读中学习写作方法

人们在观察生活中，不断丰富经验（表象）的积累，慢慢在头脑中形成或提炼出一定的理解、一种思想、一份情感。要把头脑中的理解、思想、情感表达出来，就要通过说和写。要学会遣词、造句、布局、谋篇，就要通过阅读的方式向他人学习，积累词汇，练习句法，学习写作方法，这就需要阅读。同时，小学语文要求学生必须具备听、说、读、写的基本能力，掌握字、词、句、篇基本知识，而其最后的落脚点都是作文，即最终的目的是为了能写出像样的文章。课本就是学生学写作文的模子。学生以这个模子来仿写，来吸取营养，加强语言文字的训练，逐步学会理解和运用。可以说，阅读教学为指导学生写作文提供了条件。作文离不开阅读，作文教学就是教师指导学生把在阅读中学到的技巧、写作方法以及字、词、句又运用到作文之中。

（二）观察与阅读的关系

1. 观察生活主要解决"写什么"的问题

观察生活主要解决写作来源——"写什么"的问题，即内容的问题。生活是丰富多彩的，我们周围有各种各样的人和事，观察对象数不胜数、千姿百态。只有凭借细致的观察、周密的思考，才能领略其中的美妙。生活中许多有意义、有趣味、引人深思的小事不容易引起我们的注意，所以我们要引导学生做生活的有心人，要随时注意观察。儿童写作离不开观察，通过观察，丰富表象的积累，并从中提炼、充实写作的内容。这样做是直接的，是符合儿童认识规律的，所以，观察生活是儿童写作的主要来源。

2. 阅读主要解决"怎样写"的问题

《小学语文课程标准》明确指出，语文教学的主要任务是培养学生理解和运用祖国语言文字的能力。在语文教学中，阅读是从外到内的吸收，是积累语言材料的过程，犹如蜜蜂广采百花，是以理解为核心的语文训练；而写作则是从内到外的表达，犹如蜜蜂酿蜜，是以运用为核心的语文训练。阅读是作文的基础，它需要教师在阅读与写作教学上，相互渗透，相互促进，在阅读中指导写，在写作中促进读，这样才能使语文教学事半功倍，有效地提高学生的阅读与写作能力。

三、构建观察、阅读与写作的整体体系

（一）观察、听、读与阅读、说、写是一个整体

从认识过程来说，先有观察、听、读，后有说、写，它们是相互联系、相互促进的一个整体。听、说、读、写，是学生语言水平的思维操练，是语文学科实现学生思维能力转换的最基本的实践形式。听、读的过程，是以理解他人思想为核心的思维过程。从对语

言的感知到对文章内容的本质理解，再到对文章内容及形式作出评判，其间要经过一系列、多层次的再造想象与分析、综合等思维过程。写与说的过程，是以语言的形式表达自己的思想为核心的思维过程，其间也要经过一系列的、多层次的分析、综合等思维过程。因此，在我们的语文教学过程中，既要重视对学生进行观察及听、读的训练，更要重视说、写的训练。这样才能使学生具备语文能力、语文素养。

(二) 字、词、句、篇是一个整体

从一篇文章来说，字、词、句、段、篇是一个整体：句子由字词组成，段由句子组成，而篇又由段构成。我们在进行语文阅读教学时，有一种说法叫做：字不离词，词不离句，句不离段，段不离篇。也就是说，在学习一篇文章时，在词中解字、在句中解词，即联系上下文理解词义；同样，理解了每一段，才能准确把握全篇文章的主旨。理解文章是这样，写作同样是这样。学生要先学会字词，然后学会写句子，能将句子写通顺、写具体，再过渡到写好段落，进而写好一篇文章。这里面有个循序渐进的过程。写作教学非常讲究由易到难、由简单到复杂，甚至学生写作的篇幅也是由短到长，这是规律，也是常识。

(三) 一至六年级是一个整体

从学生学习过程来说，小学六年是一个整体，体现了生活积累的过程，思维发展的过程，写作练习由简单到复杂、由单项到综合的过程。小学六年的写作教学过程应该是一个教学系列，每个年级段有自己的任务，每个年级段也应该有相应的要求，体现出学生习作水平发展的梯度，表现为一个渐进的过程。这个渐进的过程，不仅是由词到句、由句到段、由段到篇的过程，更是由简单到综合的过程。同样是写观察到的一个景物，低年级学生只要写出他所看到的简单的事物就可以了；中年级学生可以观察得更具体，从多方面、多角度去观察，写出的习作当然也就更具体、更形象；而高年级学生，不但要从多方面、多角度写出所听、所看，还应写出所想、所感。这也正是从易到难、从简单到综合的过程。

注:本文节录自"创新教育丛书"《观察·阅读与小学生作文》一书,该书由北京科学技术出版社 2006 年 1 月出版。

（北京市朝阳区实验小学　张　琪　等）

小学语文练习的原则、形式与方法

一、小学语文练习的原则

（一）全面性原则

学生进行语文练习时,从字词到篇章,从听、说、读、写技能到知识,既有专项训练,也有综合训练,但是这些练习彼此之间相互联系、相互促进,是一个整体。因此,如果从全面性的原则来安排练习,会取得最佳效果。

全面性的原则,主要体现在下面几个方面。

第一,从认识过程来说,学生学习语文,先有吸取、积累,而后才是表达。

第二,从文章篇章结构来说,文章由字词组成句,由句连成段,由段构成篇。

第三,从思维方面来说,课题研究表明,语文学习过程,既有抽象思维,又有形象思维,而后者是主要的。因此,思维训练的全面性,就是思维练习既要有抽象思维（逻辑思维）,又要有形象思维训练。

有一种观点认为,语言的训练,也就是思维的训练。这句话只对了一半。在议论文中是用抽象思维,思维和内部语言是一致的,这时语言的训练就是思维训练。而记叙文章,是先有形象思维,后有语言，语言训练不能代替形象思维（如联想、想象）的训练。贯彻练习的全面性原则要做到：

（1）基础训练与综合训练相结合，以基础训练为主；

（2）口头训练与书面训练相结合，以口头训练为主；

（3）新、旧课结合，以新课为主，采取一带一或一带二的方式（详见第五个原则"巩固性原则"）。

（二）讲练结合的原则

学生学习文章，实质上有双重任务，一方面要理解文章表达的思想内容，一方面又要掌握获得这些内容的方法（技能），因为没有阅读技能就掌握不了知识。然而知识的获得是通过理解实现的，而技能都要经过练习才能形成，所以知识的理解和技能的形成这两者是不同的。教师的讲解可以使学生理解知识，却无助于技能的形成。讲是理解知识，练习是形成技能，这就是学生学习语文必须讲练结合的缘由。因此，讲练结合不仅是一种方法，而且是一个重要的教学原则。

（三）迁移的原则

学习语文，就是掌握一种语言工具。语文课只是讲一些例子，学生学习例子要能举一反三，把它运用到以后的学习中去，这种举一反三的思想就是迁移。所以迁移是语文教学（练习）的一个重要原则。迁移体现了语文练习的价值，迁移又为语文练习指明目标——教是为了不教。这就是语文练习迁移的主要内涵。

（四）反馈的原则

学生是学习认识的主体。教师对学生的答案、练习、考卷要给以评价，这个评价就是信息反馈。学生及时了解学习结果，正确的结果得到强化，错误的结果得到改正。他们看到自己的进步，找到学习的差距，因而激起上进心，增强了学习信心，学习进步快。所以这种反馈是一种激励，也就是练习的反馈原则。何时进行反馈好？　在课堂进行练习时，教师要及时、敏锐地了解学生回答的情况，如读音是否正确，用词是否准确，表达是否有条理、清楚等。对于好的、正确的回答及时表扬、鼓励，如有错误要及时纠正。对学生的书面作业、作文教师要及时检查、改正，并返回给学生。

（五）巩固性原则

落实语文的工具性，既要抓好听、说、读、写等技能（能力）的训练，又要抓好常用字词、基本句式等基础知识的练习。技能要经过反复的、有目的训练才能形成，以至成为习惯。常用字词和常用句式（基本句式）要通过一定的练习加以巩固。因此，对常用字词和句式，不仅在初次学习时要加以训练，还要适当间隔一些时间再加以练习巩固。采用一带一或一带二的方式，即新课带前面一个旧课或两个旧课进行流动式训练，是一种可行的、科学的办法。

二、小学语文练习的形式与方法

练习的设计，主要结合课文的学习，让学生主动、积极地思考。

（一）语文练习的方法

1. 知识获取的方法

以获取知识为目的的练习方法包括观察法、调查法、访问法、参观法、资料搜集法、稿抄法等。

2. 语言训练法

以语言训练为目的的练习方法包括填词法、造句法、朗诵法、复述法、背诵法、问答法、纠错法、改写法、结合情景说话、写话法、绘画日记、写周记等。

3. 思维训练法

以思维训练为目的的练习方法包括联想法、想象法（再造想象、创造想象）、发散训练法、讨论法、研究性法、文图转换法（简单的人物画、情景画、示意画）、表演法、图解法等。

（二）语文练习的方式

语文练习的方式大致分三类，即基础专项训练、综合训练和研究性作业。

1. 基础专项训练

（1）在字、词、句基本训练中，注重培养学生两种思维相结合的基本训练；

（2）阅读教学的思维训练。

2. 综合训练

语文综合性学习，应鼓励学生运用自主、合作、探究的学习方式，突出学生的主体地位，强调学生在语文学习中的主动性，提倡学生的自主阅读和自主写作实践活动，提倡专题性、探究性学习，让学生在主动实践的过程中获得知识，提高能力，获取全面的语文素养。尊重学生的个体差异，鼓励学生采用适合自己的方法学习，重视学生的个性发展，允许学生有自己的见解，允许每个学生发展的不同，对不同的学生可以有不同的评价。

3. 研究性作业

作业与教育活动的其他各个方面有着密切的关系，它既是教师教学活动的一个重要环节，又是学生学习过程中的一个重要的组成部分。布置作业对教师来说是一种技能，因此，对这个问题进行深入细致地研究是非常有必要的。在新课程理念指导下，语文作业的设计就更应该体现出研究性学习的特点。通过学生的作业的主动性、自觉性，有利于达到培养学生创新精神的目的。

注：本文节录自"创新教育丛书"《小学语文练习改革与研究性作业》一书，该书由北京科学技术出版社 2006 年 1 月出版。

（北京小学走读部　桑海燕）

高中物理技能体系的研究

"技能是人们在认识活动中，外界信息经感官活动内化为思维或思维活动及其结果通过感官活动表达出来的活动方式、方法。"[1]一系列高水平技能的综合就构成人的能力。

各门学科中都有自己特定的知识结构或基础知识，也都需要各自特定的技能来支撑，知识技能协同活动，科学知识才能被掌握、运用。我国教学一直强调"双基"（即基础知识和基本技能）的训练，古代时即有"举一反三"之说。掌握"双基"不仅是提高教学效率的重要手段，而且是促使学生获取知识和运用知识的关键，更是学生发展智力的基础。

在许多学科的课程标准中，都有关于培养特定技能的表述。有些表述采用的词语是"能力"，实际上这些"能力"指的是构成能力的要素，也就是技能。

一、高中物理的学科技能

纵观《全日制高中物理教学大纲》和现行的《普通高中物理课程标准》，均没有对物理学科的技能作明确要求，笔者通过多年一线的教学实践以及与诸多物理教师的共同探讨，认为高中物理教学中应该让学生掌握以下5项技能。

（一）观察技能

即通过人的感官，有目的、有步骤地深入、细致、全面地获取事物的信息，抓住事物的本质特征。

（二）实验操作技能

即准确熟练地使用基本仪器，根据实验需要组装仪器，并能正确地记录数据，处理数据。

（1）仪器的使用：能正确使用基本的实验仪器，能按照说明书操作生疏的实验仪器。

（2）数据的采集：能如实地、准确地记录实验数据。

（3）对实验结果的分析：能根据实验现象和数据得出结论，能

〔1〕 温寒江,陈爱苾.让青少年智力得到最佳发展:两种思维的智力基本理论[M].北京:北京科学技术出版社,2006:352.

对实验结果作出解释和描述。

此外，在不同类别的实验中，对操作技能也有不同的要求："①力学实验中，操作技能主要表现在能够准确计时、精确的定位以及减小摩擦影响等；②热学实验中主要表现在保持研究对象的纯净清洁、系统的密闭、保温以及合理加热等；③静电实验的操作技能主要有绝缘的技巧和干燥的办法；④电磁实验设计较多电路和仪器，操作技能主要反映在电路连接、电源和电表的选择与使用等方面；⑤光学实验对操作技能的要求更高，主要有光源的选择、光路的调整和显示、暗房技术等。"[1]

（三）物理阅读技能

即理解物理语言（包括文字、符号、图形、图像）所说明的物理现象、所表达的物理概念和规律、所呈现的物理问题。

物理阅读技能包括情景分析、模型构建、识图、析图等技能。

（四）运算技能

即根据物理问题情景运用矢量、代数等数学运算法则建立数学模型，解决物理问题。

（五）表达技能

即准确地运用文字语言、符号语言、图形语言、图像语言、肢体动作语言表达物理、谈论物理。

二、物理操作技能训练的基本要求

物理操作技能训练的基本要求是：达到"操作规范""结果正确""反应迅速"。

（一）操作规范

操作规范是技能训练的第一要素。分析问题的思维过程、定律、法则的应用步骤要规范、准确、娴熟，在解决问题时要能够有意识地控制自己的反应，脑、眼、手并用做出连贯的反应。

---

[1] 梁树森.物理学习论[M].桂林:广西师范大学出版社,1996:103.

(二) 结果正确

分析、推理、作图、运算等过程应该做到准确无误，或者错误较少，即便稍有错误也能够自行改正。

(三) 反应迅速

反应迅速、动作快速是技能熟练的标志。近几年的各种考试中越来越注重解题速度，这就是对基本技能的考查。例如对作图技能、运算技能、实验技能的速度要求，就是要尽量减少回忆概念、规律、公式等所花费的时间和精力，尽可能减少每一具体中间环节或寻求简捷的解法。

三、物理技能训练的方法和途径

(一) 通过获取基础知识形成基本技能

基本技能与基础知识密不可分，基础知识是技能操作程序或操作步骤的依据。例如掌握受力分析的技能，首先应明确各种力的特点和产生条件。因此，受力分析的技能是在学习重力、弹力、摩擦力的过程中逐步形成的。

(二) 通过"小步子学习"掌握基本技能

学生学习并掌握一项技能要进行思维加工，而工作记忆原理说明，思维一次加工的容量是有限的，因此要把某项技能的操作程序分解成"小步子"，这样便于学生学习、掌握。

(三) 通过思维训练巩固基本技能

基本技能的巩固需要一定量的练习，但练习并非是大量重复的习题，而是具有典型性的、强调基本方法的思维训练，如"变式训练""发散训练""想象力训练"等。

四、物理技能训练的策略

物理技能训练的总体原则可概括为：循序渐进、注重课堂、强调规范、新旧联系、全员参与。

(一) 课堂技能训练的策略

（1）教师示范：应保证典型、规范、准确、精练，要重视解题思路的分析。

（2）学生练习：首先要保证学生全员参与，规范训练；第二要改进靠齐答或口答便可完成的练习形式，尽量让每一位学生都有动手尝试解决问题的机会，让每一位学生都有表达自己想法的机会，让每一位学生都能获得成功的喜悦。

（3）教师指导：要有集体辅导又要有个别指导，要允许学生出错，要注意引导学生在校正错误的过程中逐步形成技能。

（二）课后技能训练的策略

（1）加大新学知识和新学技能在课后练习中出现的频率。

（2）注意适当的重复和前后衔接。

（3）注重思维步骤的规范及解题过程的书写训练。

（4）习题要分层次（既要有学习程度较靠后的学生可做的题，又要有学习程度较好的学生做不完的题）。

参考文献：

[1]温寒江,陈爱苾.让青少年智力得到最佳发展:两种思维的智力基本理论[M].北京:北京科学技术出版社,2006.

[2]梁树森.物理学习论[M].桂林:广西师范大学出版社,1996.

[3]乔际平,刘甲珉,洪立人.物理创造思维能力的培养[M].北京:首都师范大学出版社,1998.

[4]中华人民共和国教育部.普通高中物理课程标准:实验[M].北京:人民教育出版社,2003.

本文系课题组"学习与思维"研究班结业优秀论文。

（北京工业大学附属中学　郑蔚青）

运用形象思维对智障学生进行律动教学

一、问题的提出

在形象思维和抽象思维两种思维的发展中，抽象思维对于智力障碍学生来说较为困难。智障学生由于注意力、记忆力、语言方面的障碍导致其抽象思维发展缓慢；而依靠表象、直感、想象等形式进行思维加工的形象思维，对喜欢生动、直观、形象事物的智障学生的身心发展显得尤为重要、不可或缺。

"唱游与律动"是培智学校义务教育阶段七大基础性课程之一。该课程将音乐律动与舞蹈、游戏相结合，通过音乐教学、音乐游戏和律动训练培养和发展学生的听觉、节奏感和音乐感受能力，补偿学生的认知缺陷，提高学生的动作协调能力，促进学生的身心和谐发展。2007年学校单独开设了"律动"这门新课程，笔者在这一年半的时间里进行了初步地探索式教学实践，针对智障学生思维形象化、具体化以及操作性强、好模仿、情绪化等特点，从教学目标、教学内容与形式、教学方法等方面思考怎样更好地发展学生的形象思维，调动学生的积极性，让学生喜欢律动，在律动学习中感受快乐。

二、教学目标的制定

形象思维理论认为，审美的思维就是形象化的思维过程。笔者通过一段时间的摸索，根据国家课程标准，逐渐给"律动"教学制定了两大细化目标。

初级的目标就是要让学生在听音乐的过程中，深刻领会音乐的速度、力度、节奏等变化，并用自己的肢体动作来展现音乐的节奏感、韵律感；高层次的目标是要使学生在律动中敢于表达自己的情绪情感体验，展现自我的形体美，提高审美能力。

三、教学内容与形式的选择

智障学生和普通儿童一样好动贪玩，喜欢在动与玩中学习。律动教学就要通过形象化的课堂教学，使学生充分表现出快乐、活泼的个性，体验美的感受，提高审美能力。因此，教师在思考教学内容时，需要选择一些给予学生宽松和自由的学习内容。笔者在设计教学主题时，对教学内容的选择主要有两种形式：一种是适合学生能力特点的韵律操或舞蹈学习，如《呼啦圈舞》《啦啦操》；另一种是生活情境化的动作表演，如《清洁舞》，让学生在不同的音乐节奏中模仿扫地、墩地、擦黑板、擦玻璃、清洗抹布等动作，《数字连拍舞》让学生学会用手指和肢体动作模仿 1~6 的数字做各种拍照动作。前一种形式更重视动作技能的学习，要求通过各种练习达到动作的连贯协调，适合于肢体协调能力较强的学生；后一种形式更多地让学生自由展示与表演，使之不认为学习是个枯燥、痛苦的练习过程，而是享受音乐节奏、肢体动作带来的快乐体验和满足。目前，笔者尝试将这两种教学内容的形式相结合，交叉使用，这样既能更好地调动学生的学习兴趣，又能较快地提高学生的律动能力。

四、教学过程的三个阶段

(一)视、听觉表象的形成阶段

律动学习训练的起始阶段是学生视、听觉表象的积累阶段。在这个阶段，教师可根据智障学生喜欢节奏感强、旋律活泼、轻快的音乐的特点，尽量选择学生平时经常听到并且喜欢的歌曲重新编辑。喜欢的旋律和节奏能使学生很快有听觉表象的积累，为即将练习的动作和站位变化奠定基础。接着，教师可将要学习的动作进行分解组合，并录制动作示范视频——既有分解动作，又有连贯动作。在初学动作时，让学生不断地观看示范动作图像，了解动作的顺序、方向、速度、力度等。这样，学生通过多次观察，先有了整体的舞蹈动作意识，再关注到动作的局部和细节，使视觉表象逐渐由模糊到清晰，从而形成正确的动作视觉表象。

（二）视、听、动觉表象的结合阶段

这个阶段要将学生头脑中运动的视、听觉表象，通过肢体动作表达出来。针对智障学生遗忘速度快、注意力不集中的特点，教师可通过强化练习，让学生在充足的时间里去进行自我体验，细心体会躯体动作变化所带来的不同感受，并在不断的动觉变化中，根据教师的示范与指导纠正错误的、多余的、不到位的动作，逐渐体验正确的动作感受，让动觉表象和视、听觉表象逐渐一致起来，使动作技能初步形成。

（三）多种形象思维的综合阶段

这个阶段是律动动作技能形成的综合阶段。教师要通过反复的动作模仿、练习和纠正，通过游戏、T台秀、情景表演等方式将视觉、听觉、动觉等多种形象思维不断综合，逐步具备积极的情感体验和美的感受。在这个过程中，首先学生对动作的掌握不可能一步到位，需要经过多次反复的练习，熟能生巧；而技能形成后会成为一种内隐记忆，这时学生不需要有意识地回忆，也能把动作依次正确地做出来，即使地上没有提示位置的图形，学生也能从开始到最后连贯起来一气呵成地跳完整个舞蹈动作。其次，情感的体验也不可能一蹴而就，要在每天的课堂中有意识地训练学生的面部表情，在多种形式的活动中不断调动学生积极的情绪情感体验。

五、教学方法的运用

（一）积累丰富表象

表象是在物体并没有呈现的情况下，头脑中所出现的该物体的形象。智障学生的律动学习过程是多种感觉及表象整合的思维过程，即多种形象化思维综合的过程。笔者尝试通过大量的感官刺激，如播放大量的动感音乐节奏、制作生动形象的多媒体课件、出示动态的图片与视频、给予直观的辅助表演道具等，让学生通过眼看、耳听、肤触、运动等多种渠道感知获取最直观的动作表象，扩大感知容量，对大脑活动的机能起到不同程度的刺激作用。

如在《数字连拍舞》律动教学中，教师可为学生准备许多直观教具，如大量不同的人物（有陌生人，也有学生所熟悉的教师）、数字拍照图片和连拍视频，刺激了学生的直觉体验，丰富了学生数字拍照动作的表象，让学生不用教师解释太多就能明白数字连拍的意义。同时，大量的音乐刺激，让学生在不知不觉中就能感受到不同的旋律和节奏，当音乐节奏一响起就能不由自主地动起来，踩着节拍自然、快乐地律动。这样的体验为学生肢体的协调发展奠定了基础。

（二）联想与想象

联想是指由一事物的映象想到另一事物的映象、观念的过程。想象是人脑对已储存的表象加工改造形成新形象的过程。智障学生由于认知、语言等方面的障碍，不会主动地进行联想和想象，为此，笔者在教学中通过在基本动作练习的基础上设计了一些游戏、T台秀、情景表演等环节，引导他们展开联想和想象，让学生在这些活动形式中自由发挥，在不经意间创造出一些自己喜欢的、有个性的律动动作。如"我们都是木头人""请你跟我这样做"等游戏，更容易激发学生的学习积极性，促进学生的创造力发展，调动学生的学习兴趣。

（三）分解与组合

获得的表象被加工改造是需要分解与组合的。在教学实践中，笔者也尝试运用了分解与组合的方法，帮助学生循序渐进地掌握基本动作技能。如在学习《呼啦圈舞》的完整动作过程中，将动作分解成单双手举圈、单双手斜侧转圈、踮脚转圈等单个动作，在每个课时学 1~2 组分解动作，再在最后一课时中将动作组合、串联、整合成连贯动作。通过分解与组合的反复练习，学生学起来会更容易，对动作顺序能很快地记住，动作也能做得更连贯和协调。

（四）站位标记法

如果说音乐和动作是律动的血液和骨骼，那么合理的队形设计就是使血液流动和骨骼活动的重要关节，因此把动作放在富有特色的队形中表现出来，更能较快地调动学生学习的积极性。由于智障学生对位置变化的感知速度慢，采用站位标记法有利于降低学生学习的难度，调动学生的视觉、听觉、运动觉，还有利于提高学生的认知和学习迁移能力。对于学生站位变化，笔者使用了一种较简单的方法——在地上贴上或画出不同色彩的图形以表示学生不同的位置变化，如"一号队形踩白色的×""二号队形踩红色的○""三号队形踩蓝色的□"。这样给了学生很好的视动觉相结合的刺激，使学生在刚开始练习时就能更容易地找到自己的位置，而经过一段时间后，不用教师提示，学生也能很快找到自己的位置。

六、教学的初步效果

在一年半的律动教学过程中，通过制定形象化的教育目标、选择形象化的教学内容、运用形象化的教学方法和手段，笔者在调动学生主动参与课堂教学活动的积极性、主动性方面初见成效。

从教学目标的达成来看，大部分学生能达到初级教学目标，程度好的学生能在不同速度、旋律、节奏（快慢、高低、强弱）的音乐中做各种肢体动作，动作基本协调、连贯；程度差的学生也能随着不同的音乐晃动身体，模仿教师做一些简单的肢体动作。对于高层次的目标，尤其是情感体验，通过多次练习使原来一些内向、害羞的学生逐渐有了展示的自信，敢于表达自己，有了初步美的体验。但是学生由于智力缺陷，还很难理解在什么时候表达适当的情感，用什么样的方式去表达，这些需要笔者进一步提示与指导，同时这也是今后律动教学努力的方向。

从教学过程看，大部分学生在丰富的表象刺激、愉快的游戏和情景表演中学得轻松、学得快乐，不再感觉学习是个枯燥、痛苦的练习过程，而是享受音乐节奏、肢体动作带来的快乐体验和满足，从而获得成功的喜悦，促进律动能力的提高。

注:本文系课题组"学与思"研究班结业论文。

（北京市宣武区培智中心学校　黄　英）

中小学生视觉清晰表象发展规律研究

表象的表征包括清晰度、位置、形状、颜色等，其中清晰度是表象特征中重要的要素。中小学时期是表象和形象思维迅速发展时期。一般认为，表象和形象思维发展的关键年龄段在四年级（10 ~ 11 岁），也有人认为是在小学高年级或经过适当教育可以提前到小学三年级。

笔者修订了马尔克斯（Marks，1999）的表象清晰度量表，编制了适合我国中小学生的表象清晰度量表，并对北京地区共 1 128 名中小学生被试进行了视觉清晰表象发展规律的研究。

一、小学、初中、高中学生视觉清晰表象特征及发展

表象清晰度量表可以用于测量中小学生的表象清晰程度，它通过 12 个项目和 5 个评定等级（从"非常清晰"到"一片漆黑"5 个等级。5 分最高，1 分最低）考察其清晰程度。图 1 中的分值显示，高中生的表象清晰度平均在清晰和比较清晰阶段之间，初中生在清晰阶段，小学生处于非常清晰和清晰阶段之间。研究表明，学生在小学、初中和高中之间的差异十分显著，这说明学生从小学到初中、再到高中视觉清晰表象的发展不平衡，有很大的区别。具体讲，初中学生清晰度的平均成绩明显低于小学生，高中生明显低于初中生，清晰表象总体呈直线下降趋势。

平均数

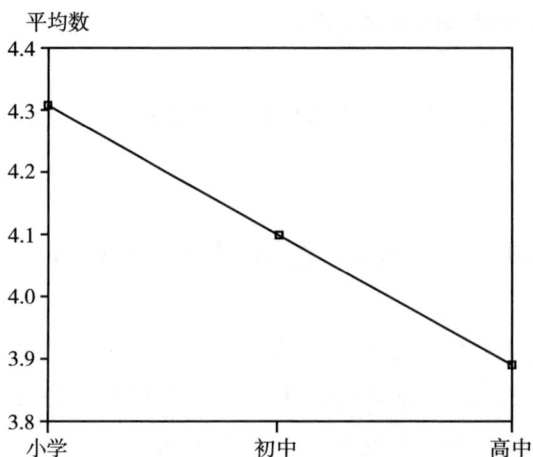

中小学不同阶段学生
清晰表象的发展趋势
图1

在小学阶段，学生更喜欢用图形和图像的方式进行思维，表象得到迅速发展，这是小学生表象清晰程度高的原因。高清晰表象的丰富和发展，促进了表象概括性的发展。随着表象概括性特征的深入发展，学生的思维活动的编码逐步倾向语言，语言把表象的概括性发展到一定的高度。所以，在中学阶段，学生的思维能力或运用语言的能力得到迅速发展，他们的抽象思维能力逐步处于优势地位。但是，初中和高中时期的表象发展还是有所区别的。

在初中阶段，尽管使用语言的概括能力增强，但是，学生的逻辑思维需要感性的支持，还属于经验型。此时，他们的形象思维处于发展时期，同时他们的逻辑思维开始明显发展，开始由经验型向理论型水平转化。

在高中阶段，学生的逻辑思维属于理论型，他们已经能够用理论指导来分析、综合各种事实材料，从而不断扩大自己的知识领域。但是，这并不是说高中生的清晰表象发展已经消失。从图2可以看出，高中生的表象清晰度虽然处于下降趋势，但它还处于发展的较高水平。这个时期的形象思维也在起作用，表象作为意识活动的基本要素，还在起着积极的促进作用。所以，高中阶段是表象和形象思维以及逻辑思维共同发展的时期。

过去，我们的教育理论长期强调两种思维的过渡，给人的错觉好像是小学生的思维过渡到以抽象思维为主的形式之后，具体形象思维立刻全部"消亡"，不再发挥作用。所以，人们在基础教育中，更加重视逻辑思维或语言的发展，而忽视形象思维的发展。这就使得我们的基础教育枯燥无味，不能很好地调动学生的学习积极性。通过对表象发展规律的研究，我们看到，形象思维的加工材料——即表象的发展，不是消失了，而是还在向纵深方向发展，后面探讨的利用意象训练技术对学生进行心理分析、促进心理健康正说明了这一点。

二、中小学生各年级之间清晰表象的发展

前面，我们研究的是从小学到初中、再到高中各阶段学生的表象清晰度发展趋势。但是，从小学一年级到高中三年级各年级学生的清晰表象发展趋势如何？ 研究结果表明：年级的主效应显著，说明各年级学生之间的清晰度发展变化有明显差异，发展很不一致。性别的主效应不显著，说明性别之间和各年级性别之间的发展变化趋于一致，没有很大的差别。

图 2 显示，除小学二年级学生以外，从小学一年级到小学四年级，学生的表象清晰度平均成绩随年级升高而增加；小学四年级之后，该成绩随年级的升高而降低。其中，小学四年级清晰度的平均成绩最高。这说明小学四年级（平均年龄 10 岁）是清晰度发展曲线上的最高点，同时也是重要的折点。整体上看，从小学一年级到高中三年级视觉清晰表象发展态势的曲线略呈倒"U"形。

我们对各年级学生清晰表象的平均成绩进行多重比较，发现小学四年级学生与其他年级学生（除小学一年级和三年级）的差异显著，这说明小学四年级是非常明显的发展点，也是小学生清晰表象发展的关键年龄段。

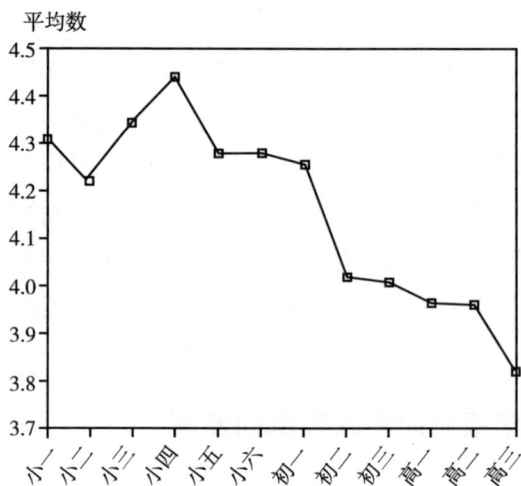

中小学各年级清晰表
象发展趋势变化情况
图2

小学一至六年级(二年级除外)与初中(初中一年级除外)和高中各年级学生清晰表象的差异显著，这说明从小学到初中，清晰表象发展已经出现两个明显变化：第一个变化是小学四年级，它在发展的顶点上，处于发展的高峰。第二个变化是初中二年级，也就是说，清晰表象发展到初中二年级突然有了明显的下降。如果说小学四年级是学生整个学制的关键阶段，也是小学阶段的关键阶段；那么，初中二年级是初中年级清晰表象的关键阶段。研究还表明，小学二年级、初中一年级与初中三年级和高中各年级的差异显著，其余不显著。初中二年级以后一直到高中各年级之间的差异不显著。这说明，到初中二年级以后，清晰表象呈缓慢发展趋势，区别不明显。

总之，从中小学生清晰表象的发展趋势看：清晰表象的发展曲线呈倒"U"形，小学四年级是一个重要的折点。在四年级之前，清晰表象随年龄的增加而上升；四年级之后，则随年龄的增加而迅速下降。小学四年级（平均年龄10岁）和初中二年级是清晰表象发展的关键年龄阶段。视觉清晰表象呈由高到低的发展趋势，这种现象与中小学生的思维特点有关。小学阶段，是丰富和积累表象阶段，是形象思维发展的重要时期，其思维特点是思维中的具体成分居多，处于具体感知阶段，清晰表象相对较高。初中阶段，尤其在到达初中二年级时又出现了一个关键年龄阶段。这时虽然抽象思维占优势，但还有具体感知成分和大量的表象成分，故初中的清晰表象到高中一年级还是比较高，这是与初中其他年级学生和高中各年级学生相比较得出的结论。从初中二年级到高中阶段，学生的逻辑抽象思维占主导地位。语言是抽象思维的主要加工材料，语言的作用突出，故清晰表象也较初中有所减退和暗淡。但是，从小学到高中，学生的视觉清晰表象还处于较高水平，基本处于从非常清晰到比较清晰阶段，所以清晰表象总体发展呈由高到低的缓慢发展趋势。

注：本文节录自"创新教育丛书"《表象的心理学研究与想像力训练》一书，该书由北京科学技术出版社 2006 年 5 月出版。

（中国人民大学附属中学　宋丽波）

第六章

教学法的创新

观察，说话，写话

——小学生习作的起步教学

大千世界，林林总总，形形色色，人们通过观察识别它们，而这种观察从幼儿就开始了。

儿童上学以后，观察是儿童学习的基础，也是写作的基础。基础越厚，思维越深入，观察的东西就越多，写作内容就越丰富。可见，观察是儿童识字、说话、阅读、写作的基础。

怎样培养儿童的观察力呢？ 下面谈谈我培养学生观察能力的几种方法。

一、加强课内观察

1. 辨析字形,发展思维

在学生已初步掌握了自学生字的方法的基础上，我会引导学生在自学中读准字音，观察、辨清字形，体会词义。如在学习"燕"

字时，我引导学生用象形化字的方法分析字形："廿"像燕子的头，燕子正朝天鸣叫；"口"是燕子的白白的胸脯，"丬""匕"分别是燕子的左右翅膀，"灬"代表了燕子的剪刀式尾巴和两只爪子。结合观察燕子的图，把抽象的符号和形象的画面结合起来，让学生记忆深刻，学生识字的正确率可达 98.2%。

2. 观察彩图，发展语言

学习课文时，我充分利用插图，注意引导学生从图入手，培养学生观察、思维、想象能力，发展学生的形象思维，并进行语言的训练。例如《太阳大》一文中有插图一幅，句子三句。其中彩图是太阳、地球、星星，地球正绕着太阳旋转，四周群星闪烁；图的右边是三个句子，即"太阳大。地球小。星星多"。我会首先让学生观察彩图，理解词义。并在理解词义的基础上，进一步引导学生观察，了解太阳、地球、星星在某个方面的特点，进而理解句子的意思。当学生理解并能够正确朗读后，我再次出示书中的彩图，让学生进一步观察思考："还可以说太阳怎么样？ 地球怎么样？ 星星怎么样？"学生通过观察思考，在头脑中形成新的感知印象，发现了太阳、地球、星星各自不同的特点，争先恐后地说"太阳红""太阳亮""地球圆""地球转""星星亮""星星闪"。在以上答案中，我们可以看出他们在学习观察，并能利用彩图的鲜明、形象，丰富头脑中的表象，对太阳、地球、星星有了比较全面的认识，并丰富了自己的词汇。

就这样在教学中，我会引导学生步步深入观察，在丰富他们表象的基础上，展开想象并在观察和思维的基础上发展语言。

二、把观察和说、写结合起来

1. 培养学生有顺序地观察，有条理地说话

低年级小学生说话时常常词序颠倒，前后不够衔接，不能完整地说一句话，这反映出他们认识事物、分析事物不是按一定顺序进行。为此，我在对学生进行说话训练时，首先培养学生按照一定顺序观察、思考、叙述。

从何入手呢？ 我先指导学生观察他们身边最熟悉的事物。如观察静物《小手绢》，我指导他们按照老师提问的顺序边观察边用完整的话叙述。

（1）这块小手绢是什么做成的？

（2）这块手绢是什么形状的？

（3）手绢上有什么图案？

学生经过观察思考，自己组织语言，表述自己的小手绢。

学生能够按照顺序观察、思维，因而语言是连贯的，思维是有条理的，这是学生可喜的进步。

培养学生有顺序地观察，除了按照教师提问的顺序进行观察外，还要从空间和时间的顺序观察，再进行说话训练。

首先是空间顺序。苏联心理学家们的实验研究证明，"如果一个儿童没有掌握空间关系知识，就不会观看、区分、理解它们"[1]。在儿童对空间的认识和理解过程的进一步的发展中，掌握语言、词汇及简单的语法知识具有非常重大的意义。

例如，我引导学生做了如下按空间顺序观察的练习，将表现人物、地点及环境的5幅小图排列成整体画面；进而，我指导学生看着自己排列好的图，练习说一段通顺、连贯的短文。学生们兴趣盎然，运用了"在中间""在前面""在上面""靠近""从……走出"等前置词和副词，叙述了整体画面的内容。

其次是时间顺序。苏联心理学家认为，"时间不具有直观形象，但它是客观存在的，并且表现在儿童周围人们的生活和自然界的连续发生的事件中。但是必须在儿童所观察到的这些生活事实中揭明时间关系"[2]。

例如，一年四季各有特点。冬天，北风呼啸，雪花飘舞。春天，春暖花开，生机勃勃。夏天，电闪雷鸣，风雨交加。秋天，果实累累，落叶纷飞。这个大范围的时间，很容易被学生确认。

[1][2] 柳布林斯卡娅.儿童心理发展概论[M].李子卓,等,译.北京:人民教育出版社,1961:344,345.

再如，我会引导学生观察太阳的变化来判断一天的时间。天亮了，太阳出来了。早上，太阳从东方升起，天边一轮红日。中午，太阳挂在天上，金灿灿的，十分耀眼。傍晚，太阳要落山了。夜晚，天黑了。

就这样，学生在观察中，经验积累变多了，词汇也丰富了，能按时间顺序来表达。

2. 培养学生细致观察，训练把话说具体明白

低年级学生在观察中容易被一些色彩鲜艳、形象奇异的非重要的方面所吸引，且观察事物笼统、不精确，这就要求教师引导学生精确地识别事物，指导他们观察图画要仔细认真，而且要教会他们观察的方法，引导他们观察容易被忽视的细微之处。

通常我指导学生观察单幅图画时，一般分为两层。第一层是抓住图的主要内容，指导学生在图内找出时间、地点、人物、事情，也就是整体部分；第二层是注意图上的细节部分。

观察多幅图时，我会首先让学生从整体看，先把每幅图的内容看清楚，再看清几幅图之间的关系。第二步，在学生看清中心内容的基础上，我会指导学生进一步观察事情的发生、经过和结果，同样也要注意每幅图中的细节部分。第三步，再把事情从头到尾连起来说完整通顺。

3. 培养学生深入观察，抓住事物的特征及事物间的内在联系

学生在说一句话的基础上，要练习说一段话。这里面就存在叙述的条理性问题，而课文就是学生学习的范例。例如学习《燕子妈妈笑了》一课，观察冬瓜和茄子并对比冬瓜和茄子有什么不同时，我教学生根据课文思路板书，按照类别或项目依照一定顺序进行叙述。我设计的板书是：

	冬瓜	茄子	不一样
看看	大	大	个儿
再看看	青	紫	色
认真看看	皮上有细毛	柄上有小刺	

讲读课文后，我教学生按照个儿、色、皮、柄这几方面内容综合叙述和按照冬瓜和茄子大小、色、皮、柄的不同分别叙述冬瓜和茄子有什么不同。练习中，我还让学生观察香蕉和草莓的不同，学习按不同顺序来表达。这样，从易到难，从具体到抽象，帮助学生进行口述训练，然后再写下来。

4. 结合观察，启发想象，发展思维

"观察、构思、表达"三者是一个完整的认识过程，把这三者结合起来，有利于学生的观察能力和表达能力的提高。在指导学生理解词义时，我利用彩图和实物引导学生展开想象，丰富思想内容。

例如在学习《小山村》一课时，我引导学生结合插图，理解了"山坡""山脚""一片""结满""一座座"等词义。我引导学生想象小山村的"山坡"在春天、夏天、秋天、冬天时景色的变化，想象在"村前"的小河那绿绿的水面上，游着白白的鸭群。当他们再次观察整个画面，闭上眼睛把画面在头脑中再现时，就更深刻地体会到"多美"一词的含义。

为学生创设良好的情境，使学生触景生情，可以唤起学生与作者的共鸣，有利于发展学生的思维。课堂上，我常常凭借课文的画面，通过语言描述，把学生带到具体的情境中去，引导他们积极思维，结合生活实际展开想象，并引导他们大胆表达自己的感受。学生学得轻松，思维和语言也同时得到了发展。

5. 结合生活进行观察，培养观察习惯

根据脑科学研究，大脑的两半球功能既有专门分工又有相互联系，我们应开发全脑潜能，把形象思维和抽象思维结合起来。绘画日记是图画与语言文字的有机结合，是促进左右脑协调发展的有效方式。

学生们把自己所观察到的事物画出来，这就要求他们仔细观察，并积累表象，然后将自己的图画用准确的语言表达出来。这样有图、有景、有语言的"绘画日记"能培养学生观察生活、观察自然现象的良好习惯。儿童入学一个多月就学完了汉语拼音，我就利用每周的"观察说话课"引导学生学习观察自己的玩具、学习用品。同时要求学生和家长在节假日外出后，学生要把观察到的画下来，并写上几句话，表达画面的内容。

三、改革实验效果

1. 普遍喜欢学习语文，学会自学，增加了识字量

调查发现，40 人的班级里，最喜欢语文课的就有 35 人。同时，学生学会了自学，主动阅读课外书报，扩大了知识面，增加了识字量。

2. 提高了观察兴趣，学会了初步的观察方法

我平日注意引导学生对周围的事物进行观察，并将观察与说写结合，从而提高了他们的观察兴趣，初步培养了观察习惯，使他们学会了用语言文字记述自己观察的事物，表达自己的思想感情。

3. 提前学会写作，喜欢写观察日记，提高了写作能力

通过"观察、说话、写话"课，学生从一年级开始练习写作，提前学会习作。学生写日记，不是负担而是乐趣，对遇到的各种事情、自己的想法，他们随时都写在日记里，写作能力自然得到了提高。

注：本文节录自"创新教育丛书"《小学语文教学新路》一书，该书由北京科学技术出版社 2002 年 1 月出版。

（北京育才学校小学部　于宪敏）

迁移：促进学生数学思维
可持续发展的重要途径

关于迁移的理论，可谓是仁者见仁、智者见智。"学习与思维"课题组经过多年的理论研究与实践探索，从两种思维的角度重新诠释迁移问题，认为"学习是人们把现在的感知同过去的有关知识、

经验联系起来，经过思维加工，获得对知识（事物）的理解或掌握"[1]。这种新旧知识的联系和思维的加工都是通过思维活动实现的，前者是思维材料，后者是思维方法。"新旧两种知识、经验若具有共同的思维材料或共同的思维方法，就能实现迁移；共同的思维材料、思维方法越多，迁移的程度则越大。"[2]

"学习过程是指对知识的理解和运用的过程，其核心是思维的过程。"[3]而知识的理解和运用过程就是把新旧知识联系起来进行思维加工的过程。这种对旧知的激活与对新知的感知，都是通过迁移实现的，可以说迁移是沟通新旧知识的桥梁，是促进学生数学思维可持续发展的重要途径。

一、运用迁移原理有助于学生构建知识结构

数学知识的内在结构非常严密，知识与知识之间有着紧密的联系，这就为迁移创造了很好的条件。为此，我们要研究知识结构，而研究知识结构的价值就在于寻找到新旧知识之间共同的思维要素。共同的思维要素越多，越容易产生广泛的迁移。

例如教学整数加减法，从 20 以内加减法到多位数加减法，知识结构非常清晰。我们以基本概念为核心帮助学生构建知识结构。在教学中，我们结合数位筒教学生认识"数位"和"计数单位"。个位筒里有 1 根小棒，表示 1 个一，是 1；个位筒里有 9 根小棒，表示 9 个一，是 9；如果再添 1 根小棒怎么办？ 按理说这 1 根小棒应该放在个位筒里，可是个位筒里已经有 9 根小棒，不能再放。我们就把个位筒里的 9 根小棒拿出来，和这 1 根小棒合并起来，捆成 1 捆，放进十位筒里，表示 1 个十，是 10。这样，学生对"数位"和"计数单位"的概念理解得清晰，对算理就不难理解。

• 20 以内数的加法：教学 7+5。5 根小棒表示 5 个一，按理说应该放在个位筒里，可是个位筒里已经有 7 根小棒，我们从个位筒里

〔1〕〔2〕〔3〕 温寒江,陈爱苾. 让青少年智力得到发展[M]. 北京:北京科学技术出版社,2006:115,121.

拿出 5 根小棒,和这 5 根小棒合并起来,捆成 1 捆,放进十位筒里,表示 1 个十,个位筒里还剩 2 根小棒,表示 2 个一。所以 7+5 = 12。

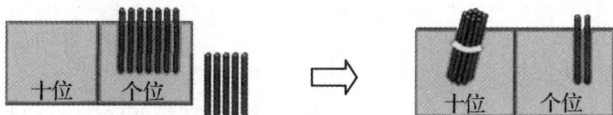

● 由 7+5 演变为 37+5,只需解决个位进来的 1 捆小棒与十位原来的 3 捆小棒合并起来,即"个位满十向十位进一"的问题。

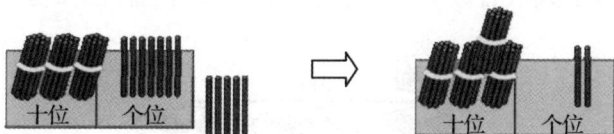

● 由 37+5 演变到 37+25,这时只需强调十位 3 个十加 2 个十,再加进来的 1 个十是 6 个十。

● 由 37+25 拓展到 37+65,学生发现十位 3 个十加 6 个十,再加进来的 1 个十是 10 个十。怎么办? 有个位满十的知识基础和思维条件,学生自然推断出十位满十向百位进一。

● 如果百位满十呢? 学生概括出"哪位满十就向它的前一位进一"。对课堂反馈计算 5 837+265,小学二年级学生并不感到棘手,轻而易举计算出结果。

实践证明:运用迁移原理,将相互蕴涵的知识脉络呈现给学生,学生才能自然推演、触类旁通。这样不仅有助于学生构建良好的知识结构,同时为学生学习后续知识积蓄丰富的思维材料和方法,进而促进学生思维的可持续发展。

二、运用迁移原理有助于教师化解教学难点

学习的思维过程是把新知识和相关的旧知识、经验联系起来,进行思维加工的过程。教学出现难点,重要原因是学习新知识时,没有为思维加工提供足够的思维材料,或是思维加工存在问题。以解决分数问题为例。分数应用题是高年级数学教学公认的教学难

点，虽然学生能够理解分数意义，但如果把分数置于问题情境，学生就很难辨析数量关系，有时对把谁看做单位"1"都会混淆。我们就告诉学生"是""占"的后面是单位"1"，这样学生只会生搬硬套。为解决分数问题，我们另辟蹊径，以"份"的概念为核心，以"倍"的概念为生长点来理解分数，解决分数问题。这样学生感到数量关系非常清晰，使教学难点得以突破。

（一）理解两个数量之间的份数关系

把蜜蜂的只数看做 1 份，蝴蝶的只数便有这样的 3 份。

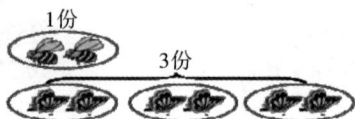

（二）理解"倍"的概念

把蜜蜂的只数看做 1 份，蝴蝶的只数便有这样的 3 份。我们就说"蝴蝶的只数是蜜蜂的 3 倍"。

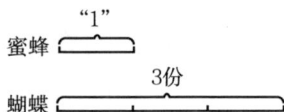

（三）理解"分数"的概念

刚才我们是把蜜蜂的只数看做 1 份，如果把蝴蝶的只数看做 1 份，这 1 大份里面有 3 小份，而蜜蜂的只数相当于这 3 小份中的 1 小份，我们就说"蜜蜂的只数是蝴蝶的 $\frac{1}{3}$"。

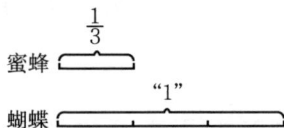

辨析：同是蜜蜂的只数有 1 份，蝴蝶的只数有这样的 3 份，但刚才我们用"3 倍"表示它们之间的关系，现在又用"$\frac{1}{3}$"表示，这是什么道理？

$\dfrac{\text{蝴蝶的只数是蜜蜂的3倍}}{\text{3份}\qquad\text{1份}}$ 这也就是，把小数看做 1 份，大数有小数这样的 3 份，我们就说大数是小数的 3 倍；$\underset{\text{"1"}}{\underline{\text{蜜蜂的只数是蝴蝶的}\dfrac{1}{3}}}$ 把大数看做 1 份，这 1 大份里面有 3 小份，小数相当于大数 3 小份中的 1 小份，所以我们说小数是大数的 $\dfrac{1}{3}$。

（四）解决有关分数问题

例如，学校买来一些粉笔。彩粉笔的支数比白粉笔多 60 支，彩粉笔的支数是白粉笔的 $\dfrac{2}{5}$，那彩粉笔有多少支？

学生对"彩粉笔的支数是白粉笔的 $\dfrac{2}{5}$"理解得非常到位，把白粉笔的支数看做"1"，这 1 大份里面有 5 小份，彩粉笔的支数相当于 5 小份中的 2 小份。他们随之画出相应的线段图，问题迎刃而解，即 $60 \div 3 \times 2$。

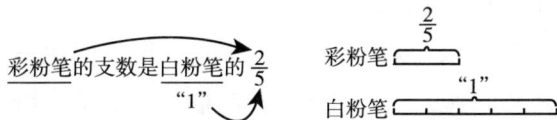

$\underset{\text{"1"}}{\underline{\text{彩粉笔的支数是白粉笔的}\dfrac{2}{5}}}$

彩粉笔
白粉笔 "1"

数学家华罗庚曾说："善于退，退到最原始而不失重要性的地方是学好数学的诀窍。"通过这个教学案例，我深切地体会到何谓高效的学习。

三、运用迁移原理有助于提升学生思维能力

学生思维的可持续发展，不完全取决于知识的前后联系，也取决于两种学习情境是否具有共同的思维材料或思维方法，换言之，取决于迁移，特别是思维方法的迁移。为此，我们在构建学生知识结构的同时，还要特别关注数学思想方法的渗透，关注不同领域知识之间的联系，从而拓宽学生的视野，提升学生的能力，使学生达到融会贯通。

（一）注重数学思想方法的迁移

数学思想方法是研究数学理论和运用数学解决实际问题的指导思想和解题策略。小学数学知识内部蕴涵着丰富的数学思想方法，如对应、假设、类比、转化、化归、极限、数形结合等。如果学生能够掌握数学思想方法，会对其终身的数学发现与创造产生深刻而持久的影响。作为教师，我们要善于挖掘数学知识所蕴涵的思想方法。

例如，解决二年级某题：一组同学去坐船，每条小船坐 4 人，共需要 6 条小船；如果这些同学去坐电瓶车，每辆电瓶车坐 3 人，那么共需要多少辆电瓶车？

（1）一般解法：$6 \times 4 \div 3 = 8$（辆）。

（2）每条小船与每辆电瓶车相差 1 人，每条小船出来 1 人，6 条小船出来 6 人正好乘坐 2 辆电瓶车，$6 \div 3 + 6 = 8$（辆）——对应思想。

（3）3 条小船与 4 辆电瓶车乘坐的人数相同，那 6 条小船与多少辆电瓶车乘坐的人数相同？ $6 \div 3 \times 4 = 8$（辆）——转化思想。

（二）注重横向知识之间的沟通

事物的多样性、复杂性，要求人们认识事物、解决问题要学会从多角度、多方向思考问题，学会思维的变通性、发散性和跳跃性，使思维的触角延伸到各个角落。教学时，我们要注重横向知识之间的沟通也是提高学生创新思维的好方法。例如，五年级研究完小数乘法后，可以根据 $1.2 \times 0.8 = 0.96$，让学生展开联想。

（1）联想到积的变化规律：$12 \times 0.08 = 0.96$ $0.12 \times 8 = 0.96$
$0.012 \times 80 = 0.96$。

（2）联想到乘法分配率：$(1 + 0.2) \times 0.8$ $1.2 \times (1 - 0.2)$。

（3）联想到小数与分数之间的关系，联想到分数的意义：$1.2 \div 10 \times 8$。

（4）联想到平面图形的面积：长 1.2 米、宽 0.8 米的长方形面积是 0.96 平方米；由此联想到底是 2.4 米、高是 0.8 米的三角形面积是 0.96 平方米。

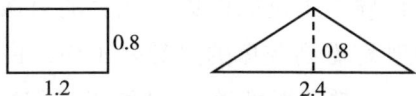

综上所述，迁移可以帮助学生理解知识，形成技能，再通过灵活的思维训练形成能力，进而发展为创新能力，所以可以说，迁移是促进学生思维可持续发展的重要途径。因此，我们要善于研究知识之间的内在联系，找到新旧知识、技能所具有的共同的思维要素，运用迁移原理，在理解和运用知识的过程中不断提高学生解决问题的能力及创新能力。

注：本文系"学习与思维"课题第六次征文一等奖论文。

（北京市朝阳区实验小学　魏淑娟）

小学数学创新能力教学法

多年来参与关于形象思维理论研究的课题，我们认为创造性思维是创造过程的思维，是两种思维（抽象思维、形象思维）新颖的、灵活的、有机的结合。这样，我们对创造性思维的理解获得了一个比较全面的、可操作性强的概念，即人的创造性思维是可以培养的。

一、联想教学法

心理学研究认为，联想是由一事物想到另一事物，由另一事物想到又一事物的一种心理过程。丰富的联想能使思维更加活跃，从多方面、多角度地去思考问题，这是学习的一种基本功，是探索、发现和创新的前提。

(一)注重联想发展

例如在教授"倍的应用题"时，教师出示"白兔的只数是灰兔的 5 倍" 这句话, 指导学生找准白兔和灰兔的只数进行比较, 并利用线段图让学生直观地看到灰兔的只数是 1 份, 白兔的只数有这样的 5 份。在此基础上, 教师引导学生:"如果我们知道灰兔有 8 只, 你等于知道了什么? 从而你能想到什么?"学生通过联想, 想到了 2 份就有这样的 2 个 8, 也就是 16 只, 4 份就有这样的 4 个 8, 也就是 32 只。还有的学生结合本题想到了白兔的 5 份就是这样的 5 个 8, 也就是 40 只。接着教师继续引导联想:"如果我们知道白兔有 15 只, 等于知道了什么? 你又能联想到什么呢?"

通过以上联想训练, 教师可以引导学生根据题目中一个或两个已知数量, 联想出一个或几个新的数量, 从而找到解题的方向。

(二)以生活实例为原型启发联想

整数减法中的退位减法主要有两点难以理解: 被减数个位上的数不够减, 十位上是 0 借不到怎么办? 被减数十位上是 0 不够减, 百位上借 1 当 10, 到了十位怎么又变成了 9? 教学中为了解决这两个难点, 教师可以以学生平时买东西这一生活实例为例, 引导学生想象:"你想买一块糖需要 8 分钱, 可你身边没有零钱该怎么办呢? 售货员阿姨该怎样找给你钱呢?"

通过选择学生熟悉的生活实例展开联想, 加深了学生对难点知识的理解和记忆, 促进了学生逻辑思维的形成, 同时也帮助学生创造出了一种学习的方法。

(三)简单应用题中的联想教学

在教一年级学生逆向思考应用题时, 针对题目:停车场上有 36 辆汽车, 开走了一些后, 还剩下 30 辆, 问共开走了多少辆? 教师可以先请众生来读这道题, 使大家对这道题有一个初步的感知, 接着请一名学生为大家读这道题, 请其他同学闭上眼睛, 边听边想象题目中所描述的画面, 然后让大家把自己想象的画面用语言描述给同学听。

这一教学过程, 将应用题中文字描述的复杂的数量关系, 通过想象转化成了可视的画面, 从而帮助学生进行分析和思考, 培养和训练学生"数形结合"的思维能力。

二、发散教学法

发散性思维是一种沿着各种不同的方向去思考、去探索、追求多样性的思维。发散思维训练，就是扩展思维广度的训练。

(一)多种思路训练

比如在教授"20以内进位加法"时，在学生理解了进位加法的算理后，教师可直接出示"7+6"这道算式。学生观察出这道题与前面的题不一样，它的两个加数之间差1。学生通过前面知识的迁移，很自然地想到多种方法。

第一种解法：把7凑成10的方法。

第二种解法：把6凑成10的方法。

第三种解法：把6看成7,2个7是14,再从14里去掉1就是13。

第四种解法：把7看成6,2个6是12,再加上1就是13。

就这样，把有明显关系的两个加数组成算式，通过数字之间明显、直观的联系，使学生的思路更加宽阔，解题方法多样。

(二)多种问法训练

为了让学生加深对基数和序数知识的理解，教师实施了如下做法。

把7只小动物排成一行：

小羊	小猴	小刺猬	梅花鹿	小象	小牛	小兔
2	6	7	3	4	1	5

提问：

(1)把小动物排成一行,从左边数,梅花鹿是第几只？它后面还有几只小动物？一共有几只？

(2)从右边数,第5只小动物是谁？它后面有几只小动物？前面有几只小动物？

(3)和梅花鹿相邻的小动物是谁？

(4)梅花鹿前面的第二只小动物是谁？它后面的第三只

小动物又是谁?

（5）哪两个数相加的结果是7,也就是谁和谁是好朋友？

这个小练习的训练，培养了学生从不同方向、多角度观察问题、发现问题和解决问题的能力。

三、自编应用题教学法

自编应用题的训练不仅可以帮助学生进一步弄清基本数量关系，更好地掌握应用题的结构，还可以开阔学生思路，促进思维的发展，提高逻辑思维能力。

（一）根据算式编题

如根据算式"120−20×4"编题。引导学生编出"一本故事书共120页，小红看了4天，平均每天看20页，还剩下多少页没有看"等应用题。

这种编题的训练方式，有助于加深理解数量关系，促进学生建立整体的知识结构，发展学生的求异思维能力。

（二）根据文字题编题

在学生掌握了有关名词术语、运算法则和运算顺序的基础上，教师可指导学生根据文字题编题。如根据"一个数是200，减去它的$\frac{1}{4}$，还剩多少"编一道应用题。学生在教师的引导下编出：修路队要修一段200米的公路，已经修了全程的$\frac{1}{4}$，还剩下多少米没有修？

（三）根据问题编题

教师提供数学问题，让学生推导解题所需的条件，确定内容，安排情节，把数量关系编入题中。如根据"科技书比故事书多百分之几"编题。学生在教师的引导下编出：学校买来故事书120本，科技书150本，科技书比故事书多百分之几？

（四）根据基本题编题

根据知识的内在联系或学习的需要，可以把一道基本题中的直接条件，改编成间接条件，使其成为所需要的多步计算的应用题。

如基本题：修路队计划修路 1 400 米，已经修了 800 米，还要修多少米？

（1）改编成两步计算应用题：修路队计划修路 1 400 米，已经修了 5 天，平均每天修 160 米，还要修多少米？

（2）改编成三步计算应用题：修路队计划修路 1 400 米，已经修了 5 天，平均每天修 160 米，剩下的 3 天修完，平均每天还要修多少米？

（3）改编成四步计算应用题：修路队计划修路 1 400 米，已经修了 5 天，平均每天修 160 米，剩下的每天多修 40 米，还要几天修完？

自编应用题是发展学生思维，开发学生智力，培养学生分析问题和解决问题能力的有效途径。

（五）进行互逆性编题训练

如：某车间原计划生产一批零件，80 个工人平均每人每天生产 20 个，已生产了 3 天，还差 60 个零件。原计划要生产多少个零件？

若将问题"原计划要生产多少个零件（4 860 个）"和已知条件"还差 60 个零件"相互对换，原题则变成：某车间要生产 4 860 个零件，80 个工人平均每人每天生产 20 个，已生产了 3 天。还差多少个零件？

四、逆向思维教学法

进行逆向思维训练，能帮助学生打破单一的顺向思维的定势，启发学生从不同角度思考问题，使学生的思维进入求异状态。它是培养学生思维灵活性、创新性不可忽视的一个重要环节。

（一）进行互逆思维训练

在分析解答多步应用题的过程中，教师要积极引导学生从不同方向、不同角度分析题中的数量关系，寻求多种不同的解题途径和解题方法，这样有利于培养和提高学生的逆向思维能力。

例如：某车间男工有 64 人，比女工人数的 2 倍多 16 人，这个车间一共有工人多少人？

这道应用题可以从不同的方向、不同的方面引导学生分析题中的数量关系。

(二)加强互逆运算应用题的解题练习

如：希望小学和光明小学相距 14 000 米，王芳和李岚分别从两校相对而行，2 小时后相遇，这时王芳比李岚多走 2 000 米，求两人的速度各是多少？

在多步应用题的教学中，经常有计划、有目的地进行逆向思维训练，不仅能够进一步开阔学生的思路，提高学生的逆向思维能力，而且能帮助学生纠正只会按法则、公式去死套，只会从一个方向去进行思考的不良习惯，从而养成灵活的、从多方面分析问题的好习惯。

注:本文节录自"创新教育丛书"《小学数学教学与创新能力培养——马芯兰教学法的研究与实践》一书,该书由北京科学技术出版社 2006 年 1 月出版。

(北京市朝阳区星河实验小学　苏　虹)

平面几何图形教学法

几何的研究对象是图形，几何题目的千变万化离不开图形的变化。所以，教师要想学生学好几何，就必须研究平面几何的图形教学方法，并且把图形的研究方法教给学生。

一、概念、定理图形化

如何让学生记忆比较繁杂的定义和定理？ 所有几何概念、定理的背后都有图形。尽管定理本身是抽象的，但若配上图形解释，就会图文并茂，也就是让图形说话，就会生动形象得多。对每个定理都画出对应的图形，在图形中标划已知条件和结论，在"图上作业"，教学生学会由图形联想定理，得出性质，并由定理想象图形，把图形和文字有机结合。这样便于学生自觉进行文字语言和图形语言、符号语言的转换，同时便于学生理解和记忆。

而一个定理背后的图形往往有多个，如果我们记忆太多，就容易混淆。为此，我们通常可以借助记忆标准图形，理解记忆定义和定理。将反映几何定义、定理的特征图画成标准姿态，即通常所说的"标准图形"。

如垂径定理及其推论是圆中的重要定理，条件较多，不容易记忆。可结合图形记忆：

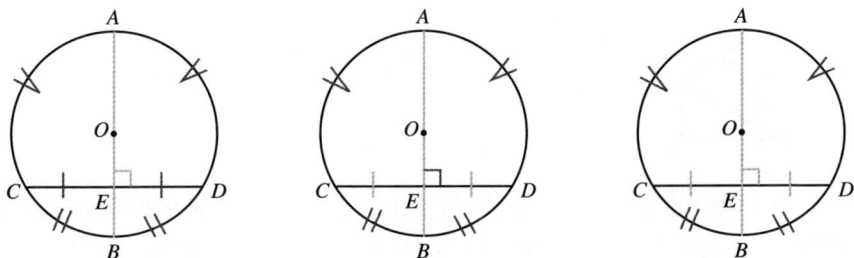

条件和结论共有 5 个，全都反映在图上，可以把条件用统一的黄色粉笔标出，得出的结论用红色粉笔标出，这样处理一目了然。接着改变条件和结论时，只需要改变粉笔的颜色，就得出相应的推论。这样就把定理和推论有机结合起来，很好地揭示了它们之间的联系。

二、图形分解组合化

所有图形都是由基本图形组成和发展变化而来的。所以学习几何，就必须学会图形的分解与组合。

（一）分解复杂图形

复杂的图形都是由多个简单图形通过重叠、拼补的方法所组成的。碰到复杂图形，首先要辨别它是由哪些基本图形组合的，然后把这些基本图形逐个分解出来，以便于观察研究、各个击破。

如：

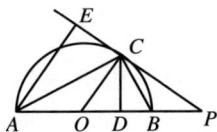

教师可让学生先观察，寻找基本图形，并说出其性质。

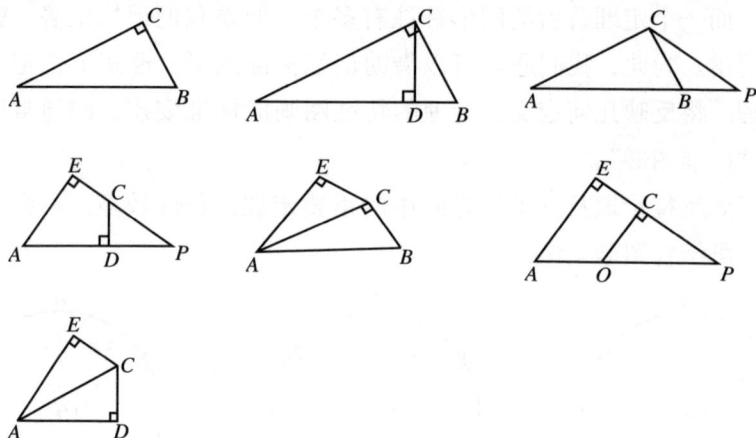

基本图形的关键作用是模型作用。学生在熟练地掌握基本图形的性质、特征后，把"模型"储存在记忆中，做到心中有"图"，并充分利用基本图形在解题中的"导向"作用，为理解应用概念、定理打基础。这样学生在解决问题中，才能应用自如。

（二）拓展简单图形

掌握基本图形联系、演变，把基本图形运用重叠、拼补、翻转、旋转、移动等方法，使之组合成较复杂的图形。

如右图，⊙O 中，AB 为直径，D 是 BC 的中点。

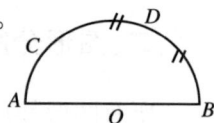

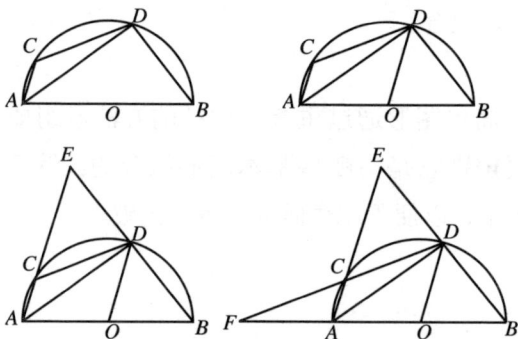

概括起来，就是既要弄清楚复杂的图形能分解出哪些基本图形，又要弄清楚基本图形如何能拼成复杂的图形。这样正反两个过

程的训练，有助于提高学生的识图能力。

三、静态图形动态化：变静为动，在运动中研究图形

运用图形变换的思想，通过图形的平移、旋转和翻折，充分利用现代数学手段让静止的图形运动起来，把静止的图形看成运动过程中的一个个"瞬间"，展示运动变化的全过程，揭示图形之间的内在联系。

如《对顶角》的教学：

在《对顶角》的教学中，教材先给出一个图形（如右图）。

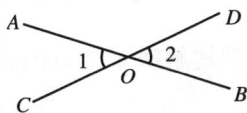

教材指出：右图中的 $\angle 1$ 和 $\angle 2$ 是对顶角。教师可用运动的观点，演示对顶角是如何在角的基础上形成的：让一个角绕着它的顶点旋转，旋转过程中，可产生各种各样的图形（如下图）。

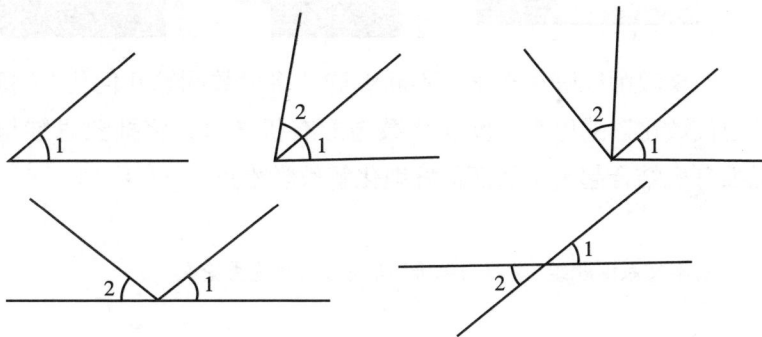

……

对角绕点旋转对顶角的过程如此设计，一方面让学生明确概念的内涵和外延，从而在事物的发展变化和动态中去掌握事物的特征和本质；另一方面渗透运动的观点，对每个复杂的图形都能找到它的基本图形，并可把复杂图形看成是由这些基本图形运动而得到的。

四、几何问题代数化、代数问题几何化：代数和几何互相转化，数和形互相转化

如在《配方法解一元二次方程》的教学中，"x^2+px 需要加上多

少，才能配成完全平方公式"是教学难点。如何突破这个难点？　教师可利用课件启发学生思考：x^2 可表示一个边长为 x 的正方形的面积，px 可表示边长为 p 和 x 的矩形的面积，x^2+px 可表示这两个图形的面积的和。配方最后要配成平方式，那问题就变成：如何把三部分的面积和拼成一个大正方形的面积？　教师配合演示图形面积割补拼接的动态过程，学生会发现只需要填上一个小正方形，就可拼成一个大正方形了，而这个小正方形的面积恰好就是 $\left(\dfrac{p}{2}\right)^2$，这样就自然地解决了配方的关键：方程两边加上一次项系数一半的平方。

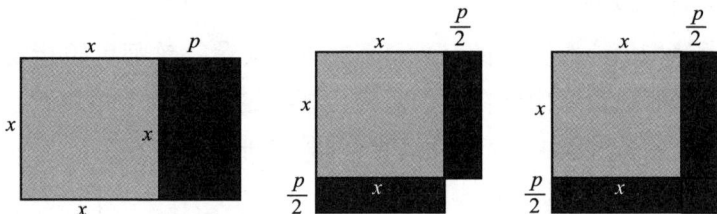

如果教师能够在教学中不断渗透"将代数问题几何化""将几何问题代数化"的思想，就能将数与形有机结合，将抽象思维与形象思维有机结合起来，从而很好地化解教学难点。

注:本文系课题组"学习与思维"研究班结业优秀论文。

（北京市文汇中学　温玉清）

小学语文阅读与练习的迁移

一、语文学习与迁移原理

学习迁移是一条古老的心理学定律。我国大教育家孔子曾说过，学习要"温故而知新"，足以说明迁移在教学中的重要作用。

（一）什么是迁移

通常人们的学习，就其先前学习对以后学习的影响来说，主要存在两种情况：第一种，学习以后，他只会做跟他学过的相同或相似的问题，也就是只知其一，不知其二，思路比较窄；第二种，学习以后能够举一反三，触类旁通，思路是灵活的。显然，我们教学追求的是后一种质量高、效率高的学习。孔子说过："不愤不启，不悱不发，举一隅而不以三偶反，则不复也。"他主张积极思考，举一反三，应该说这是最早的学习迁移的思想。

迁移是心理学的术语。所谓迁移，一般认为是指"学生的学习经验对以后的学习产生影响及其将所学到的知识应用于实践的心理活动过程"。学习的经验既包括知识、经验、技能、能力，也包括学习的方法、行为习惯等。

（二）迁移的条件

迁移是怎样产生的，产生迁移的条件是什么？ 一个多世纪来，心理学家们提出了种种不同的迁移学说，陈琦、刘儒德主编的《当代教育心理学》中就列举了 11 种。这些学说，仁者见仁，智者见智，既有有价值的一面，也有其局限性。"开发大脑潜能，发展形象思维的理论研究与教学实践"课题组，在对形象思维进行研究的基础上，从两种思维（抽象思维、形象思维）的新视角，提出了两种思维的迁移理论——学习是人们把现在的感知（文字符号的、表象的）同过去有关知识、经验联系起来，经过思维加工，获得对知识（事物）的理解或掌握。学习过程中这种新旧知识联系和思维的加工，是通过思维活动实现的。也就是说，旧知对新知的影响，决定因素是思维，知识的迁移是通过思维实现的。

思维有两个基本条件，第一，思维要有载体，即事物在头脑中的表征物，如语言、符号、表象；第二，思维是可操作的，思维活动（操作）要达到一定的目的，要遵循一定的规律、法则和方法。因此，新旧两种知识、经验（两种学习情境）如果具有共同的思维材料或共同的思维规律、方法，就能够实现迁移；而共同的思维材料、思维规律与方法越多，迁移的程度也就越大。

两种思维的迁移是怎样通过思维实现的呢？

例如，小学生学习课文，先要学会对一段文章进行分析、概括，然后把这个方法（逻辑思维方法）迁移到对一篇文章的分析和概括。因为给一段分层的方法，一般也适用于对一篇课文分段；概括自然段段意，也能用于概括逻辑段的段意。

再如，小学语文特级教师于宪敏老师在《雷雨》一课的教学之后，进行了这样的教学反思：《雷雨》中描述的自然现象虽然发生在学生身边，但由于孩子年龄小，观察不仔细，表象是模糊的。这就需要使学生尽可能多地获得与课文内容有关的经验，丰富他们头脑中的表象。于是老师利用雷雨天气，组织学生多层次观察。首先，观察雨前天空乌云密布、天黑沉沉的样子；观察树的样子，刮风时的变化及电闪雷鸣的情景。接着学生们仔细观察雨中景象，雨是怎样下起来的，什么是越下越大。然后观察雨又是怎样渐渐小的，雨后天空与雨前有什么不同。老师让几位学生打开窗户，谈谈感受："清新的空气，迎面扑来，感觉很凉爽。"到课上学生们再学习课文时思维很活跃，他们说："课文中写的我们全看到了！"他们很有感情地朗读课文，深入理解了文中的词语，兴趣极浓，很自然地学习了文章中字、词、句的运用。

这是学习迁移的一个很好的例子。对雷雨现象，学生虽然见过，但印象（表象）是模糊的，他们理解课文会有一定困难。于老师抓住一次雷雨的机会，按文章作者的思路，引导学生认真地观察。观察以后，学生头脑中的表象与文章写的基本相同，阅读时能与课文有相同的思维材料（表象），加上文章用的思维方法学生也已经学过，于是学生学习课文就变得容易了。

(三)语文学习与迁移

《语文课程标准》指出："语文是最重要的交际工具。""工具性与人文性的统一，是语文课程的基本特点。"工具就是手段，是用来达到某种目的的手段。人们运用语文这个工具来彼此交际，交流思想，达到互相了解的目的。学生学习各门功课，需要运用语文这个工具为其扫除文字障碍，使其顺利地掌握各种知识。学生毕业以后，从事各种工作，还需要运用语文这个工具获得新知，运用新知。

迁移包括有限的迁移和广泛的迁移。前面提到的两种学习情况，第一种就是有限的迁移，第二种就是广泛的迁移。语文的工具性，就是把语文当做经常使用的工具，从迁移来说，这就是语文学习的广泛迁移。可见，语文的工具性是通过广泛迁移来实现的。工具性是从功能来说的，而迁移是从方法来说的，我们研究语文学习的迁移，就是研究如何落实语文的工具性。

（四）用迁移理论指导练习

语文学习的内容和方法是非常丰富的，从内容来说，它涵盖了社会生活的方方面面，从方法来说，有语法、句法、思维方法、写作方法等，从字词来说，既有常用字词，也有许多生僻字词。通常我们说学习要能"举一反三""闻一知十"，这个"一"应该是能广泛迁移的，常用的、基础的东西。

迁移原理对语文练习的指导意义有以下两点。

第一，我们根据迁移的特点（有限迁移、广泛迁移）把学习内容区分为常用的（基础的知识和技能）和不常用的（一般的），语文练习的重点，应当放在常用的知识、方法上，即基础知识和技能上。大致列表如下。

语文学习的重点内容

分类 内容、方法	一般的	常用的
知识、经验（思维材料）	字、词、句、段、篇，经验（表象）	常用字词，基本句式，生活经验（表象）
思维规律	词法、句法、逻辑规律、写作规律等	基本句法

内容、方法　　分　类		一般的	常用的
思维方法	一般的	逻辑思维方法，形象思维方法	分析、归纳、概括，联想、想象
	特殊的	修辞法，写作方法	常用篇章结构方法

第二，常用的基础知识、基本技能，要能灵活运用。要着重发展思维（主要为形象思维），培养语文能力。

二、运用迁移原理指导语文练习

"语文教材无非是例子，凭这些例子要使学生能够举一反三，练成阅读和写作的技能。"教育家叶圣陶先生的精辟论述，足以说明迁移在语文训练中的重要作用。

迁移是通过思维实现的，思维要有思维的材料，思维要遵循思维的规律（法则），思维要有思维的方法。我们可以从这三方面来看迁移规律在小学语文训练中的运用。

（一）关于思维的材料(字词、表象)的训练

语文的基本思维材料是字词和表象。当前小学阶段的语文教学对字词的教学是重视的，但在以下方面还不尽如人意。

1. 字词的运用还没有达到"活"的要求

教师进行教学时偏重于对字词的讲解，但是字词的练习还远远不够，学生对字词的掌握只是从"音、形、义"做了要求，会读会写，懂得意思，但往往只是懂得词语字面的意思，不能领会词语丰富的表义作用和在不同语言环境中的用法，学生对词语的运用很难达到"活"的要求。

2. 对字词的训练不够

低年级对字词的教学重视，还只是停留在词上；高年级结合句子和内容，也有训练，但重视不够。高年级也应结合课文内容指导学生积累词汇，进行字词训练。

3. 注重课内的字词积累,对课外阅读的积累重视不够

注重课内的字词积累,但对课外阅读的积累重视不够。一些教师指导学生进行词语摘抄,但积累之后,教师没有教学生对词语进行整理归类,学生对词语的准确运用还是会遇到困难。

4. 重字词、轻表象

观察是儿童学习的基础。学生在语文课上学习字词,离不开字词表征的事物形象(表象);练习说话,进行表达也离不开学生的所见所闻。从感知词语到运用词语,都离不开学生的表象积累。因此小学阶段的语文教学中要自始至终重视引导学生观察,培养学生的观察力。

(二)关于思维法则(句法、句子)的训练

语文的思维法则是语法,包括词法、句法和章法,但表情达意最主要最基本的思维法则主要为句法,简单说就是句子的基本结构。

语文的句法,基本结构是主谓结构、主谓宾结构,这种句法的习得是先天的。婴儿生下来,在一定的语言环境之中,自然就会习得。3岁幼儿,能说简单的句子,全世界语言都有这种基本语法。就是说,对组成一个句子中的若干词,思维按语法结构把它组织起来(综合起来),只有这样说,别人才能听得懂。

句型中包括单句、复杂的单句、复句、多重复句。复句中包括并列关系、递进关系、选择关系、转折关系、因果关系、假设关系、条件关系等,我们之所以举例说明,是因为句型是有限的。虽然句型有限,但迁移是无限的,这些句型可以组成千千万万的句式。所以句型——就是句法,具有最大的迁移性。

句子是文章构成的基本单位,句子写好了(包括单句、复句),句子写得完整、正确、具体、生动,段也就不难了。字、词、句、段中,句子是核心,字词训练应该不离开句,句子搭建得好,就是段。

总之,不论从迁移原理来说,或是从文章构成来说,句子是训练的重心或关键。但是,需要指出的是:现有教材没有抓住句子训练这个重点,一是字词训练不结合句子。二是句子的练习数量太少。三是练习方式简单,无非是用词造句、模仿、改写、比较、改

错等，不会用类比、联想、发散等方法。

(三)关于思维方法的训练

思维方法有一般思维方法，也有特殊（具体）思维方法，关于一般思维方法，语文学习的思维方法主要有分析、归纳，联想和想象。其中分析、归纳属于抽象思维，联想、想象属于形象思维。

我们一直重视对文章字、词、句、段、篇的分析及对段和全篇意思的归纳，这种思维方法普遍适用，也就是说能产生广泛的迁移。这一方法行之有效，不能淡化。

在思维方法训练中，联想是一个薄弱环节。我们认为，句子、文章要写得活，联想是关键因素。结合学生生活中的所见所闻，发现事物之间的相似之处，用生动的语言表达出自己的观察和感受，文章就会写得活，写得引人入胜。儿童是很富有联想和想象力的，因此，不论阅读课、作文或基本训练，要下工夫培养学生会联想，把句子写活，写生动。培养学生会联想，需要教师把握、激活学生思维的点，引发恰当的联想而不是瞎想，必须先有感悟，而后才能活起来。

在课堂教学中，教师要把字词的训练、句子的训练和联想的培养结合起来。思维方法对语文学科有其具体的方法，如观察的方法、课外阅读的方法、写作方法等。总之，思维方法是产生迁移的重要条件。

注:本文节录自"创新教育丛书"《小学语文练习改革与研究性作业》一书,该书由北京科技出版社 2006 年 1 月出版。

（北京育才学校小学部　陈　崴）

小学数学技能训练与迁移

——从一节课例谈数学技能的发展

我们知道，知识的理解过程分为相互联系的两步：第一步，把新知识（技能）和有关的旧知识（技能）联系起来；第二步，进行思维加工。如果旧知识（经验）作为思维材料或思维方法，参与了新知识的理解过程，或有关旧技能参与了新技能的形成，这些相关的旧知识或旧技能就能促进（影响）新知识的理解、新技能的形成。这种"参与"和"促进"的过程，就是知识、技能迁移的过程。所谓学习的迁移，"是指学生的学习经验对以后的学习产生影响及其将所学到知识应用于实践的心理活动过程"（陈元晖语）。有效的学习，总是以已有知识为基础，去获取新知识。由此可见，迁移是学习过程中的一个关键问题。

学习过程中，知识是技能活动的结果，技能是学习过程活动的方式方法。对每一个知识的理解，都有相应的技能活动，知识与技能是协调发展的。在数学的计算过程中，知识是指计算的结果，技能是指计算过程的程序、方法，通常叫算法。马芯兰老师在教学改革中称之为"算理"。让学生讲算理，就是让学生说计算过程的方法、步骤。可见，算法、算理实质就是计算技能。

数学知识内在联系紧密，是一个结构严密的整体。数学教学中，知识（概念）的学习和技能的训练，也是联系紧密、协调发展的。为了更好地掌握新旧知识、技能的内在联系，充分发挥知识的迁移作用，教师在教学中必须深入研究教材，从知识的整体结构和知识与技能协调发展的高度，来研究每一个局部知识、技能的地位和作用，研究已有知识怎样成为后继知识的基础。

一、运用迁移原理设计教学过程，促进数学技能的形成

下面以三年级第一学期第一单元"乘数是一位数乘法"为课例，具体说明数学技能的迁移。课本共安排了33页内容，共需21课时，我们从整体把握教材，认真地分析这一单元的知识结构，找到知识的连接点、生长点，再运用迁移原理，设计教学过程。最终，我们仅用一课时就完成了这一单元的教学任务。学生在课堂中的反馈非常好，这节课在听课老师中也引起了很大的反响。

（一）对教材的知识整体结构及相关旧知识的分析

1. 知识结构

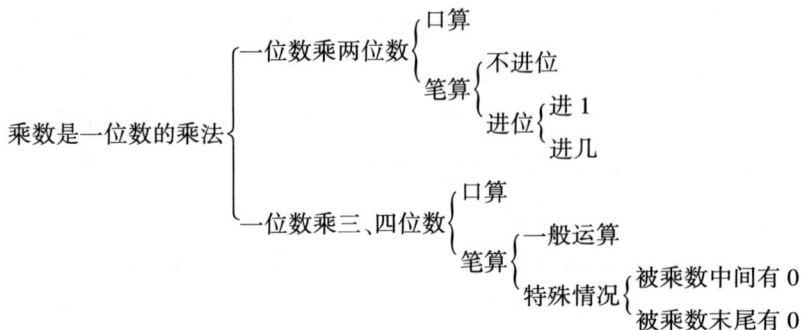

2. 相关旧知识分析

知识的连接点：加法与乘法的联系（24+24+24——24×3）。

知识的生长点："加数相同的（不分步）连加竖式算理"与"乘数是一位数乘法"有共同的算法。

（二）教学过程设计

基于上面对新旧知识的整体分析，教师在设计教学过程时，必然要考虑怎样把对相关旧知（技能）与新教材联系起来，在复检与新授当中突出设计的意图，从而达到理想的效果。

1. 复检

复检的内容要与新课有紧密的联系，不能单纯从形式上为了这一环节而设计，它要为新旧知识起一个承上启下的作用，为突出重点、难点铺设一条道路。这一环节有两个内容：

（1）口算并说出算理。

这一内容为新课中的技能作了准备，同时深化了学生对"数位""计数单位""进率"这些核心概念的理解。

（2）计算：

$$
\begin{array}{r}
24 \\
24 \\
+\ 24 \\
\hline
\end{array}
$$

叙述算理（个位上，3 个 4 连加，三四十二，12 是由 1 个十和 2 个一合并起来的，所以在个位上写 2 向十位进一。十位上，3 个二连加，二三得六，6 加进上来的 1 是 7，7 表示 7 个十，所以在十位上写 7 ）。

因为乘法是加法的特殊形式，这就决定了乘法与加法有着内在的联系。乘法是表示几加几的连加，由于"几个相同加数（不分步）连加竖式"与"乘数是一位数乘法"有共同的算法（技能），所以前者可以向后者迁移。即

```
   24
   24        向     24     迁移。
 + 24             ×  3
```

与此同时，在不分步连加中打破了满十进一这一定势，使学生知道"哪一位满几十，就向前一位进几"这一算法。学生因此也懂得了"乘数是一位数乘法"中，"哪一位乘得的积满几十，就向前一位进几"，促进了他们新技能的形成。可见，通过迁移，我们自然突破了教学的重点。

这个过程是这节数学课技能迁移的基础。由于学生对几个数连加的算法掌握得很好，所以通过教学设计，学生加深了对算理的理解，使后面的学习更加顺利。

2. 新授

通过对上面教材的分析，我们不难看出，"乘数是一位数乘法"这节课要解决"一位数乘两位数（不进位、进位[进 1、进几] ）、一位数乘三、四位数（一般运算、特殊情况[被乘数中间有 0、被乘数末尾有 0] ）"这么多内容。由于对教材的整体把握，我们把新授部分的例题做了调整。

例 1：24×3　解决乘法竖式的写法、运算顺序，解决"满十进一"这一知识点，达到对乘法技能的初步理解。

这一层对于学生在旧知识技能的基础上学习新知识技能是很关键的环节，24+24+24 的算法与 24×3 的算法是相同的，这就是知识迁移

的关键因素。"新旧两种知识、经验，若有共同的思维要素，就能产生迁移；若共同的思维要素越多，即旧知识参与越多，则迁移的程度越大。"而乘数是一位数乘法的学习意义就在于，它更简捷地解决几个相同加数连加的问题。无论是用乘法还是用加法来计算，本质（算法）是相同的，不同的只是形式。24+24+24是学生已有的计算技能，所以，抓住24+24+24与24×3的共通之处（算法相同）后进行学习就非常容易了，这个过程就通过知识之间的关系实现了技能的迁移。

例2：128×5　①被乘数个数的扩展，由两位到三位。②解决了"满几十向前一位进几"这一知识。

这个例题是研究一位数乘三位数，并且在进位上也增加了难度（即哪一位满几十就向前一位进几）。而更主要的目的是通过技能的迁移，让学生巩固乘数是一位数乘法的算法。在一位数乘两位数的学习过程中（24×3），学生明确了先用3去乘24个位上的"4"，再用3去乘24十位上的"2"。现在题目变成5去乘"1"、"2"、"8"这三个数，学生根据已有的经验，很自然地能够实现迁移，即用"5"依次去乘128各个数位上的数，并且这个过程是对例1中研究的过程进行思维整理的过程。从学生对算理的叙述过程来看，他们对这道题的算理叙述起来显然有难度，因为它失去了加法算式的支撑，学生必须确立新的思维支撑点。这时学生刚学习"乘数是一位数乘法"$\left(\begin{array}{r}24\\ \times\ 3\end{array}\right)$初步形成的技能起到了关键的作用，让刚学习的技能向新技能迁移。即 $\begin{array}{r}24\\ \times\ 3\end{array}$ 向 $\begin{array}{r}128\\ \times\ \ 5\end{array}$ 迁移，使新技能的形成更加顺利。

例3：2 304×8　①被乘数由三位变为四位。②处理中间有0的情况。③总结算法。

例4：2 700×3　①处理末尾有0的情况。②深化"计数单位"这一概念。

这两道例题通过"0"位置的变化，使学生对本节课的理解更加深入、灵活,从而使新的技能更加清晰,在计算教学中也体现特殊数字的出现对于学生思维的发展及技能的掌握都是非常重要的。

通过这一课的教学解决 33 页的内容,这充分体现了整体把握教材、运用知识的迁移所达到的事半功倍的效果。之所以这样,是因为抓住了知识的连接点与技能生长点。正如马芯兰老师所说的"为进而退,退中悟理",也就是在讲一个新知识时,退到与之有联系的旧知识中去。一位科学家曾经说过:如果你想记住什么,你要做的就是将它与已知的东西联系起来。

总之,在这节课中,根据数学知识内在的紧密联系,充分运用迁移的方法,一步一步地进行计算技能的迁移,即:

$$\text{"几个相同加数连加竖式"} \begin{pmatrix} 24 \\ 24 \\ +\ 24 \end{pmatrix} \xrightarrow{\text{迁移}} \text{"一位数乘两位数"}$$

$$\begin{pmatrix} 24 \\ \times\ 3 \end{pmatrix} \xrightarrow{\text{迁移}} \text{"一位数乘三位数"} \quad \begin{pmatrix} 128 \\ \times\ 5 \end{pmatrix} \xrightarrow{\text{迁移}} \text{"一位数乘四位}$$

$$\text{数"} \begin{pmatrix} 2\ 700 \\ \times\ \quad 3 \end{pmatrix}$$

可见,抓住知识内在的紧密联系,通过原步骤的技能的迁移,从而用一节课的时间顺利完成了教材中 21 节课的教学内容。这就是这节课的"秘诀"。

在计算教学中,迁移是普遍存在的,例如"百以内数的计算"的教学共需要 39 节课时。采用这种方法,只需讲"竖式计算""进位加法""退位减法"三节课。又如"除数是一位数除法"的教学同样可用一节课时结束二十几课时的内容。在小学数学教学中,整数的四则运算(加、减、乘、除)可以迁移到分数运算、小数运算以至以后的代数运算中去。技能训练同知识学习一样,以最基本的技能(如四则运算)为基础,可以广泛地迁移到后继的技能学习中去。

实践充分表明，迁移是促进知识、技能、思维三者之间的协调发展，是学生学好数学的关键因素。这样不仅节省了时间，而且提高了教学质量，是提升学生的数学能力，提高教学质量的一条捷径。

二、通过适当的分散练习，促进技能的形成和巩固

一节课讲了33页的内容，那么对课后的练习如何处理呢？

心理学研究指出，技能的形成和巩固需要有足够的练习，根据技能形成的各阶段的特点，应适当分配练习的次数和时间。但是，并非练习的次数越多、时间越长，练习的效果就越好。练习的次数过多、时间过长，反而可能使学生产生疲劳、态度消极，从而降低练习效果。一般来说，适当地分散练习，比过度集中的效果好。学生的年龄越小，两次练习的间隔及每次练习的时间不宜过长。我们就是根据这个原则来安排练习的。

根据练习的这一心理特点，我们采取了将计算这部分的习题与后面讲的新课交错进行的方法。课后第一周，我们安排学生每天早自习做6道计算题；上课时，前30分钟进行新课，剩下的5至10分钟做2道计算题。这样，在讲新知识的过程中巩固旧知识，既使学生不会感到单调，又使学生对初学的计算技能做到了"天天练，不断线"，提高了计算的正确率。按照这种安排，这节课讲完一周后，学生的错题率由5.9%降到2.1%。接下来，我们还会安排学生每周做2~3次计算练习，每次1~2道。一学期后，学生基本上无错题；而且这种分散练习所用时间要比传统的集中练习所用时间缩短一半。

这种把讲新课同技能训练相结合的整体设计（"讲"与"练"交错进行）所取得的效果与以前的"一例一练"相比，确实有明显的优势。我以前所教的班，这一部分的教学采用"一例一练"的讲法，一般情况下所留的作业仅有一半学生能够全部做对，错题率为23.1%。而由于很长时间的内容都是计算，学生很容易觉得乏味，在一星期后，他们的错题率就有明显回升。由于课时的拉长，在讲新课时，自然没有时间让学生进行计算练习。这样就导致到期末复习

时，计算部分的漏洞很难弥补。计算就成了教师和学生最头疼的问题。但是，利用马芯兰老师的教学法，效果就截然不同了。在这六年中，我们班在每学期期末的检测中，数学平均成绩均能达到 99 分以上，全班在计算部分几乎达到无错题的程度，并且在最后的毕业考试中，面对全面的考查，我们达到了全班无错题的成绩。

注：本文系"学习与思维"课题第六次征文一等奖论文。

（北京市朝阳区实验小学　陈立华）

中学地理教学的图导法

我们在 1988 年提出了"图导法"的经验和理论，在 1989 年召开的北京地理教学研究会的学术年会上进行宣读和交流，得到了与会的广大地理教师的肯定和认可。

1996 年，我们参加了由温老主持的"开发右脑——发展形象思维的理论和实践"的科研课题组，使我们的认识有了进一步的提高。在不断实践的基础上，"图导法"的内容也在不断提高，我们又陆续写出了《利用地图培养学生空间形象思维能力》等多篇有关地图教学的论文。"九五"期间，我们又提出了"发现式地图教学法"。它是在"图导法"的基础上的补充和发展，两者是统一的、一致的，都是论述有关地图教学的理论和实践的内容。为了叙述方便，我们把"图导法"和"发现式地图教学法"合并简称为"两法"。

一、"两法"的含义

关于"两法"的含义及提出的依据，主要有以下几个方面。

1."两法"的性质

"两法"不是单纯的、具体的教学方法，而是地理教学的一种法则和一种观念。它既有利于教师发挥主导作用，更有利于学生发挥主体作用，发展认知能力和思维能力。"两法"中所说的"图"指的是以地图为主的多种地理图像，包括各种地图、景观图（景观画片、照片、素描、录像带、幻灯片等）、示意图（包括成因原理或构造示意图、框线结构联系图、简略地图等）、地理统计图（包括曲线图、折线图、柱状图、饼状图、扇形图等），真是五花八门、各具特色。"导"指的是教师在教学中运用各种地理图像来引导、传导、指导、推导、辅导学生进行学习、思考、议论、讨论、作业等。也包括学生运用地理图像进行自学、阅读、思考、想象、联想、对比、描绘、统计等，因此，图导法的关键在于"导"——教师可用图以导教，学生可用图以导学，把教师的主导作用与学生的主体能动作用通过地理图像有机融合在一起，师与生都是地理图像的主人。"发现式地图教学法"是从布鲁纳的发现法教学的基本精神移植过来的。它更加强调学生运用地图以及其他图像、数字、文字资料等进行探索、研究性的自学，在教师的引导下独立自主地发现知识的奥秘、规律和问题，并提出解决问题的思路和方法。此法有利于提高学生的学习兴趣，加强学习的主动性，加深对知识的理解和运用，对培养和发展发散性思维及创造性思维提供有利条件。

2. 地图的意义

以地图为主的多种地理图像内容极其丰富，它是大量纷繁复杂的地理信息的重要载体。地图以特有的图形语言显示并传递多种地理信息，它具有极强的空间性、整体性和综合性的特点。因而，地理图像比文字载体更便于人们、特别是青少年学生进行观察、阅读、记忆、思考、分析、对比和理解。

地图作为多种地理要素组合及分布的图像，具有极强的形象性和直观性。它的吸引力和可读性极强，更有利于青少年学生的喜爱与接受，有利于促进学生右脑的开发和形象思维的发展。但地图又不同于景观图片和画片，它不是原来地理事物的重现，而是经过人们运用数学法则将原来的地理事物缩小，用符号、线条和各种颜色来表示各种不同的地理事物，并配有文字和数字注记；地图的内容则根据不同的需要进行了人为的选择、取舍、综合、概括。因此，地图不仅具有形象性，同时也隐含着逻辑性，尤其是其特有的空间分布、空间联系、空间组合的特点，对开发学生大脑的潜能，促进左右脑的协调发展，加强形象思维与逻辑思维的结合非常有利。

地图是地理学的第二语言，在某种意义上说，没有地图就没有地理学。一个优秀的地理教师一般都会在地图运用方面苦心钻研、狠下工夫。同样，对地理学习有兴趣、地理成绩又比较好的学生也往往是从喜欢地图、善用地图开始的。

因此，认真培养学生识图、读图、用图、绘图的能力，是培养各方面、各领域人才的需要，是全面推进素质教育的需要。而用"两法"来引导、指导学生学好地理课，是实现上述目的的重要渠道和方法。

二、"两法"的核心

"两法"的核心是以图导学，其内容包括以下几个方面。

1. 以图导文

要求在教学中做到先图后文、从图到文、图文结合。教材是由文字系统、图像系统和作业系统三部分组成的，这三部分系统是相互联系又各具不同作用的内容。其中图像系统在地理学科中更具有特殊的意义，它对培养学生的基本技能、培养和发展学生的思维能力及实际应用能力等方面都有重要的作用。但长期以来，一些教师总是把文字系统放在教学的首位。在这种习惯势力的影响下，大部分学生在学习中也只重视课文而忽视图像，从而造成地理教学的一个误区。以图导文就是要扭转这种偏向，先图后文，以图像为先导，使结论产生在读图之后。在讲述某个问题之前，教师首先要引导学生观察、阅读、分析有关的地理图像，然后指导学生得出正确的结论，并由学生进行口头表述，再与教材中的文字内容相互对应和印证，使学生在读图之后自己得出结论。这样可以培养学生运用地理图像的学习习惯，做到由图导文、图文结合、相互转化，加深学生对知识的理解与记忆，发展学生形象思维与逻辑思维的结合。

2. 以图导图

即以甲图推导出乙图，再由乙图推导出丙图、丁图……如此，多图结合，可收到相互补充、相辅相成、相得益彰的优化、深化、强化的效果。在众多的地理现象和地理事物之间存在着复杂多样的联系，有主从关系、整体与局部关系、相互影响关系等。这种错综复杂的关系往往不易发现和理解，但是，如果对照有关的地理图像进行观察、阅读、分析、对比时，问题就会较容易得到解决。如学习西欧地区的温带海洋性气候时，可从西欧某地的气温曲线和降水柱状图中了解其夏无酷暑冬无严寒、终年温和湿润的气候特征，并结合该地区的地形图、洋流图、风向图推导出影响该地区气候的主要因素。这样，由此及彼，综合用图，可收到较好的效果。因此，在指导学生用图时，可把内容相关的、相似的、相近的图像进行联系对应，这既便于对知识的理解，又可避免知识的孤立和割裂。

3. 以图导思

开发大脑潜能，促进形象思维与逻辑思维的协调发展。各学科在培养和发展学生思维方面有其共性，同时也各有其不同特点。发展学生的地理思维是地理教学的主要的、特有的目的和任务。地理思维既包括形象、具体、生动反映地理事物外在特征的思维活动内容，同时也包括地理事物的原理、联系、规律等内在本质特征的抽象思维活动内容。因此，地理思维是形象思维和逻辑思维的结合体，在地理教学中充分运用各种地理图像是引导和启发学生地理思维发展的重要途径。

地理表象的形成是发展地理思维的基础。通过对各种地理图像、仪器、模型的观察、阅读、分析以及填图、绘图的训练，使学生对地理事物的外形轮廓及外在特征在头脑中形成记忆和印象。如一提到长江，脑中就会浮现出长江干流河道的图形，即上游的"V"字形和中下游的"W"字形；一提到黄河，脑中就浮现出小"s"加大"几"字形——这是黄河干流河道在地图上的大致形状；一提到山东省，脑中就浮现出一个骆驼头部的轮廓；山西省则大致像平行四边形；法国领土像个六边形；智利国土呈南北狭长形等。总之，通过图导法的运用，首先要使学生在头脑中逐步形成更多更鲜明的地理事物的表象，从而为开发学生的右脑、发展形象思维提供取之不尽的源泉。这就需要教师在日常教学中特别注意就各种地理图像的外形轮廓和外在特征对学生进行提示和启发，尤其要善于丰富学生头脑中形象概括的表象，而这种表象的反复积累和加强就是形象思维发展取之不尽的源泉。

教师还要运用各种地理图像的变化，培养学生分解组合的思维方法。分解组合的方法是形象思维的基本方法之一，是一种揭示事物内在联系与规律的方法。利用各种地理图像的相互配合、联系及变化，是发展分解组合思维方法的有利因素。通过地理图像中整体与局部的关系，单一与综合的联系，静态到动态的变化，空间分布规律与联系，"点""线""面"的结合等方面，来培养学生分解组合的思维方法。

利用地理事物与地理现象彼此相关性的特点，如相同、相似、相近、相反、相异等，通过各种地理图像引导和发展学生想象、联想、类比的思维方法。如等高线、等深线、等温线、等降水量线、等压线等都属于等值线一类，它们各表示不同的地理要素内容，但绘制的基本原理及特征又是相同的，其变化规律和判读方法也基本相同，均可从各种等值线的数值、走向、密度、形态等方面进行分析判读。

利用地理图像引导和培养学生的空间想象力。空间想象力属于想象，是在原有的表象基础上通过加工改造而形成新表象。如黄赤交角若为30°或15°时，太阳直射点和昼夜长短将如何变化？ 五带的范围将有什么变化？ 又如从北京到泰山、苏州、杭州、桂林、昆明、成都等地旅游，如何从多种路线中选择最佳路线等。教师应经常给学生创设在地图上遨游、选线的条件，以达到激活和发展学生思维想象力的目的。

4. 以图导练,学用结合

即通过地理图像引导学生进行填图、画图、描图、拼图等练习、作业及课外活动。教师可以让学生动手制作一些简易仪器,如活动星图、用乒乓球做小地球仪、制作活动时区图、剪制中国政区拼图,绘制从家到学校的路线图、绘制学校或教室的平面图,也可运用地图进行野外考察或定向越野活动,利用星图进行观测星空等。这样,有利于学生的眼、手、脑、脚并用,做到学习与实践相结合,同时既培养了学生的学习兴趣,也锻炼和提高了学生的多种技能和能力,有利于学生的全面发展和个性特长的发挥。

总之,在地理教学中要想提高教学质量、积极推进素质教育,培养学生的创新精神、提高他们的多种技能和能力,注意和加强地图和多种地理图像的运用无疑是重要的渠道之一。"图导法"则是教师发挥主导作用与学生发挥主体作用的重要手段之一。

注:本文节录自"学习与思维"课题第一次征文论文集,该论文集于 1999 年 6 月内部编印。

(北京汇文中学　裴新生)

儿童"绘画日记"

一

儿童"绘画日记"就是儿童用语言文字配合图画,记录一天生活中有意义或有趣的事情。我们从教学实验不久,就开始让学生作"绘画日记"的尝试。从二年级到五年级一直坚持下来,每个学生每周作一次或两次,这样平均每个学生记了 80 次日记。

在美术教学中，线条、颜色、构图等一系列的绘画构思，主要是右脑的功能；语言文字主要由左脑控制和支配。"绘画日记"正是图画与语言文字的有机组合，也就是左右脑功能的有机结合。进行"绘画日记"系列训练，就是促进左右脑协调发展的有效方式。

如王琦同学（一年级）在"绘画日记"中书画并茂地写道："今天，爸爸妈妈带我去了卡拉 OK 厅，那里可好玩了。有许多人唱了歌，我也唱了一首《鲁冰花》。唱完之后，观众给我热烈鼓掌。我真高兴。"

再如高方亮同学在除夕时，从贴"福"字想到对新的一年的祝福，他写道："今天，我帮奶奶贴福字，福字象征着年年丰收，万事如意，非常吉祥。是一个好兆头。"

有的字学生还不会写，他们就用汉语拼音代替，将来再学习查字典。

这样有图、有景、有情、有境的"绘画日记"能培养学生观察生活、观察自然现象的良好习惯还能丰富学生的生活经验和表象积累，提高他们用绘画和语言文字来表达自己思维的结果。这样，开拓了儿童的智力领域，提高了儿童的智力水平，促进了学生的身心健康发展。

一个人不会永远用"绘画日记"的方式写日记，也不是所有的人长大后都成为画家，但是，这一段的儿童生活却会给学生留下深深的记忆。而且，让学生一生受益的是，在这个时期，大脑得到了有效的

开发，智力水平大大提高了。这是一笔宝贵的精神财富和智力播种。

学生在低年级时对"绘画日记"特别感兴趣，每个人都拥有这样一个画册，记载着彩色的童年。到中年级以后，随着识字量的增加，他们更喜欢文字日记，但"绘画日记"所起到的智力开发作用

是不可忽视的。

二

四年来，我们的美术实验教学及课下"观察日记"的效果如何？我们于 1997 年 6 月进行了一次"绘画与作文对比的综合测试"，现将测试的情况、结果及分析汇报如下。

(一)测试对象

(1)实验班：从"八五"期间开始，连续参加五年实验的班级——北线阁小学五（1）班，参加测试的有 42 人。美术课由参加实验的刘金华老师担任，语文课由非实验老师担任。

(2)对比班：北线阁小学六年级一个非实验班，参加测试的有 43 人。美术课由非实验老师担任，语文课也由非实验老师担任。

(二)测试方法

(1)美术、作文统一由区教研员出题，事前题目密封。

美术测试的题目是《……机器人》。

作文测试的题目是《机器人……》。

(2)同一时间测试，测试时间长短一致。

(3)美术由一位教师统一阅卷，按统一标准给分。分数等级由高到低是 5 分、4 分、3 分、2 分四个等级。

(4)作文由一位教师统一阅卷，按统一标准给分。分数等级由高到低是一类、二类、三类、四类四个类别。

(三)测试结果

表1　美术和作文对比简表

美　术	5分	4分	3分	2分
对比班	6人	31人	4人	2人
实验班	24人	18人	0人	0人
作　文	一类	二类	三类	四类
对比班	9人	12人	17人	5人
实验班	7人	23人	12人	0人

(四)测试分析

(1)从测试结果看,实验班的美术成绩明显高于对比班。

① 实验班的 5 分率(即优秀率)是 57%;对比班的 5 分率是 14%。

② 实验班的不及格率是 0%;对比班的不及格率是 4.7%。

实验班学生的画面饱满,构图丰富充实,线条流畅,色彩鲜艳多彩,有背景色,而且主题突出。

对比班学生的画面主体小或位置欠妥,线条与色彩的表现方法比较简单,而且没有背景色。两班的图画,放在一起,有明显差别。

结论:注意发展形象思维和两种思维相结合的教学有利于提高学生的审美观点、掌握美术技能。

(2)从测试结果看,作文成绩如下。

① 实验班和对比班的优秀学生人数差别不大。

其中实验班一类文有 7 人(共 42 人)。

② 中等学生的作文中,实验班学生明显比对比班人数多,尤其是二类文多。

实验班二类文 23 人,占 54.8%。

对比班二类文 12 人,占 27.9%。

③ 较差学生的作文中,实验班学生明显比对比班少。

实验班三类文 12 人,占 28.6%。

对比班三类文 17 人,占 39.5%。

实验班四类文 0 人。

对比班四类文 5 人,占 11.6%。

结论:注意发展形象思维,注意两种思维相结合,对于中差等学生的作文能力培养,有十分积极的影响。其主要影响是:

第一,培养了学生的观察力。实验班的学生一般都比对比班的学生的观察能力强,所以写作内容比较具体,因此,就没有四类文,三类文也大大减少。

第二，培养了学生的想象能力。实验班二类文明显较多的原因是其想象能力强。因为会想象了，学生绘画与作文的内容就更丰富多彩了。

注：本文节录自《发展形象思维的实验与研究论文集》，该论文集由北京市哲学社会科学规划办公室 1998 年 2 月内部编印。

（北京市东城区教研中心　刘金华）

识字教学与想象

小学的识字教学是基础教育的开端，是学生学习书面语言的前提，是学生进入学习之门的第一道关口。由于汉字的博大、厚重与缜密，使我国的小学识字教学备受关注。能否让学生顺利地、饶有兴趣地学习和掌握这些文字符号，对他们能否较好地运用祖国的语言文字起到奠基的作用。

一、对汉字构形蕴涵着的丰富想象作较为系统的梳理和分析

文字是记录语言的一种书面符号系统。任何一个民族的文字，都与这个民族的语言、文化密不可分。汉字是一种独特的方块字，也是迄今为止世界上仍在使用的少数表意文字之一。它融形、音、义于一体，除了反映词义以外，还反映很多其他方面的文化信息，这是拼音文字所不具备的。《在课堂里放飞想像》一书根据汉代就有的"六书"之说，重点分析了象形、指事、会意、形声四种造字法。

（一）象形字标志着人类早期的直观想象

我国古代的象形字，就是用线条勾勒出物体的外部轮廓或描摹出物体的样子来表达词义，一般多为有形可象的名词。这些象形字

历史悠久,多数都是独体字,成为汉字构形的基础。如(甲骨文):
日、月、水、火、牛、羊、鱼、龟、人、木、止、象、禾、爵等。

日	月	水	火	牛	羊	鱼

龟	人	木	止	象	禾	爵

有些物体如果单独画出来不易辨认,就附加一些相关的事物,通过它们的烘托陪衬,使表义性更鲜明。如(甲骨文):雨、齿、果、瓜、元、眉、州等。

雨	齿	果	瓜	元	眉	州

(二)指事字是形象思维与抽象思维巧妙结合的产物

"指事"是运用指示性符号来指称物体中的一部分,或表示抽象概念,利用这种方法创制出来的字就叫指事字。由于用来做"指事"的点、划是有限的,所以有时也在象形字的基础上添加点和划来构成。指事字多是表达抽象的概念或事物的属性,有时也指物体中的局部或特定部位。如(篆书):本、末、刃、寸、叉、甘、牟等。

本	末	刃	寸	叉	甘	牟

从指事字的构造方法,已经可以看出先民的思维中出现了抽象思维的萌芽,在综合了大量形象的基础上,开始进行概括和抓住规律。

(三)会意字的创造是利用了表象的组合

会意是组合两个或两个以上代表某种物体的图形以表示新义的

造字法。会意字一般是由两个或两个以上表意图形组成的复合体，构成生动的画面，用来表示词所概括的行为动作、生活方式、某些自然现象，以及人们头脑中形成的与自然现象密切联系的抽象观念。这样的词一般为动词、形容词或少数抽象名词。根据其形体构造的方式，会意字可以分为三大类。

一类是同体会意字。这类字由两个或两个以上的同样的图像组合而成。如：从、北、并、轰等。

从　　　北　　　并　　　轰

另一类是异体会意字。这类字是由两个或两个以上不同的表意图像组合而成的，是由组合起来的各个图像来共同表达一个新的意义。如：安、间、令、牧、采、明、暮。

安　　间　　令　　牧　　采　　明　　暮

看到这些字的初始形态，我们仿佛看到造字者头脑中的一幅幅图画，它们是那么鲜明，那么生动。

还有一类就是抽象会意字。这类字靠被拼合的文字的意义和相互搭配的位置来表达词义。如：卡、尖、掰、尘、劣、籴、粜、岩、灾、孬、甭等。虽说它们是表示抽象的概念，但在造字的时候却是需要生活原型支撑的。这些具体可感的形象来自生产、生活实践留给他们的大量的表象积累。

（四）形声字是创造性思维的骄子

我们的祖先，在几千年的生活和生产实践中，将汉字从简单的绘形（如"日、马、象"等），发展到用形象拟声（如"牟、轰"等），进而创造了会意字。但这还远远不能满足人们沟通表达的需要以及生活和情感交流的需要。于是，一种新的融表意与表音于一体的汉字大量出现了，那就是形声字。这类字是由两部分构成，以表事类的字为形符，代表该字构成时的意义范畴；以同音或近音的字为声符，表示这个字的读音。这种造字法，比起前几种方法，要有很大的进步。它克服了纯表意字的局限，增加了表音成分，并且使造字的素材骤增，从而使汉字得到极大的发展。在甲骨文中，形声字才占到 20%，到了汉代以后，形声字已经发展到 80% 了，成为一种占绝对优势的结构形式。这种造字法已不单纯靠形象思维或者想象的成分，它有更多的归纳、演绎等抽象思维的参与。由于一些象形的独体字充当了构字的基础部件，因此汉字的表意性特点得到了最大限度的维护和弘扬。

经过几千年的发展演变，大多数象形字已经没有了最初的样子，特别是汉字楷化后，其图形性、象物性都淡化了，但从有的字中还仍然能找到象形的影子，它所表示的意义信息仍依稀可见，这为借助形象教小学生识字提供了"物质"前提。

二、识字教学可以发展学生的想象力

新的课程标准提出，从小学到初中毕业，学生要认识 3 500 个左右常用汉字，能正确、工整地书写汉字。而小学一、二年级，就要认识 1 600 ~ 1 800 个常用汉字，占初中毕业前识字任务的 50% 左右。可见小学识字教学的重要性。

识字是一个心理认知过程。在长期的识字教学实践中，广大语文教师总结出不少成功的教学经验和方法，如注音识字、看图识字、随文识字、字理识字等。本书指出，在识字教学中，适当利用造字规律，利用汉字字形本身的象形、指事的特点，就可以借助形象直观的方法，在高度抽象的汉字符号与学生看到过的事物之间建起一座桥梁，使汉字和某种事物的形象达到紧密的结合，进而使识字变成一种符合学生心理特征和认知特点的有趣的活动。这样既可以增强学生的学习兴趣，又可以极大地提高学生的识记效率，与此同时还能发展学生的形象思维能力。

（一）引导学生由汉字的字形展开联想和想象

由于象形字是从对事物外形的描绘演变而来的，所以，教师有意识地把古代汉字和现代汉字做纵向沟通，寻求汉字构成的意义演变规律，并把这些规律融进识字教学中去，就可以为学生的学习增添不少情趣，从而使枯燥的识字变得饶有趣味。对于一些无"理"可讲的字，同样可以赋予它们形象，那就是强制联想。在这方面，也许学生的想象力比教师更高一筹。教师正可以调动学生自主学习、探究学习的积极性，巧妙地利用课堂生成的教学资源。

（二）利用表意偏旁引发学生的联想

字理识字的特点之一是依托汉字本身有序的系统，将汉字归类学习。比如上文提到的象形字、会意字、指事字、形声字，这是按汉字的构形方法分类。如果单就形声字来说，它又有自身较为稳定的以声符表示字音、以形符表示词义的规律。利用这个规律，帮助学生建立起相关的认知结构，学生依靠情景再现（已识汉字的意义归类）来识记字义，同时凭借字形给新学汉字归类。这样，学生靠原有的意义归类迅速识记新字，又在不断学习新字与给新字归类中巩固和强化原有认知结构。在这个循环往复的过程中，使形象思维和逻辑思维得到协调训练。其中包括：由表意形旁引发的联想和由表意声旁引发的联想。借助这些表象，在汉字的形义之间建立起紧密的联系，通过引入意义联想，变机械记忆为理解式记忆，学生就很容易理解和区分这一组字，创造了"字族识字"的又一种方法，实现了集中识字的准确、高效。学生掌握了这种方法，就等于拿到了一把打开汉字宝库的钥匙，很多字族的识记与应用就可迎刃而解。

（三）创设识字情境发展学生想象力，增强识字效果

除了字形本身的形象外，教师还可以通过创设情境，强化刺激，帮助学生更快、更牢固地掌握汉字的音、形、义。这些情境，可以是美丽的图画、动人的音乐、优美的舞蹈，也可以是饶有趣味的活动或语境。学生在学习汉字的过程中，不仅辨字形、记字音，同时还有画面、音乐、动作以及活动过程的辅助，这些附加信息将同与这些汉字相关的信息（形、音、义）一起被输入和存储在学生

的大脑中，也为将来信息的提取提供了更多的线索。如用创设与汉字表达的意义相似的自然情境，创设温馨有趣的识字情境，利用演示揭示字理，通过儿歌、猜谜等形式创造语言情境，等等。

本书不仅对一些好的识字教学方法作了总结，其可贵之处还在于对这些方法作了理论上的概括和提升。

注：本文节录自"创新教育丛书"《在课堂里放飞想像》一书，该书由北京科学技术出版社 2006 年 1 月出版。

（北京市教育科学研究院基础教育研究所　董素艳）

书法教学对学生想象力的培养

想象是大脑在改造记忆表象的基础上创造新形象的心理过程。想象所产生的新表象，不是大脑凭空而产生的，而是大脑对原有表象加工制作而成的。想象与人类各种创造性活动、艺术实践活动等都有极为密切的关系。所以，黑格尔在谈艺术家的创作时说："最杰出的艺术本领就是想象。"爱因斯坦也认为："想象力概括世界上的一切，推动着进步，是知识的源泉，是科学研究中的实在因素。"[1]

想象主要分为创造想象和再造想象。书法属于艺术类，因此，它应为再造想象。

书法的想象是书法表象在人脑中运动的最高形式，包括字形的再现、字形的联想、书法创造等。它是学生习字的重要能力，贯穿于学习写字的各个方面，如理解知识、掌握技法、读帖、临帖、欣赏作品等。书法家的书法作品，都是博采众家之长，经过自己的想象创造而成。写作品之前，首先要确定内容、立意，然后构想表现

---

〔1〕 许良英,范岱年.爱因斯坦文集:第一卷[M].北京:商务印书馆,1976:284.

形式，想象字的形象，在脑中构成整幅字的画面，最后挥毫写成作品。学生写一篇习作，也要经过这样的想象过程。

想象应该是贯穿于整个教学之中的，我认为在教学中的以下几个环节，应注重培养学生的想象力。

一、在传授知识时启发学生想象，用具体可感的知识进行引发

例如写一个"长撇"让学生看，问学生它像什么，学生就会产生许多联想：像长刀、像兰叶、像象牙等。看"点"的形状，学生想象出像瓜子、像杏仁、像核桃、像蝌蚪等。我国的书法艺术，经过书法家的创造，一些类型的笔画已经标准化了，对点、横、竖、撇、捺、折、钩、提等完善的形体，被称为"七妙"。"点"给人以高峰坠石之形象；"横"犹如千里阵云，绵延开来，悠然而上；"弯"犹如劲弩筋节，外柔内刚。这都是书者借助于想象的结果。

二、读帖时引导想象

苏东坡看颜真卿的楷书说："鲁公平生写碑，唯《东方画赞》为清雄，字间节比不失清远。"[1]字势引起他结字清雄、字间排列清远的想象，并写出"颜公变法出新意，细筋入骨如秋鹰"的诗句。宋代秦少游非常喜欢政黄牛的字，秦少游问他的笔法，政黄牛说："书，心画也，作意则不妙耳。故喜儿童字，观其纯气。"[2]政黄牛认为儿童写的字有纯美之意，如水成文，出于自然。他就是通过想象，悟出儿童字的纯气。那么，学生读帖也是通过想象，从中体会一些道理。

三、写前引导想象

王羲之在《提卫夫人笔阵图》后说："夫欲书者，先于研墨，凝

---

[1][2] 欧阳中石.书论[M].北京:首都师范大学出版社,1990:24.

脑科学·思维·教育丛书

神静思，预想字形大小、俯仰、曲直、振动，令筋脉相通，意在笔先，然后做字。"[1]这里所说的"静思""预想"都含有想象的意思。我们也要学习前人的写字经验。上课时，我们可提出一些问题，问学生这个字打算怎样写，书写时要注意什么等，通过提问来促使学生想象。

四、学生在书写时也有想象活动

写字是用笔墨技巧，把心中字的形象，显现在纸上，要边写边想。这时，教师一般不去干预学生写字以免影响学生想象。当发现学生书写的错误，需要个别指点时，再纠正他预想的毛病。

五、写字后对照检查想象

对照检查就是碑帖中字之表象与自己写的字的表象进行对比，比较这两种表象相差在哪里，并进行修改。还要进一步思考自己为什么会写成这个样子，从而总结经验教训，使自己的想象更加接近字的原貌。经过长期的训练，学生的想象能力会有所提高。

六、欣赏书法作品也能引起想象

想象是审美活动的重要思维方式，观赏优秀的书法作品，那刚劲多姿的笔画，优美奇特的结构，巧妙和谐的章法，可以导致思考、引起联想、激发情感，得到美的享受，想象也会随之得到发展。

从以上六点看，想象贯穿于写字教学的各项活动之中。想象是难于琢磨的复杂的心理思维活动，多是由具体形象的事物引起。教学时抓住这一特点，用形质兼美的字体，形象比喻的描绘，直观的图片、绘画、诗文等启发学生想象，并加以具体指导。

宋代诗人陆游指出："尔果欲学诗，功夫在诗外。"学书法与学诗一样，都应有修养，有知识。丰富学生的各种知识，有助于学生

---

[1] 欧阳中石.书论[M].北京:首都师范大学出版社,1990:24.

学好写字。同时，在书法教学中，注重学生想象力的培养，不仅可以提高学生的书写水平，更重要的是，可以培养学生的创新意识，促进其思维的发展。

注:本文系"学习与思维"课题第二次征文一等奖,该文刊于《学科教学与形象思维训练优秀论文集》。

（北京育才学校小学部　马　强）

音乐背景游戏训练，能提高孤独症儿童的主动言语表达频率

一、问题的提出

儿童孤独性障碍是一种较为严重的发育障碍性疾病。从生命早期开始，患有孤独症的儿童就表现为不能像正常儿童一样与周围的人们和环境建立联系。他们似乎与环境是隔离的，语言异常或者根本就没有语言，不寻求拥抱，待人如同待物，很少发生目光接触，行为刻板。目前，这一病症被统一命名为儿童广泛性发育障碍，其临床特征为交流障碍、语言障碍和刻板行为三联症。

本来在每日的生活中，儿童通过眼睛（看）、耳朵（听）、脑（感觉或想）、肢体（活动）等去感受周围的事物并以自己的身体去确认，通过学习语言、使用语言，其语言能力就慢慢地成长发育。但是，孤独症儿童的特性决定着他们的主动需求性言语很少或几乎没有。

二、研究过程、内容及方法

1. 研究过程的三个阶段以及主要研究内容

第一阶段，2004 年 3 月—2004 年 10 月，主要是观察学生的基本

情绪障碍并和家长取得共识。我们记录学生前期主动言语表达的频率，选取合适研究的项目，并定期进行家访，制订个别化训练计划，以月为单位，进行统计和反馈(情绪言语关注期)。

第二阶段，2004年10月—2005年7月，在稳定情绪的前提下初步采用音乐背景游戏进行语言沟通训练。主要是在被训学生与教师之间建立"良好"关系的基础上选择强化物，有针对性地选择适合不同孤独症儿童的训练方法。

第三阶段，2005年7月—2006年5月，主要是运用所选择的训练方法对学生进行有针对性的情绪辅导和社会沟通训练。

对孤独症儿童基本情况的观察见表1。

表1 孤独症儿童基本情况观察记录表　　　　时间：2004.05

姓名	年龄	性别	智商	沟通基本情况	情绪问题
包包	10	男	孤独症（重度）	无发音能力，不开口说话	打头较频繁，脱鞋，有轻度青春期问题
小小	11	男	孤独症（中度）	极少主动说话，"你、我"不分，理解他人简单提问，不用语言表达自己的需求	自己的要求不能被满足时会哭，大喊"找妈妈"，还会抓人，抠自己的皮肤
小雨	11	男	孤独症（中度）	在特定环境中有主动语言，有自言自语的情况，对某种情景有较长时间的记忆，并自己反复叙述	有需要时不能自己叙述而通过自残动作发泄，用头撞墙，大声哭叫，躺在地上翻滚

2. 选择强化物

针对每个学生的喜好不同，我们确定了在进行情绪稳定训练时的每一个研究对象的强化物：包包的强化物为图书；小小的强化物为食品；小雨的强化物为特定食物（薯片、薯条）。

3. 训练形式及方法

（1）初期的情感积累，是在选择适合儿童的音乐背景的同时，初步进行情绪辅导。我们运用音乐背景治疗作为发展中度智力孤独症儿童言语的心理基础，对学生进行"有趣的训练"。

音乐提供的活动动机容易带来成功感。中度智力孤独症儿童有可能被欢快的节拍吸引——倘若他们爱上音乐，练习时便更加起劲，言语改善的进度亦会有所突破。特别是中度智力孤独症儿童在背景音乐提供的安全学习环境下，较容易自然地表达自我。

（2）中期进行音乐游戏训练，针对所选择的背景音乐创设情境，增加与人沟通的需要，让学生初步感受训练中的成功体验。

所谓音乐游戏训练法是基于心因论的一种心理治疗方式。对于学生无法完全明确地使用语言表达及理解他人语言的情况下，训练者用儿童能够以身体机能表达心里面的游戏取代语言，并学习人际交流技巧，培养学生的社会适应能力。

音乐游戏训练法是一种在自然欢快的情绪氛围内进行的，是每个孤独症儿童都喜欢的一种在玩中学习知识的方法。当儿童在玩游戏的时候，放一些轻柔的音乐做背景，能在潜移默化之中让儿童更专注，也能在不知不觉间培养其节奏感。所以，通过游戏法训练孤独症儿童的主动言语能力是尤为重要的。

在这一阶段，我们集中解决学生的构音型言语障碍，进行音乐背景下的各种常规性训练，例如呼吸训练和构音器官的运动训练。

孤独症儿童说话时音量小，或说话断断续续，这说明他们的肺活量小，很难应付说话，或者是在说话时不会用气。在这种情况下，我们对学生进行呼吸训练：拿一张白纸，放在他们嘴前，让他们用力吹，把纸吹起来；还可以让他们吹塑料袋、吹风车、吹泡泡或者吹他们喜欢的东西。

构音器官的运动训练：学习小动物叫，在娱乐中使构音器官得到活动。例如我们运用有节奏的音乐儿歌"小猫喵喵喵，小狗汪汪汪，小鸡叽叽叽，小鸭嘎嘎嘎，小羊咩咩咩，小牛哞哞哞，青蛙呱呱呱，小猪噜噜噜"对学生进行训练。学生从开始的只听不说，到听到儿歌有表情，再到在教师的提示下可以接教师的儿歌最后几个字"叽叽叽……噜噜噜"。

（3）末期用完全自然的课中音乐背景游戏引导特殊儿童进行有步骤的结构化思维，达到培养积极情绪引发孤独症儿童主动语言的目的。

在这一过程中，我们大量地使用了辨音游戏。我们先让学生听出目标音：在游戏或许多教具、教材的设计中，让学生先能在脑海中对目标音有印象，在一再的重复中，训练学生能从一连串的发音中，听出我们所设的目标音。第一步，用录音机把正确的带有目标音的词录下来，让学生分辨目标音在词头、词中、词尾。第二步，进行游戏。反复、正确地发带有目标音的词，给予学生正强化。取三张卡片，分别为红、绿、黄三种颜色，让学生分辨目标音在词中的位置。若目标音在词头，就举起红色卡片；目标音在词中，就举起绿色卡片；目标音在词尾，就举起黄色卡片。用此方法来激发学生的兴趣，其目的是认识正确音：将音的性质明确简单地指出，让学生增加印象，并且熟悉它，必要时可以用扩音设备增大教师的声音以加强印象。

在进行辨音游戏的同时，我们把音乐情境游戏也加入到整个课堂中来，以加强孤独症儿童主动与他人沟通的愿望。例如，在音乐课中结合学生喜欢的汽车声音制作成动画片，通过听不同汽车的声音和辨别不同汽车的形状来引发孤独症学生的注意力。为了能让孤独症的学生和其他同学有接触，课堂中的音乐小游戏给他们创造了合适的天地。我们首先用磁带录下各种类型的音乐，并持续不断地播放；然后打开音乐，让孤独症的学生和其他学生一起随着音乐起舞，鼓励孤独症的学生和大家一起跳；最后让学生跟着音乐变换舞步，由于孤独症的学生对音乐有着独特的喜好，他们可以随着音乐的变化和其他同学一起跳出新的舞步来。这个游戏同样适合在家庭里玩。通过形式、节奏各不相同的音乐，不但能培养学生的聆听习惯、节奏感和乐感，更能让学生感受到音乐带给人的欢乐，调整了孤独症学生的紧张情绪。

三、结论

经过两年的训练与研究，孤独症学生在情绪稳定、与人沟通的愿望方面都有了一定程度的转变，这主要表现在以下三个方面：（1）情绪行为问题明显减少，上课安静听讲的时间逐步增加；（2）沟通的频率有了一定的提高，个别学生已经可以根据自己的需求主动向家长或教师提出对食物的要求；（3）能体验到从提出要求、自己完成某项事务、得到表扬这样一个完整的成功过程。下面我们分别从集体训练后的整体效果和其中三位孤独症儿童的个别化训练效果来列表表述（见表 2、表 3 和表 4）。

表 2　中度智力孤独症儿童小小的训练效果（有语言）

时间及发展水平 训练项目	2005 年 2 月 （训练半年以后）	2006 年 5 月 （训练两年以后）
课堂中下座位次数	日平均 1~5 次	周平均 1 ~2 次
课前向教师问好	在同学手势辅助下自己说出	和同学们一起说出，但声音很小
听音乐背儿歌	无旋律可以背诵，教师提示每句第一个字	有旋律可以背诵，教师提示全诗第一个字
发脾气时的无意义言语	周平均 5 分钟左右	月平均 5 ~8 分钟
使用完整语言表达要求	自主表达多次，不制止就不停止	每天都有对食物需求的表达，知道放学时让妈妈买自己喜欢的食品

表 3　中度智力孤独症儿童小雨的训练效果（有语言）

时间及发展水平 训练项目	2005 年 2 月 （训练半年以后）	2006 年 5 月 （训练 2 年以后）
课堂中下座位次数	日平均 5 ~10 次	周平均 1 ~2 次
课前向教师问好	在教师提示下自己说出	和同学们一起说出，但声音较小

续表

训练项目 时间及发展水平	2005 年 2 月（训练半年以后）	2006 年 5 月（训练 2 年以后）
听音乐背儿歌	沉浸在自己的世界里，没有反应。做刻板动作	有旋律可以背诵，教师提示诗名
发脾气时的无意义言语	周平均 10 分钟左右	月平均 3～5 分钟
使用完整语言表达要求	自主表达多次，不制止就不停止	每天都有需求表达，知道放学时让教师告诉妈妈自己一天的表现

表 4　重度孤独症学生包包的沟通频率统计表（单位:次）

时间 训练前后比较	孤独症学生沟通频率统计表（周平均）（次）	
	训练前	训练后
早上到校	1～4	5～10
上课	0	4
课间活动	1	3
在校午饭及午休	1～5	5～8
上厕所	0	8～10
放学	5	5～10

　　综上所述，我们通过实践观察和数据积累，以及其他教师从不同角度的印证发现，在教学中运用音乐背景游戏训练能提高孤独症儿童的主动言语表达频率。

　　注:本文系"学习与思维"课题第六次征文获奖论文。该文以音乐为背景，运用音乐形象刺激、唤醒和积累孤独症儿童的积极情绪，通过游戏训练，提高孤独症儿童的语言表达频率。这是形象思维教学法的创新。

　　　　　　　　　　　（北京市东城区特殊教育学校　徐敦萍）

高中研究性学习课程开发策略

一、总策略

为准确理解国家课改精神，求真务实，师生双线推进，积极开辟科技创新活动的新途径，我校切实作好研学课程设置的准备工作：忠实于国家、市、区级的一系列文件精神，深入理解"研究性学习"的精髓；最广泛地动员教师投入到研学课程的实施中去；并通过研学课程，让每个学生在研学的每个阶段有所得，摸索出适合我校情况的研学课程实施办法。

二、教师工作策略

面对新课改，我们认真分析学校优势，充分开辟创造性教育的新途径。创造性教育首要的是创设有利于创造性教育的学校环境，主要包括校长的指导思想、学校管理等多种要素。学校是否有民主气氛，是能否进行创造性教育的关键。

我校开展创造性教育的优越条件，主要体现在以下几方面。

（1）我校有教育教学改革创新的光荣传统。20世纪60年代，我校进行了"十年一贯"学制和数学程序教学法实验；20世纪80年代，建立了新教学系统，试行我校《学生素质大纲》，提出"着眼于未来，着力于素质"的办学指导思想。

（2）我校有丰富的素质教育经验。这些经验包括建立新教学系统的经验和德育网络的经验，评选特优生、希望之星的经验，开展体育、科技和艺术节的经验，中学超常教育实验以及中学生学习指导和心理健康教育的经验。

（3）我校有鲜明的素质教育目标。1986年4月，我校《学生素质大纲（试行草案）》提出了先进的办学理念："考虑到跨世纪中国和世界的需要，考虑到新一代的民族素质——应该是中西文化兼收并

脑科学·思维·教育 丛书

蓄的，考虑到人才培养的多维性和整体性，考虑到中学的任务和我校的实际可能，特制定本大纲，作为具有我校特殊性的培养目标。"

（4）我校有科学的全面育人策略。20世纪80年代，我校提出"从细心体察发现特长入手，到提供条件发展特长，再到严格要求以长补短，最后达到全面发展、初露才华"的育人策略，特别注重学生自身发展规律的研究和挖掘学生的发展潜能，特别重视学生情况的调查研究、学生的学习指导、学生的心理健康教育，重视因材施教，诸如中学超常教育和高中理科实验班的实验，重视德育网络的建设，重视营造学生全面发展的时间和空间等育人环境。

（5）我校对教师的专业发展有着明确的要求。每个教育者的眼光要能看到教育发展的最前沿；每个教育者的脚步要能踏在学校实际的土地上。这样才可能做到远见卓识和脚踏实地的完美结合，才有可能真正创造"勤奋、进取、和谐、致美"的最高工作意境。

（6）校领导十分重视新课程计划在校内的实施。2002年，龚正行校长《着眼于未来，着力于素质》的工作报告，向全校提出要努力推进课程改革，研究性学习要在体现"课题内容的实践性、知识运用的综合性、学生参与的主动性"等明显特征方面下工夫，使学生获得长足的发展。

（7）研究性学习的组织结构合理。学校成立了相关的指挥系统，教学处和科研室共同负责这一课程的开发、实施和管理，并将其立项为西城区"十五"重点课题——"新课程计划下学生探究精神和能力培养的方法研究"。这样做很有必要：一方面，中学的科研任务就是要充分利用学校各方面的资源，解决教育教学中遇到的各种新问题，因此教学研究应该成为学校日常的一项实实在在的工作，这就解决了科研"就理论理"的空泛性；另一方面，学校每日进行着的教育活动本身就是教育科研实施过程的基础环节，这样就避免了单纯地"就课论课"的局限性。将研究性学习课程统一在教学管理部门和科研室的联合开发管理之下，更具有"研究"的味道。教师们在学习、领会、实践研究性学习的过程中，写出了不少具有理论探讨意义的文章。这样，不仅强调常规的"管"，还意味着寻求科学的"理"，更有利于随时发现、总结研究性学习课程规律性的东西。我校的校园氛围十分有利于开展对新课程教学的探索。

要想做好学生创造性思维的培养工作，学校的组织工作必须充分体现新课程"学生参与的主动性"的突出特点。2002 年底，我们组织教师编制研学题目集，由教师自己设计、提出的建议课题达近百个。动员之后，学生一改原来没什么问题可问的局面，一下子提出了 899 个问题。由于无法开展这么多课题的研究，省事的办法是组织几位教师划定研究题目进行研究，但这却违反了"让每个学生在研究性学习的每个阶段都要有所得"的教学目标，而且应该让学生明白什么问题才适合研究。于是，我们又将这些问题印发给每一位师生，同时我们写了这样一段话：

请你根据下列四条原则对同学提出的这些课题作出自己的评判，并将答案填到机读卡上，且可单选、可多选、可空选。

A. 题目大小适中，研究内容明确；

B. 题目在现有研究条件下可以操作；

C. 研究的角度新颖；

D. 提出的问题需要进行研究：①不是一查书就可以找到的；②没有必要研究的；③有争议的、未定论和能提出假设的。

经过大家的评判，选中了其中认可度高的题目。为了遵循学生的自主性学习原则，还允许他们试上两次课后再作些微调。

(8)提升教师对新课程的认识，建设一支积极探索教学改革的队伍。应该说，我校大部分教师在工作中比较讲究方法，注意民主式的教育和管理。但是，面对新课程计划，他们的认识如何呢？工作积极性有多高呢？怎样理解研学课程的呢？"能否培养和造就创造性人才的另一个关键，就是要有创造型的教师。"（林崇德语）学校对此进行了教师普查，其中明确表示承担研学课程的只有 4 人。为此，我们参加了市区教育部门各级各类的新课程培训，同时在校内组织全体高中教师进行研究性学习的准备工作。

三、学生教育策略

（1）引导学生建立新型的课程学习观念，是唤起学生创造性学习要求的第一步。在旧的教育观念影响下，学生习惯于接受性学习。因此，研学第一课的教学目标，就是要使学生明确这门必修课的课程性质；进行科学方法培训，是要学生了解这门课程特殊的学习方法，懂得学会一种独立的学习方法要比获得知识更为重要。告诉学生国家最终要对你的创造性思维进行验收——分析高考有关试题，来刺激学生创造意识的觉悟和独立思考、自由表达、自我选择的自觉性。

（2）让每个学生在研学的每个阶段有所得，是我校追求的课程首要目标。研学的最大效益就是培养学生的创造性思维意识，使学生形成问题意识、独立思考能力、实事求是的科学态度以及健全发展的个性。为了达到这一目标，学生需要在学习过程中不断领会"研究"的内涵。

注：本文节录自"创新教育丛书"《研究性学习——北京八中研究性学习案例》一书，该书由北京科学技术出版社 2006 年 5 月出版。

（北京市第八中学　马一平）

小学语文阅读教学过程模式的创新

　　小学语文阅读教学改革的关键是抓住"思维"，即以发展形象思维为突破口，将形象思维和抽象思维相结合。

　　小学语文的教学内容主要是记叙类文章，通常采用的教学模式是：感知—理解（想象、感受，分析、概括）—练习、巩固。

　　依据形象思维的理论和文艺理论，记叙文的写作和阅读主要是以形象思维为主的形象思维与抽象思维相结合的思维过程。因此，小学语文记叙文的教学过程应该是在感知的基础上，先根据文章的叙述内容进行再造想象，接着结合形象对文章进行分析与归纳，而后进行练习与巩固。因此，阅读教学的理解过程包括再造想象和分析归纳两部分思维活动，二者是有机结合的。就是说，理解过程是形象思维（主要是再造想象）和抽象思维（主要是分析归纳）相结合的过程。这个过程是形象性的、具体的、绘声绘色的，是有情有景、情景交融的。这是阅读教学中最具有特色的部分。

作者（作家）写作，一般先有主题思想（抽象思维），接着进行构思（主要为形象思维），通过创造一定的人物、情节、情景来表现主题，然后通过遣词造句、篇章结构把构思的结果表达出来。因此，学生阅读文章时，一要理解作者的思维，二要学习作者怎样表达其思维结果。前者是通过再造想象去理解、掌握作者的思维——所谓再造想象，就是学生通过阅读文章，唤起自己已有的经验（表象）和感受，根据文章的描写，重新组建这些表象，再现作者构思时的种种人物、情节、情景的画面。这个画面越清晰，读者的领悟就越深入。学生在头脑中有了种种形象之后，学习作者怎样运用语言文字和写作方法，把这些生动形象、鲜明准确地表达出来。这二者是源与流的关系，因此需要首先让学生去理解作者的构思。

基于这个认识，我们语文教学的改革实验是：以形象思维为突破口，把两种思维（形象思维和抽象思维）结合起来，全面提高语文教学质量。因为再造想象是一个被忽视的环节，因此我们把重点放在阅读教学过程中再造想象的培养上，并且把阅读分析与再造想象结合起来，使语文（阅读）教学过程形成一个完整的具有学科特色的教学过程。

关于培养再造想象能力，我们的经验是：

在备课时，针对每篇课文的内容，先要弄清学生的知识、经验基础，了解文章所写的内容，学生是否有类似的经验。这其中有几种情况：第一种是学生有过类似的经验，并且比较熟悉；第二种是学生虽然有过类似的经验，但观察不仔细，表象是模糊的；第三种是学生未曾有过类似的经验，文章内容是陌生的。针对不同的情况，教学中培养再造想象的方法也不同。

对第一种情况，学生对课文内容比较熟悉，一般采用教师带感情地示范朗读，再配以适合课文内容的音乐。这种富有感情的朗读，不仅能唤起学生有关的经验回忆，也唤醒学生一定的情感体验。学生随着文章的朗读，头脑中展开再造想象，再结合形象进行分析、讲解，文章变得容易理解了。

对第二、第三种情况，对于课文的内容，学生头脑中的表象是模糊的或陌生的，这就需要使学生尽可能地获得与课文内容有关的经验，丰富他们头脑中的表象。这样学生在阅读时，才能根据文章的描写，以这些表象为材料，展开生动的再造想象。我们的做法是：

(1)课前组织学生有目的地观察；

(2)设置教学情境；

(3)运用多媒体手段组织教学；

(4)启发、指导学生演示、表演；

(5)采用分角色朗读的方法。

语文阅读课新模式如图1所示。

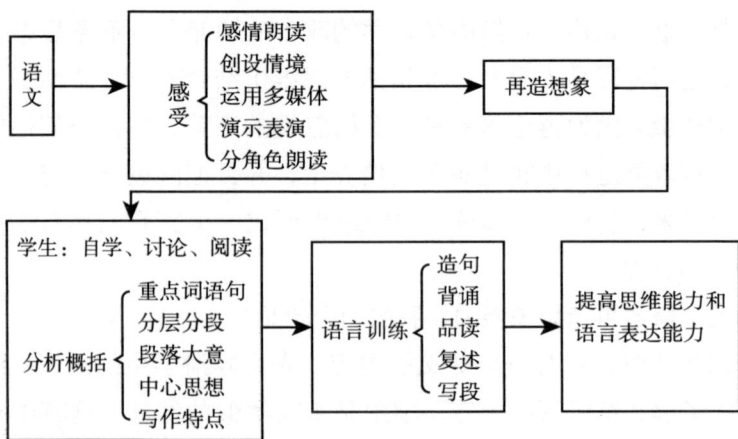

语文阅读课新模式

图1

注:本文节录自"创新教育丛书"《小学语文教学新路》一书,该书由北京科学技术出版社 2002 年 1 月出版。

(北京育才学校小学部　王俊英)

(北京小学走读部　桑海燕)

脑科学·思维·教育丛书

平面几何教学过程模式的创新

平面几何的研究对象是平面图形，它研究平面图形的确认和运用。而在现代教学中，图形只是成了建立概念、进行推理的敲门砖，这种纯逻辑性教学加大了学生掌握平面几何学习内容的难度，使学生丧失了学习的兴趣。

平面图形可分成概念图形和定理图形。不论是哪种图形，都是一种结构。在这个结构中，有组成的元素、元素之间构成的位置关系和数量关系，而每一种图形结构就是一个整体，它反映了某一概念或定理。因此，在平面几何中研究的第一个问题是不同图形结构的建立和确认，第二个问题是解题思路的建立。其中对图形结构分解组合的转化，是以形象思维为基础的。逻辑论证也是以图形结构的转化为推理过程的线索和载体。这就是平面几何教学改革的理论核心和出发点。现对此概述如下。

一、几何图形结构的建立与训练

(一)几何概念图形的建立与训练

（1）建立概念图形的准确图形形象。平面几何中的概念都具有其特定的图形结构，当组成这个图形中的元素位置发生变化，运动到某一特殊位置时，才能产生这个概念。

（2）分清概念图形的本质属性和非本质属性。本质属性是区别概念的关键。抓住了概念的本质属性，就能较好地理解概念。

（3）要在比较中，加强对概念图形本质属性的认识。在建立概念以及图形结构后，要与其相邻的概念图形或相反的概念图形进行比较。实质上，就是要把建立的概念与已学概念在相互联系中进行比较，进行识别。这才能使学生对概念及其图形结构有较全面、较深刻的理解。

在平面几何的学习中，每一个概念的落实都需要这样的比较。

学生只有在多次的正、反两方面的比较中，才能逐步形成正确的认识。

我们还要把概念图形有目的地放到复杂图形中让学生辨认。如在右图中，让学生找出其中的垂直角和对顶角。

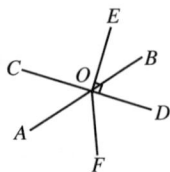

(二)在定理教学之后，按图形结构进行整理练习

如让学生比较特殊平行四边形中对角线的变化。又如，在圆与角的相互关系中，以圆周角为核心，把圆心角、弦切角、圆内接四边形的外角与弧的关系进行整理，如下图所示。

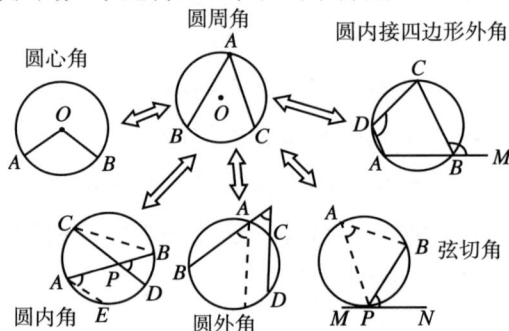

这种整理和小结，能对头脑中存储的形象进行分类，有利于对知识的记忆和应用。

二、构建解题教学过程的新模式

解题教学的关键在于教会学生如何根据题目中的已知条件及学过的公理、定义、定理来寻找解题思路，从形象思维出发，建立一个两种思维相结合的解题教学过程的新思路、新模式。

（1）在学生脑中建立概念和定理图形清晰、准确的形象。

（2）研究图形形象的运动。在欧氏几何中要经常通过三角形全等来证明有关元素相等。我们在定义了两个三角形全等的概念以后，用两个透明的全等三角形，让学生在桌面摆放，进行运动，可以出现平移、翻折、旋转等运动形式，构成不同的位置；然后，让学生摆出不同位置的全等三角形，并在纸上画出不同位置的图形，

脑科学·思维·教育丛书

再让学生辨认所画图中的全等三角形。由于学生自己动手参与了全等三角形的摆位、画图、认图等实践，他们很快能在所画的图中找出所要求的全等三角形。然后，我们再把全班学生所画的不同图形加以整理分类，分别概括出平移、翻折、旋转等运动在图中反映出来的特性，帮助学生获得进一步的识图能力。

（3）研究图形形象变化中的主要位置关系。以相似三角形为例，三角形在运动中的形状不变，位置关系有了变化，其大小也有了变化，也即在相似三角形中存在着相似变换。我们分析了许多有关题目后，认为必须在学生头脑中建立起下列图形的位置形象，使学生在识别复杂图形时，能以形象思维功能识别复杂图形中的这些相似三角形。

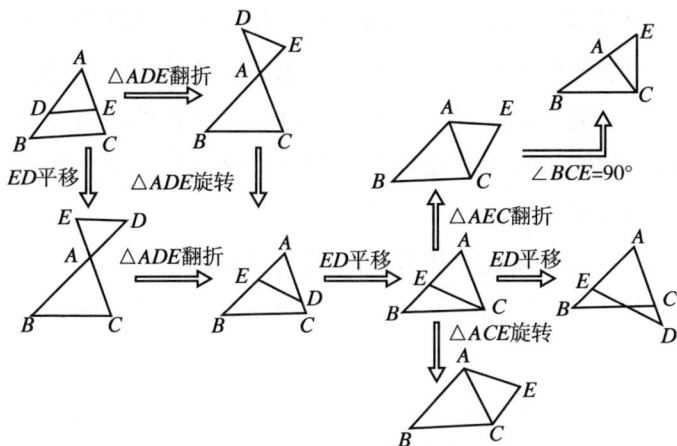

（4）要教会学生分解、组合图形。所谓分解、组合图形，就是会在复杂图形中找出已知条件中的概念图形和定理图形，并把它们标在图上；能找出结论所在的图形；然后，能从复杂图形中，找出已知条件没有涉及的概念图形结构以及定理的图形结构，并对这些分解出来的图形由已知到未知进行排序；同时要能从运动、变化的角度观察图形，找出其中可能全等或相似的三角形。这样就给解题思路建立了形象基础，为用形象思维来建立思路提供了有利的条件。

总之，发挥形象思维功能，充分运用识图，在解题过程中把形象思维和逻辑思维结合起来，形成直觉—论证—再直觉—再论证……直至问题解决的解题思路。

注：本文节录自《开发右脑——发展形象思维的理论和实践》一书，该书由浙江教育出版社1997年12月出版。

（北京市崇文区教研中心　高敬东）

体育教学（技能）过程模式的创新

模式就是某种事物的标准形式，是可以使人们照做的标准样式。体育教学模式是根据一定的教学思想、教学对象的特点和教学过程中学习者的认知规律以及教学条件，而设计的具有相对稳定的教学过程、结构和教学方法体系的教学程序。它主要体现在单元教学的设计和实施上。

运动技能教学模式是体育教学模式的重要组成部分，是专门研究、设计用以实施运动技能教学为目的的教学模式。它是以运动技能的形成规律和认知规律为主要依据设计的教学程序和过程。

运动技能的教学模式以促进学生掌握运动技能的有效方式为手段；以体育教学规定的技能评定项目为主要学习内容；以运动技能形成规律和学生学习运动技能形成规律为依据；以学生学习运动技能和知识、提高运动技能为主要目标的教学程序。

一、传统体育技能教学模式的不足

传统的技能教学模式可以概括为：讲解——示范——练习——复习改进——考核。其不足之处概括如下。

（一）不符合学生技能学习的认知规律

传统的技能教学模式如果用于复习课是可行的，因为学生对体

脑科学·思维·教育丛书

育教师所授内容有了一定的了解，对动作的运动形象有了一定的认知，所以把讲解放在第一位是可行的。学生可以通过教师的讲解进一步了解动作的特征、作用、要领、方法及注意事项等，这对练习有一定的指导意义。

把传统模式用于新授课，其不足之处则凸显出来。这是因为学生只通过教师讲动作名称、要领，是不能理解动作的形象的，而没有感知是谈不到理解的。我们在教学中经常遇到这样的情况：凡是新授课学生都要求教师先做示范动作，然后讲解，因为这样才符合认知规律。

(二)忽视思维对技能形成的作用

体育技能教学表现为以身体活动为主要学习和练习方式外，多种感知觉共同参与、以动作记忆和动作表达为主是其主要特征，如果没有思维活动的参与是不可想象的。可见，体育技能的学习与练习的实质是思维活动，是以思维活动为主导的学习与练习。

运动技术与技能是脑对动作特点、动作形象的身体表达，是脑对动作的支配，是脑中动作形象的外现。技能的形成是脑对动作的思维与身体表达的逐步协调统一的结果。因此，记忆、思考（想）应在教学模式中有一定的地位。

二、学生对体育技能学习的认知规律

为了进一步了解学生的认知规律，我们还向学生征询了他们对技能学习的一些想法。

(一)先"看"后"听"

学生在学一个新的体育动作时，最想知道的是这个动作是什么样子，也就是说最想"看"到这个动作的具体形象，然后再"听"对动作要领等知识方面的讲解。即先感性，后理性。

(二)"练"中能再"看"

"练"中能再"看"，是指学生在练习的过程中再次或多次"看"到教师的动作示范——要知道学生对看动作示范的要求是非常强烈的。

（三）想看到自己的动作

想看自己的动作是每个学习体育动作的学生最普遍、最强烈的愿望。只有看到了自己的动作，才能知道自己哪儿做得不好，哪儿需要改进，使下一步的练习更有针对性。

我们根据学生的意见和他们对学习体育技能的认知规律、运动技能形成的过程与形象思维的规律，结合传统技能教学模式的合理部分，对技能教学模式进行了改革。

三、改革后的教学模式

改革后的教学模式概括起来是：

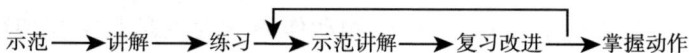

示范 —→ 讲解 —→ 练习 —→ 示范讲解 —→ 复习改进 —→ 掌握动作

此模式具有以下特点。

（一）符合学生的认知过程和规律

既然学生想的是先看到动作的形象，那么，我们在教学过程中就应先把动作示范做出来，把动作信息传达出去，让学生先了解动作的形象。然后，我们再对动作要领进行讲解，通过语言把动作要点提示出来，加深学生对动作的初步认识。学生经过练习对动作有了初步的理解和感知，但动作不完美、不熟练。此时，我们可以进一步示范讲解，强化学生的记忆和理解，并让学生在此基础上经过反复练习和改进，最终掌握动作。

（二）符合形象思维与运动技能的形成规律

学生通过观察教师的示范动作获得视觉表象是学习的开始，也是思维活动的开启。他们通过练习逐步掌握动作，形成运动表象，并通过自身的动作表达出来。这是学习体育技能中形象思维的全过程，同时也是运动技能形成的规律——运动技能的形成规律就是由视觉表象的建立，通过人体的实践产生运动感觉，形成运动表象。

（三）增加了对学生的反馈方法

反馈的形式主要有两种，一种是自身反馈，这是一种由练习者所做技术动作本身提供的信息，称为内在性的反馈。另一种是由外界加入的信息——人工性动作反馈，如语言的提示，它是教学中常用的反馈方法。

用语言把学生的动作反馈给学生，学生因为没有看到自己的动作，总觉得不够具体甚至难以理解。于是我们通过电教手段，把学生的动作摄录下来，并放给学生看。这样学生对自己的动作一目了然，既生动具体，又有针对性，对进一步改进动作非常有效。

（四）增加回忆技术动作的心理训练

在体育技能教学中，教师以往很注重动作的质量，因此往往采用加大练习次数的做法，以为练多了就能掌握动作的技能。我们不否认重复练习的重要性，但这种做法具有一定的片面性。学生在练习技术动作时，经常出一些或大或小的毛病，其原因并不在于练习次数的多少，而在于脑中缺乏正确动作表象和对动作要领的正确理解。因此，我们必须重视脑中动作表象的记忆与回忆，并通过回忆加深对动作表象和动作要领的记忆和理解，以便自觉地用脑中的正确动作表象支配和控制人体去完成技术动作。这正是回忆技术动作的必要性和重要性。

动作表象的回忆是在暂时脱离实际动作练习的情况下进行的。要创造一个安静的环境，并控制学生的视觉活动，可以让学生闭目静立或静坐，停止谈话，保持一个清静良好的心理环境。回忆动作的心理训练是要调动学生的内视和内感受，以表象的形式调整或强化运动动作。就其性质来说，是体育运动技术学习活动中的脑力活动部分，主要是形象思维。它的主要作用是强化、校正脑中动作表象和动作要领。它既不能代替、也不应该完全脱离实际运动技术练习，而应与技术动作练习紧密结合起来，这样才能起到应有的作用。

四、体育教学流程图

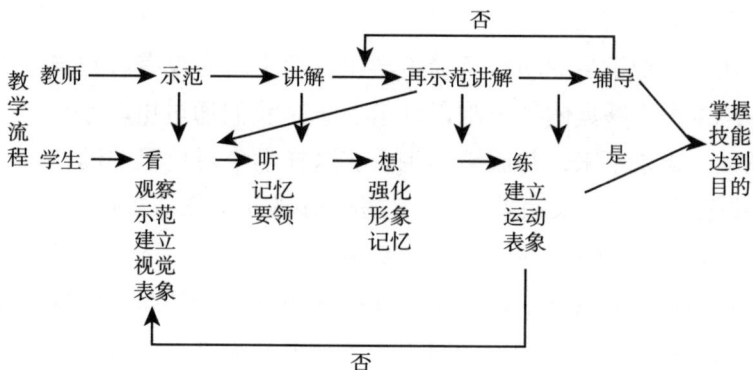

教
学
流
程

教师 → 示范 → 讲解 → 再示范讲解 → 辅导 （否）

学生 → 看 观察示范建立视觉表象 → 听 记忆要领 → 想 强化形象记忆 → 练 建立运动表象

掌握技能达到目的 （是）

否

　　教师的再示范讲解到辅导的过程需多次重复。学生的看、想、练的过程也是多次重复循环的过程。

　　注:本文节录自"创新教育丛书"《思维·技能与体育教学》一书,该书由北京科学技术出版社 2004 年 1 月出版。

（北京市第五十五中学　张伯琥）
（北京市第五中学　魏尚洁）

课外活动与创新能力的培养

　　现在的教学体制,虽有很多优点,但也存在着显著的缺点。如它以传授已有的知识和训练技能为教学的主要任务;以教师的课堂讲授为主要途径;教学内容、教学进度以及教学方式强调同一性,因而这种教学体制培养出来的青少年缺乏个性特点;依赖性强,缺乏自主能力,以继承为主,缺乏创造精神。根据系统的结构与功能的观点,建立"以课堂教学为基础,开展课外活动,课内与课外相结合"的教学体制,是对传统教学体制的改革和优化,是适应社会发展对教育的要求。

一、创新能力的形成

能力作为个性的个别心理特征，不是天生的。人只有在社会生活和实践中才能发展和表露其个性的心理特征。当然不能完全否认能力的天赋素质，不能否认大脑结构差异特点的先天性，但这只是一种可能性。而能力的形成和发展，需要靠后天的教育和实践。例如某些人具有异常敏锐的视觉能力，它能否得到发展，是由后天决定的。像苏绣熟练女工能识别 50 种红色，而一般人只能识别 20 种；熟练的研磨工人能识别 1/2 000 毫米的微粒，而普通工人只能识别 1/200 毫米的微粒。能力只有在活动中才能显露出来，能力离开了人的具体活动是难以判断的。要发展学生的能力，教师和学校就应创设丰富多彩的活动。活动愈是多样化，活动内容愈丰富，能力发展的可能性就愈大。因此，教育要培养学生的创造能力，不仅要改革课堂教学方法，发扬学生的主体意识和探索精神，而且要在课内、课外组织多种多样的活动，并在活动中充分发挥学生的主体作用。

二、课外活动是培养创新能力的好形式

能力的形成和掌握，与知识、技能是不同的。传统教育理论认为，在学生获得知识的过程中，能力就自然形成了，而这种观点是不正确的。传统的课堂教学对于培养学生的创造力是有局限性的。传统的以传授知识为目的的教学过程和方式，以掌握知识和技能为目的的练习体系，并不是培养创新能力的好形式。作为教学的组成部分的课外活动为学生能力的培养提供了一种好形式。课外活动有利于能力的培养，是由于它因材施教，能够适应不同学生的要求，促进学生兴趣的广泛发展并形成稳定的兴趣。课外活动有利于能力培养已不断地被教育实践所证实。

1. 课外活动促进兴趣的广泛发展，并形成稳定的兴趣

兴趣是自觉从事某种活动的起点，人对某种活动有兴趣就会感

到称心和愉悦，就会有愉快的情感伴随着。人对感兴趣的事总是全神贯注，甚至完全沉醉于吸引他的事物之中。创造型学生都有自己的兴趣爱好。实践证明，学生对学习的科目或从事的活动感兴趣，不仅可以激发起学习积极性，提高学习质量，而且还能发展相应的能力。心理学研究指出：儿童对某种活动的稳定的兴趣表明其正在某些方面出现萌芽状态的能力。因为当一个人的兴趣和爱好发展到较高水平时，兴趣和爱好就像催化剂，成为促进他探索事物发展的原因，探索事物的内在规律。课外活动自身的特点——如丰富多彩的内容、多种多样的形式，又为学生提供了一个自由的、生动活泼的学习探究知识的环境。虽然每个学生的个性有差异，学习能力有高低，但每个学生都有自己感兴趣的事物，都有他最适宜从事某种活动的能力。课外活动就是要促进学生兴趣的发展，并在活动中促进兴趣的深入发展，形成稳定的兴趣。这样，学生就会对事物充满热情，专心致志地进行探讨，创造性地从事活动，也就在活动中提高了相应的能力。

2. 课外活动有利于对学生因材施教，培养能力

青少年的身心发展既有共同的特征，又有各自的特点。他们的身体素质、发育情况、认识能力、意识倾向、兴趣爱好以及潜在才能各不相同。这些个性差异既受环境、教育的影响，又与生理素质有关。素质是能力形成和发展的必要条件，即使在某方面素质较差的人，经过努力也可以获得某方面的能力。如何让每个青少年潜在才能的萌芽成长起来？ 显然班级授课制有其局限性。几十个人在一个班级，按同一个要求就很难做到因材施教，学生的天赋、兴趣、特长在课堂内往往不大可能充分展露。而学生的个性差异在课外活动中却可以充分表现出来。课外活动可以创造一个宽松的、生动活泼的、利于学生个性特长得到发展的环境。因此有不少学校在搞好课堂教学的同时，开展了丰富多彩、形式多样的课外活动。例如经常组织各种讲座和竞赛活动，举办科技节、文化节、体育节等，学生们还可以自愿选择小组参加活动。这些活动为学生提供了施展才

能的机会，且在活动中学生的能力得到了提高。因此，课外活动是因材施教培养学生能力的好形式。

3. 课外活动有利于开展探索性、创造性的活动，培养学生的创造力

能力如何培养？ 苏联心理学家维果茨基提出了"最近发展区"的理论。这一理论对能力的发展有指导意义。苏联教育家赞可夫"教学与发展"的实验，即运用维果茨基的理论。只有走在前面的教学才是好的教学，这样的教学好就好在把学生"最近发展区"的正在成熟阶段的一系列机能激发和调动起来了。实验主要发展学生的三种能力，即观察能力、思维能力和实验操作能力。他的实验教学体系的原则是"以高难度进行教学的原则"，其含义就是要使学生通过思考、推理，独立地探求问题的答案。美国心理学家布鲁纳认为，要培养有发明创造能力的人才，不仅要让学生学习学科的基本结构，还要使学生产生兴趣、自信心，从而提高学生的内部动机，培养学生提出问题、解决问题的能力和端正其创造发明的态度。因此培养能力的活动，应该使活动目的始终都要略超过他个人现有的智力水平，而且活动尽可能是探索性、创造性的。创造能力与创造活动是紧密联系的。创造性活动是各种心理活动在高水平的集合。这种活动的特点是创新而不是重复，不是墨守成规。在当今时代，创造性才能不仅与个人的前途及事业的兴衰紧密相关，也与整个社会经济的繁荣发展和中华民族素质的提高息息相关。因而，培养具有创造能力的开拓性人才是当前教育的重要目标之一。

为什么说课外活动有利于开展探索性、创造性的活动，也就是有利于能力的培养呢？ 有两方面的原因：

第一，从活动内容来说，课外活动不受国家规定的教学大纲、教材的限制，活动要达到的目的可以略超过学生个人的能力——如果超过他已达到的水平，可以逐步给他日益复杂的、多样性的、灵活的和有创造性的课题。这里的创造性并不是科学发明，而是表现在突破学生现有水平，能大胆地提出新问题、新见解，解决新现象、新问题。

第二，从活动方式来说，课外活动不同于课堂知识传授的教学方式，而是采用了在活动中学习的模式，即活动型或研究型。活动过程一般为：设置问题情境—提出并确定问题—研究探讨解决问题的方案—实施解决问题的方案—总结、评价问题的结果。课外活动中，学生在辅导教师的指导下，自己提出研究（制作）的问题，自己寻找和学习有关的资料，制订解决问题的方案，然后动脑、动手进行研究讨论、实验、制作，最后归纳总结，获得成果。可见，课外活动是发现式（探索式）的学习形式。

三、开展课外活动要处理好的三个关系

（一）处理好课堂教学与课外活动的关系

既要改革课堂教学，又要积极开展课外活动。课堂教学与课外活动应互相促进、相辅相成。学校教学工作不仅要改进课堂教学，而且要重视课外活动，把积极开展课外活动纳入学校教学计划。要统一思想认识，克服干部、教师、家长把学生参加课外活动看成是额外负担、影响学习的错误认识。学校安排教师工作时，不仅要注意课堂教学力量的调整，而且要考虑课外活动的需要，选拔一些热心、负责并有特长的教师担任课外活动的辅导员。

（二）处理好主导与主体的关系

课外活动的特点是以学生的活动为中心。学生根据自己的兴趣爱好自愿参加活动组织。学生是活动的主人，在活动中应尽可能发挥学生"自主、自治、自理"的作用。教师应是活动的倡导者、支持者，不要对学生总是不放心、不放手。同时，还应该发挥辅导员的指导作用，以提高学生参加课外活动的效果。

（三）处理好学校与社会的关系

学校开展课外活动必须争取社会各方面的支持。首先学校要有专人负责，将课外活动纳入学校计划，并使活动做到五落实（即活动人员、活动内容、活动时间、活动地点、活动经费），保证活动的顺利进行。同时要积极争取社会力量的支持，充分利用社会的科技

馆、博物馆、文化馆来开展活动，以及聘请社会各方面的人才担任辅导员。

总之，开展课外活动是迎接新技术革命挑战和贯彻教育要"三个面向"的积极措施，也是对学生培养创造性才能的好形式。因此，只有充分认识课外活动对创新能力培养的作用，学校才能自觉地把开展课外活动作为课程改革的重要组成部分。

注：本文节录自"创新教育丛书"《走进现代教育——"发展形象思维的理论研究与教学实验"课题研究十五年》一书，该书由北京科学技术出版社 2006 年 1 月出版。

（北京市文汇中学　王力今）

幼儿美术教学典型课例

《幼儿美术与创造性思维发展》是本人所著的一部关于幼儿美术教育方面的学术专著。全书分为四章：第一章为儿童美术教育理论概述；第二章为幼儿美术教学典型课例；第三章为家庭美术教育指导；第四章为幼儿美术教育与人才成长——即教育个案跟踪研究。

本文主要介绍该书第二章的内容，即"幼儿美术教学典型课例"。本章共三节，按小班、中班、大班的顺序，分别编写典型课例各八节，总共 24 个课例。以下是这些课例的指导思想、教学设计以及教材教法的特点和创新之处。

一、教材教法突出了游戏性、活动性的特点

幼儿生理和心理特点表现为好动、好玩、好奇，因此我们编写的教材多在活动中进行，尤其对小班幼儿。如教小班幼儿认识图形物时，让他们玩吹泡泡、做用多彩图形装饰的节日帽、玩翻图（在

旧纸箱六面贴上六种基本形、基本颜色）、玩智力游戏图（图上画有鸟类、蔬菜、水果、生活用品……）让幼儿分辨哪些是图形物，用类比的思考方法找相同、找不同，作分解组合练习。幼儿头脑中积累了大量的图形物表象，画的时候率真大胆，没有一个不敢画的。有的家长说："我们的宝宝从来不敢动手画，现在完全变了样，不让画都不成。"

通过让幼儿在游戏中、活动中观察、发现、体验，认识生活、掌握形象特征、色彩、结构，全面发展幼儿的感官，促使幼儿动手实践，使幼儿在快乐的情绪中主动学习求知、动手动脑，为幼儿铺下成才的基石。

二、教材教法突出了趣味性和思维开拓性的特点

幼儿对生活中所见到的新奇的和有趣的事物感到兴奋，产生了突发灵感，有急切表达的愿望。他们的特点是，新的表象建立与头脑中原有的表象加工后，产生的新形象不受时间和空间限制，可以自由自主地将表象连接、重叠、变形、分解、组合。另外一个特点是，以自我为中心，将现实与非现实混合在一起。在成人看来，他们所画的内容可以说是"白日梦"，但我们应该尊重幼儿的"白日梦"，开拓他们的思路。

如我们在中班教幼儿画"我们的动物朋友"系列画后，让他们用分解组合形象思维的方法画"怪兽"。他们感到特别有趣，个个兴高采烈，而且还把自己创作的"怪兽"形象讲给其他小朋友听。如一个小朋友画了一只狐狸，给狐狸画上了猪的耳朵、鸟的翅膀、老虎的爪子、猫的尾巴……他的奇思妙想笑得全班小朋友前仰后合，老师看了也自叹不如。我们还为大班编写了畅想未来科学幻想的画，如让小朋友设计"未来能为幼儿园服务的机器人"，且他们到了厨房、医务室、传达室、花房……小朋友根据各部门需要设计了"会教认字的机器人""会救火的机器人""会报警的机器人""会送饭送水三头六臂的机器人""孙悟空式的机器人"和"大力士型的机

器人"，真是五花八门，异想天开。

这个例子说明，教材深得幼儿喜爱，开拓了他们的思维空间，使他们在感知和情感体验的基础上产生了创作冲动，迫不及待地将自己幻想、构思、也许不现实的"白日梦"，按其独特的视角和自己的方式，无拘无束地表达出来，使幼儿的个性、主动学习精神、创新精神得了到无限的发挥，审美情趣也得到了提高。

可见，画有趣的寓言故事和科幻题材的绘画，能开拓幼儿的想象力，发展幼儿的创造性思维。

三、教材教法突出了以形象思维训练带动幼儿美术基础知识、基本技能提高的特点

在幼儿阶段，美术教学内容要特别强调绘画基础知识和基本技能，创造意识的启迪和审美情趣的培养和提高。

从绘画造型能力来说，主要是掌握线、形、色和简单的绘画工具、材料，以及简单的组织画面的能力。从幼儿的年龄特点和知识技能掌握的难易顺序来说，线可由涂鸦期的乱线、圆弧线、曲线到垂直线、水平线、斜线；形可由圆形、方形、三角形到组合形；颜色可从三原色（红、黄、蓝）到三间色（橙、紫、绿）。从小班到大班的绘画内容来说，要让幼儿掌握身边的、生活中的、大自然中的、艺术品中的美好事物，如"鸟的王国""我们的动物朋友""爱祖国、爱北京""民俗、歌舞""寓言、科幻故事"……从艺术表现形式来说，可以有泥工（陶泥、彩泥）、纸工（折纸、剪纸）、蜡笔、水墨、水粉、纸版画（线条画）等。

根据幼儿年龄的特点，教师进行思维训练的目的、要求和方法如下。

小班：通过活动、观察、绘画、制作等手段，发展幼儿的感官能力，探索外界事物的认知能力，教幼儿以类比的思维方法找事物的相同点和不同点。让幼儿多听、多看、多记、多动手，深化幼儿的表象记忆，以丰富幼儿头脑中的形象积累和联想能力为主要目标。

中班：以发散思维训练为主。通过趣味活动、游戏、绘画等手段，培养幼儿思维的灵活性，达到让幼儿面对问题能主动寻求思维的多样性和多种表现形式。进而培养幼儿的知识迁移能力、独创、类比、拟人、联想、夸张、变形、想象能力，以及对事物举一反三、触类旁通的能力。

大班：以培养幼儿的再造想象和创造想象为主。强调培养幼儿思维品质的流畅性、变通性和独创性。鼓励幼儿幻想未来，异想天开；培养他们坚强自信、大胆、率真的表达能力，以及避异趋同、善于独创的精神。

四、教师在使用本教材和评价教学效果时应具备的素质和新的教学理念

（1）在教学中教师要发挥主导作用。教师要有目的、有计划地在教学过程中激发幼儿的学习兴趣，还要教会幼儿一些学习方法和思考方法，因为如果掌握了正确的方法就能取得事半功倍的效果。教师要尊重幼儿的个性，珍视幼儿的点滴进步，促进幼儿的健康成长。

（2）师生一定要做好课前准备，让幼儿对所画物体有稳定清晰的表象，包括直接经验和间接经验。课后还要让幼儿对所学内容进行延伸，自觉地进行知识迁移，如在活动区创设条件让幼儿运用多种材料、多种形式进行反复练习和自由创作。

（3）在教学中发挥现代多媒体的教学优势。多媒体图、文、声、像俱备，可以动静结合、视听结合、局部整体兼顾，也可以不受时间、空间限制地充分感知，如身临其境，从而有利于幼儿形象思维的发展。但现代媒体不能代替直接经验，如果能再结合传统媒体教具、玩具的使用——例如活动人和活动动物玩具，使幼儿将视觉与触摸觉结合起来，在玩中学，会使幼儿感知深刻，情感、兴趣浓厚。

综上所述，在教学中以人为本，注重人的个性、能力、创新能

力的发展与培养，是本教材的主要目标；在教学过程中把思维训练放在中心，既重视教师的主导作用，又充分体现幼儿学习的主体地位；实现教育手段现代化，发挥现代教育媒体的优势，并与传统教学媒体正确结合，使教学得到持续发展。这样才具备了教学改革的时代特征，走进了现代教育。

注：本文节录自"创新教育丛书"《幼儿美术与创造性思维发展》一书，该书由北京科技出版社 2006 年 1 月出版。

（北京市朝阳区教研中心　杜　玟）

发展两种思维的幼儿教材
——《全脑潜能开发》

经过"八五"、"九五"、"十五"关于"开发大脑潜能，发展形象思维"的课题研究，我们在每一个时期都将幼儿教育的五大领域逐一进行分析、研究和实践。在这实践和研究的过程中，我们发现没有一个完整和系统的教学内容和配套的图片及学具，要落实两种思维的发展有很大的难度。因为我们的教育活动非常注重通过形象而具体的图表和操作学具来达到手脑并用的过程，而这些在各省出版的幼儿教育教师用书几乎没有完整的配套，幼儿人手一套的学具和图书、图卡片也是不完整的。于是，我们决定编写一套既有特色、又能体现我们课题研究价值的幼儿教材，即《全脑潜能开发》教材。

一、编写教材的理论依据

（1）以脑科学的新成果为依据。最新的研究表明：在大多数加工活动中，人脑两个半球都是同时工作的。我们的教育不能仅仅针对一个大脑半球，而要确保我们的日常教学活动能够激活整个大脑。

（2）总课题的理论研究指出：通过教学发展形象思维，把两种思维（抽象思维、形象思维）结合起来。形象思维在教学上是有声有色、有情有境、贴近生活、贴近实际的。在教学过程中发展两种思维，可使学习变得生动活泼和比较有趣。根据思维的属性——全面性和可操作性，把思维放在教学过程的中心，可以化解教学难点，使学习的内容变得比较容易理解。

（3）以《幼儿园教育指导纲要》为准绳。编出符合幼儿年龄特点的有生活化、趣味性、程序性、科学性的内容，打破一些旧的模式，创新一套独具一格的新教材。

二、《全脑潜能开发》教材的特色

（一）语言方面

主要内容：诗/儿歌、故事、阅读识字卡、语言记忆训练。

主要特色是：

（1）每首诗/儿歌都配上图文并茂的图片，便于幼儿一边读、一边理解、一边记忆。还配有要重点掌握的词和词语的字图卡片，便于幼儿操作运用，组合学习。同时，还录制了 CD 片，便于幼儿准确倾听。

（2）每一个故事都配有图文并茂的小人书，并且幼儿人手一本，便于他们自己翻阅观察，进行讲述。同时，还配有要重点掌握的词和词语的字图卡片，便于幼儿操作运用，组合学习。我们还针对各年龄段将故事录制了 CD 片，便于幼儿准确倾听。

（3）我们还编写了语言记忆卡，对每个年龄段设置 100 幅图，每五幅图的内容有相关联系，每幅图用简短的语言概述，便于幼儿快速看、听、读，训练幼儿的记忆力，并且要让每位幼儿人手一套。

（4）诗/儿歌的编写来自于每个主题活动之中。如：小小班段的第一个主题是"太阳在这里升起"，儿歌就据此编写了《太阳升起》

和《太阳》。中班段的第二个主题是："充满创意的家园"，儿歌就据此编写了一首《美丽的家园》。实践证实，幼儿对这些诗/儿歌很感兴趣。

（5）我们选择的故事很有特点，针对各年龄段都选择了世界著名画家、科学家、音乐家、昆虫学家、数学家等小时候的故事。幼儿特别喜欢了解、喜欢看、喜欢说这些故事，我们又能借助这些名家的好作风、好品格，进行有的放矢的教育，效果很好。我们还选择了生活中的惊险故事和成语故事，让幼儿从小明白做什么事都有风险，但要去克服它。每个年龄段的小人书，有的是彩色的，有的只是线条画。对类似线条画的小人书，我们让幼儿读懂后，再引导幼儿涂画或创编彩色画。

（二）数学方面

主要内容有：自然数（10 以内）的认识、序数、相邻数、数数、组成分解、加减运算、排序、分类、时间和空间概念、几何图形的认识和运用、钱币等。我们为小小班设计的数学思维训练学具有 26 张、小班有 68 张、中班有 80 张、大班有 148 张。

主要特色是：

（1）我们设计了"数学思维训练"学具，将其命名为"全脑潜能开发学具"，包括操作板和博棋。在操作板正面设有数学方格上表面，背面设有不同的数学方格下表面，多个博棋可在操作板正面的数学方格上表面或背面的数字方格下表面上布局置放。博棋分为正方形、长方形、圆形、半圆形、三角形、正六边形六种组合，共有160 个博棋。每种博棋标识上表面设有动物、植物或数字、运算符号。这套实用新型学具有易于操作、结构简单、制作成本低、集乐玩为一体等优点，能较好地开发幼儿全脑潜能。它适宜于幼儿园、托儿所和家庭应用，经申请已被国家知识产权局批准为实用新型专利产品。

（2）我们注意了数学本身的系统性和逻辑性特点，在编排设计题卡时，特别注意这方面的科学程序和幼儿的认知特点。而且每张

"数学思维训练卡"都是从具体、形象、直观、简单的形式来解剖抽象、高深、复杂的数学知识，从而使幼儿产生学数学的兴趣，提高学数学的热情，轻松掌握数学知识。

（3）由于我们的学具的独特性，可将抽象的数学知识，通过一个个博棋扮演的不同角色，在棋板上设计很多的游戏数学题，用精彩的画面巧妙地将数和形结合，并配有活动操作步骤和活动提示，让幼儿在玩中学、学中玩并获得数学知识。因为博棋是由多种几何拼块组成，是可以拼后再数或数后再拼的数学游戏题，使幼儿玩不腻，同时又可以培养幼儿的倾听能力、表达能力、想象力、注意力、记忆力、逻辑思维能力，在操作过程中还能培养幼儿的独立能力和自信心，激活幼儿思维的变通性和流畅性。

（4）"数学思维训练"配上"学具"，将幼儿的数学课变成在操作之中游戏，有的内容还配上儿歌，都使数学游戏的趣味性大大增加。

（三）美劳方面

主要内容有：彩色水彩画、油画棒画、线描画、水粉画、拓印画、手指画、写生画、彩色折纸、粘贴画、剪纸、立体纸工、拼贴、彩色泥塑、小制作等。

主要特色是：

（1）这套教材形象地告诉幼儿们怎样运用美术工具和材料，及有关注意事项。

（2）教材以主题为线索，因地制宜地推出教学内容，"指导指南"提示我们如何运用语言、利用可视形象进行教学和指导幼儿，甚至能够灵活运用音乐和游戏、实地观察等手段来启发幼儿的思维和联想，以人和大自然为范本进行辅导。从而落实"观察—想象—发现（美）—表现—创造"这样一个教和学的过程。

（3）开发幼儿的聪明才智，培养幼儿的艺术审美能力，是以重视思维为核心的战略眼光来培养人才，而不是只看眼前的模仿能力（像与不像）。是要幼儿动手又动脑，有趣又快活，能画出天真稚拙的美，具有丰富的想象力和大胆奔放的心理素质等为导向的美劳活动。

（4）内容比较完整、系统，辅助材料充足，纸质和颜色搭配美丽、协调，示意图清晰，让幼儿、家长、教师一看就明白如何去做。教材抓住了：怎样用眼睛去观察事物并提高观察力；怎样想象（不是凭空想象）；怎样训练自己的聪明的头脑；怎样去发现美；怎样自己决定从哪里下笔和怎样构图；怎样去感知色彩；怎样运用色彩进行比较形象的表达。

（四）音乐方面

主要内容有：唱歌、音乐游戏、歌表演、课本剧、配乐舞蹈、音乐冥想。

主要特色是：

(1) 倾听无歌词的音乐。

(2) 想一想无具体音乐的意义是什么。

(3) 有感情地想想美好事物与音乐艺术的关联。

(4) 音乐带给人们的是温馨、优美和快乐，是与宇宙、生命同步的感觉。

(5) 选择适合幼儿倾听的音乐，并在不知不觉中养成其良好的倾听音乐的习惯。

(6) 通过倾听音乐培养幼儿的注意力，培养动静分明的良好的学习习惯。

(7) 在幼儿园时，要求老师在各个领域教学中适时、适当地轻声播放古典音乐，让幼儿的大脑神经处于最放松的状态，从而对脑神经元有修复的作用。通过声波刺激中枢神经，产生良好的安静情绪，便于幼儿精神兴奋，对活动感兴趣，并能刺激幼儿的智力活动，思考问题——当幼儿在思考问题时，听不到音乐，只是专心地在想问题，一旦思考结束后又会突然听到音乐。

(8) 注重形象思维和抽象思维相结合的应用。我们将音乐纳入教学日程，因为右脑是音乐的脑，左脑是语言的脑，正常的新生儿大脑神经细胞约为一百四十几亿个，和成人的数量相差无几，所以新生儿的左右脑是发达的，可见"胎教"和"幼教"的方法极为重要，而开发和训练幼儿的脑力对幼儿未来的发展将有莫大的助益。我们在教学中常用"配乐学习法"，幼儿会变得更爱思考、更乖巧，对学习更有兴趣、精神更放松、注意力更集中，而且会更有爱心、学会如何生活、如何学习、如何劳动等。要知道从小培养幼儿良好的情商（EQ），其思维的创造力（CQ）自然就更强。

（9）用音乐让幼儿在放松的状态下记忆，幼儿记忆得就很快。如我们在开展"语言记忆训练"时，播放轻音乐使幼儿的大脑皮层完全处于放松状态，来激发幼儿脑内的荷尔蒙——"脑内吗啡"，使幼儿在记忆过程中放下所有顾虑，轻松地投入记忆学习的过程之中，从而增强了幼儿的形象记忆力。

注：本文介绍的《全脑潜能开发》幼儿教材由厦门音像出版社 2010 年 8 月出版。

（福建省龙岩市市直机关幼儿园　戴敏敏）

初中"演、说、写"作文教学音像教材

一、光盘的产生背景

《作文一点通》光盘，是温寒江老先生主持的北京市哲学社会科学规划重点项目"发展形象思维的理论研究与教学实验"的子课题——"中学作文教学改革"的研究成果。笔者针对初中作文教学中形象思维训练薄弱的现状，抓住此年龄段学生语言发展的最后一个关键期，创造了从生活入手创设写作情境，运用"演、说、写"形式对学生进行作文思维训练的模式。

经过十多年的研究，反映该模式的光盘陆续发行。其间，《作文一点通》（说明文部分）曾获国家新闻出版总署、教育部颁发的"第四届全国优秀教育音像制品"二等奖。

二、光盘的内容及训练步骤

1. 光盘的内容

《作文一点通》光盘共有七盘，按文体分为记叙文，说明文、议论文三部分。其中，记叙文三碟，说明文、议论文各两碟；另附作文修改指导教材一本，题目是《让你作文上一类》。其体例为：以写作知识点为主线，根据不同文体的各自特点设置单元，每单元的训练时间为 20 分钟，共 21 讲。

记叙文——教学生从形象感知入手对身边的事物进行观察，调动情感，打开写作思路；运用"演、说、写"模式倡导的"取象"—"明象"—"悟象"方法，学会写人记事；深入挖掘事物的本质，不断将形象思维与抽象思维有机结合，从而激发学生写作的创造力。

说明文——从培养学生抓住事物特征入手，初步分辨说明文与其他文体的不同点。培养学生运用常用的说明方法，按时间、空间、逻辑的顺序，用简明、准确的语言，形象而条理清楚地说明事物。

议论文——指导学生运用形象进行理性思考。从感性入手形成观点；掌握论证方法，运用形象的论据进行有理、有力、逐层深入地论证，从而展示论证的逻辑力量。

2. 训练步骤

光盘的训练步骤是：确定目标—尝试初写—发现问题—教师点拨—修改完善，让学生走完一次完整的写作之路，经历一次实践的体验，积累一次写作的经验。在每一讲中，只突出该文体的一个重要的写作经验，并且这个经验的提炼是建立在思维活动的基础之上，通过正反对照、分析比较等一系列思维活动的次第展示，逐步强化学生对不同文体写作思路的认识。

三、光盘的特点及效果

1. 光盘的特点

光盘的特点是：师生互动，针对性强。师生循着训练步骤和作文思路参与撰写训练剧本。这样，学生既是训练的对象，又是编导者，参与性较强。同时，脚本素材源于师生共通的生活，因此，训练载体贴近生活实际，学生看着亲切。另一方面，由于教师"将学生置于一个有尊严、有个性、有巨大发展潜能的获得生命体验的位置上"，着力在"如何捕捉教学情境""因势利导""抓住随机进入的环节""掌握推进火候"等教学策略上下工夫，通过创设最佳的写作情境，创造了多种灵活的"推进形象思维与抽象思维两种思维有机结合最终迸发创造性思维"的组合，因而每一讲的训练都能够做到针对性强、重点突出、问题呈现准确、点拨时机恰当、思维层级推进清楚，能够迅速突破难点。

2. 训练的效果

学生通过参加这种"探究性"学习作文的实践活动，提高了语文能力。训练的载体取自学生熟悉的生活，故事性强、贴近学生实际，既新颖，又针对学生在写作中的问题。特别是由于编导们抓住学校生活、家庭生活的矛盾事件，展开"一石二鸟"的训练，将写作训练目标隐蔽在其内。因此，每一单元的训练，既帮助学生解决了思想问题，又有效地进行了写作思维训练。

光盘所展示的训练内容及方法，渗透了现代课程理论目标体系"情感—能力—知识"的理念。光盘所反映的作文教学实践活动，力图在贴近生活、关注学生感知与写前素材指导上下工夫，有效地解决了广大学生不善于把思想与生活实际结合，故而"没得写""怕写"的问题；也解决了一些教师在探索作文教学改革形式之一——"情境作文"训练——的过程中，缺乏有效实施策略的问题。

四、训练的理论基础及关键

1. 训练的理论基础

光盘的训练理论是：遵循思维规律，以形象思维为突破口，不断促进写作主体两种思维的有机结合，从而带动知识与技能的协调发展，最终激活学生的写作创造力。另外，以建构主义教育理论为基础，注重从学生的思维层面设计问题，注重环境对写作主体的影响；提出教师在生活环境中创设写作教学的激励环境、写作情境，通过协调环境的做法，构建和重新构建教材，从而促进写作主体的心智发展。

2. 教师训练的关键

光盘的训练关键是：抓住"意象"是学生行文的关键，提出教师的"导"要符合"形、境、意"相合的规律（见图1）；同时用"演、说、写"将写作主体的写作活动定位。让教师通过学生的"说"，"循言以观象（学生脑中带主观色彩的意象）""循象以观意（学生对意象的领悟）"，帮助学生"取象"—"明象"—"悟象"；并创编《感受行文三字经》，以提升学生对生活的认识、理解与表达。

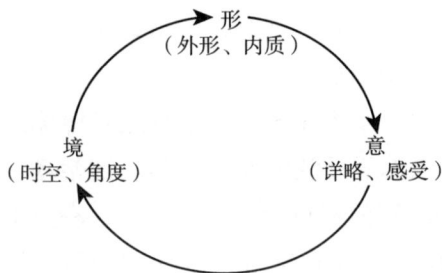

形
（外形、内质）

境
（时空、角度）

意
（详略、感受）

"境、形、意"三合图

图1

根据上述"境、形、意"三合规律，笔者帮助学生找到了阅读与写作的通道，简化了读、写训练的程序；与生活结合，深入浅出，"明心见性，直指中心"：达到最终目标——学生语文能力的发展。

注:本文介绍的光盘由北京普教电子音像出版社于 2000 年至 2007 年陆续出版。

（北京市第一六一中学　刘雪倩）

小学音乐听觉思维训练教材

一、《手册》编写方式的创新

《小学音乐听觉思维训练手册》（简称《手册》）是在音乐思维理论的基础上，结合小学音乐教学的特点编写的一套培养小学生音乐听觉思维能力的教材。纵观现行的教材，在编写上基本有两种方式：一种是以知识为主线、以课为单位的呈现方式，突出了音乐的知识性；一种是以人文为主线、以单元为单元的呈现方式，认为知识是隐性的，突出了音乐的人文性。我们认为，小学是培养学生音乐听觉思维能力的关键期，具备了一定的音乐听觉思维能力将对他们的一生有很重要的意义。因此，我们改变了以往编教材的一般方式，以培养音乐听觉思维能力为主线，编写了《手册》。它与现行教材的区别在于，教材是以作品（歌曲、乐曲）为载体学习音乐，《手册》是以听觉思维能力主线为载体学习音乐。学习作品不是目的，培养能力才是关键。因此，《手册》的训练材料是开放性的，不局限于一首歌曲或乐曲，特别是每课后附有较多的补充材料。因此，可以说《手册》既是教师进行音乐听觉思维训练的参考书，同时也是资料库，为教师提供了大量的参考资料。

二、《手册》编写内容的创新

《手册》是根据"音乐听觉思维训练框架"编写的。音乐听觉思维训练是一项系统工程，是学习音乐的基础。对音乐的感知虽然是整体性的，但为了表述的方便，我们还是把它分为音乐听觉思维的基本要素、综合要素、音乐听觉思维的形态和音乐听觉思维的表达四部分。音乐听觉思维的基本要素包括音高、音强、音长、音色。音乐听觉思维的综合要素包括旋律思维、节奏思维、结构思维与和声思维。音乐听觉思维的形态包括情感、联想、想象与风格。音乐听觉思维的表达主要包括演唱、演奏、创作和语言表述等。但是它们之间不是割裂的，而是相互融合的。音乐听觉思维能力的形成是螺旋式上升、不断深化的过程，最后达到理想的音乐境界。这种全方位的音乐听觉思维训练内容目前还是一种创新性构想。

三、《手册》编写说明

《手册》分1～5五个年级编写，每个年级分上、下两册，每学期10课，分别与"音乐听觉思维训练系统"的10项内容相对应，即音高、音长与节奏、旋律、音色、力度与节拍、速度与情绪、结构、民族与地域风格、联想与想象、体裁。这里一课的含义不是一课时，而是指一项内容；每课既是独立的，又是有联系的，前后衔接，相互渗透，循序渐进，由浅入深。六年级为总复习，提供了《小学音乐听觉思维训练综合评价》。

每课的体例为：一、训练内容；二、训练内容分析；三、训练目标；四、训练材料；五、训练活动案例；六、评价测试；七、补充材料。

训练内容是指该课要进行训练的内容，每一项内容不是只进行一次，而是提示了一项音乐听觉思维训练的内容，在以后的训练中，教师可根据需要随时进行。

训练内容分析是对该课的知识点进行科学的简单分析，以及阐明该内容在训练音乐听觉思维中的意义。

训练材料与训练内容是紧密结合的，但不限于一件作品。由于当前教材的版本较多，因此有的作品是与当前的教材内容相结合，有的是根据训练内容的需要提供新的作品。

训练活动设计是《手册》的中心内容。在训练活动的设计上，要趣味性与技能性相结合，由浅入深，且具有可操作性。设计的问题要留有充分的余地和思维的空间，就是要有多种结果而不是只有一种结果。

四、音乐听觉思维训练评价的创新

音乐听觉思维训练的评价是一种全新的方式，是以音响为基础的评价。每课的评价测试是为检测该项内容编写的，可运用组合、填空、判断、选择、问答、排列等方法，在提供的音响中进行判断。

每年级的《音乐听觉思维训练评价》分 A、B 两种形式。A 卷为基础卷，应适合大部分学生使用。B 卷为提高卷，适合有一定能力的学生使用。评价以考查学生的音乐听觉思维能力为主，以听音响作判断的方式进行。《音乐听觉思维训练评价》还附有光盘，便于教师使用。

五、对如何使用《手册》的几点建议

（1）要全方位地进行音乐听觉思维的训练。《手册》是以基本的音乐听觉思维能力为主线编写的，因此，对于其中涉及的各项能力都应该加以关注，但不要顾此失彼，从而培养学生形成综合性和全方位的音乐听觉能力。

（2）在训练中，《手册》的使用要与现行的教材有机地结合。《手册》的训练内容是开放性的，不要拘泥"课"的形式，而要灵活运用。当然也可以独立使用《手册》，同样可以达到《音乐课程标准》的要求。

（3）《手册》的记谱方式是简谱。简谱简便易学，便于学生掌握，因此建议使用简谱。但不排除运用五线谱，只要把《手册》中的记谱方式换成五线谱就可以了，其他的内容形式不变。

（4）音乐是声音的艺术，因此，一切音乐学习都应该建立在音乐的音响的基础上。虽然《手册》提供了学习的音响，但还是不够的。教师在进行音乐听觉思维能力训练时一定要在音响的基础上进行，千万不能变成"文本式"的训练。

（5）要灵活运用《手册》。每一项音乐听觉思维能力的培养不是一课能完成的，因此，一定要考虑到能力的前后衔接和由浅入深。音乐学习具有整体性的学习特点，可在大量感性认识的基础上再上升到理性的认识。

（6）音乐听觉思维训练的评价要符合音乐的特点——即不能脱离音响。为了便于对全体学生的考查而采用了听音笔答卷，对视唱能力的考查教师可根据学生的具体情况选用。

（7）运用《手册》进行听觉思维的训练要反复进行。能力的形成是一个长期的、潜移默化的过程，其特点是螺旋式的上升，即不能今天训练这项能力，明天训练那项能力，而应该随时结合前一项能力综合进行能力训练，把每一项能力有机地结合起来，最后形成较强的音乐听觉思维能力，为感悟和理解音乐打下良好的基础。

注：本文介绍的教材由北京出版社 2010 年 3 月出版。

（北京市东城区灯市口小学　　吴文漪）

第三编

部分实验学校改革实验的总结

第九章

发展两种思维，深化教学改革，全面提升教育质量
——北京市朝阳区实验小学参加"学习与思维"总课题 12 年工作总结

    "以思维为核心，办最优质的教育"是几代北京市朝阳区实验小学教职员工不懈的追求。十几年来，朝阳区实验小学从一所普通小学嬗变为一所大型现代化的一流小学，这个变化的关键因素就是学校自"九五"期间开始，在马芯兰校长的带领下大力开展教育科研，深入进行教学改革。学校建立了以两种思维培养为核心的高质量治学体系，形成了以应用现代教育技术实现数字化校园的办学特色，得到了社会各界的密切关注，成为一所远近闻名的教育现代化实验学校。

    与温寒江老先生结识，与"发展形象思维的理论研究与教学实验"课题组结缘，是朝阳区实验小学实施优质办学的起点。温老先生始终将"以人为本，坚持全面发展"的科学发展观作为教育研究的指导思想，大力提倡发展形象思维，建立两种思维的理论，完善并优化了认知体系，将教学过程凝练为"学与思的结合，知与行的统一"。他强调观察、想象、联想能力的培养，研究学科技能与能力

的训练方法，并将迁移理论有效地引入到教学实践中来，提出"小步子教学""小单元教学法"等卓有实效的方法，切实解决了传统教学中存在的一系列枯燥乏味、抽象难懂的问题。

回顾学校的发展进程，我们深深地感谢温老先生多年来诚挚的指导，感谢课题组所有同仁的帮助与支持。

一、科研与改革的基本过程

（一）走进科研

1. 以读书为本

1998 年 7 月，学校首次带领学科骨干教师到"七渡"参加课题会议，与课题组有了接触，了解到课题的研究内容，感受到研究的成果。1998 年秋，学校有专任教师 20 余人作为一个团体，参加了"发展形象思维的理论研究与教学实验"课题组的学习与实践。我们接触到第一部课题理论著作是《开发右脑——发展形象思维的理论和实践》。当时教师们对教学理论学习起来比较困难，有许多地方读不懂。而且由于理论素养与学养不足，教师们写出的学习总结也只是只言片语，缺乏内涵。

总课题组了解到基层实验学校的实际情况，提出"多读书、读好书"的目标，同时为学校制定了"读理论书籍，学习教育理论"的详细指导计划。课题组组建理论学习班，一方面指导骨干教师学习，另一方面深入到学校进行系列讲座。学校课题组成员们勤奋苦学，对重点章节的学习提出自己的问题，继而温老为我们作专题讲座，使广大教师对脑科学研究中形象思维的先进理论有了初步的了解，并对自己的教学进行审视。大部分教师意识到，在长期的教学工作中，一直比较盲目，思想保守，停滞不前。如在语文教学中，忽视了形象思维训练，片面强调语言学习，很少重视对观察、想象的培养与训练；自然、美术等学科对观察的重视不够，对动手的强调不足，缺乏对学科技能与能力的研究与实践，致使教学质量不高。

总课题组把学科教师带到北京育才学校小学部、清华附小等课题实验校，进行教学实践观摩与交流，指导我校教师从研究学科特点入手，学习课题实验研究成果和《开发大脑潜能，发展形象思维论文集》中的相关经验。

2. 开展教学反思

我们了解到数学、语文、美术、音乐、体育等学科先进的教育思想，初步尝试把自己的教学与先进的教育理论结合起来，在教学实践中摸索新的教学方法。教师们逐步更新教育观念，开始关注学习过程的调控、学习方法的选择、学习效果的反馈，并开始积累教学案例，撰写教学反思。2000年，学校把教师的教学心得编辑成《小荷才露尖尖角》印发给大家，这是教师学习交流的"处女作"。这本小册子在当时极大地振奋了教师的学习与动笔的热情，对积极参加教科研的教师是很大的鼓舞与鞭策。

学校越发重视科研工作，成立了由专人负责的科研室，并挑选10名学科教师为核心力量，提出科研引领教研的宗旨。科研室制定了学习活动计划，组织大家学习。例如，在总课题组的指导下，科研室相继组织学习了《能力的概念、结构及其培养》《技能与思维》《论创造性思维》《论智力》《迁移》等课题研究成果，研读了《构建中小学创新教育体系》等系列"创新教育丛书"。学校每学年还召开一次科研年会，组织教学观摩，并通过科研沙龙、骨干教师的专题讲座等形式，为教师主动参加教育科研搭建宽广的平台。

3. 选准研究内容

思维是技能发展为能力过程中的关键因素，能力是一种在认识活动中能够顺利完成获取知识和运用知识的活动方式，是技能的高水平综合；当这种高质量的活动在同类活动中表现为一种独特的、新颖的成果时，就是创新能力。

课题组的理论研究是对教学理论、智力理论的重要创新与突破。正是基于这些思考，我们在各学科的教学中，用脑科学的研究成果和形象思维的先进教育理论来指导课堂教学实践，比较成功地研究了小学生创造性学习的方法，大胆尝试如何把思维置于教学过程的核心，深入研究素质教育思想，进行课堂教学的改革，并把"培养既有扎实的双基，又有灵活的能力（创新能力）"作为我们教学实验的具体目标。

这一阶段的研究有效地促进了教师教育思想与业务水平的提高，促进了学校的教学改革。

（二）开展学习与研究

用两种思维的先进教育理论成果来指导我们的课堂教学实践，已成为我校广大教师的共识。在我校，教师们能自觉地学习本课题的教育理论，阅读课题实验校编写的创新教育系列丛书。目前120余名教师都相继参与了课题理论学习，并从中获得理论与实践的滋养。大家普遍认为，这个项目从研究的思路、理论依据和对成果的自我评价都是客观的、辩证的，具有很强的实践意义，特别是在教育理论研究方面的创新上，对于推动整个教育改革与发展，具有不可替代的重要作用。

1. 在专家指导下前行

马芯兰校长作为学校课题的负责人，站在科研兴教、科研兴校的高度制定详细的工作计划。学校围绕创新型的管理模式和教育教学模式，从抓教研入手，以科研带教研，以教研促科研，全面实施素质教育。陈立华作为新任校长，对课题研究尤为重视，她结合课题的总体计划安排学习观摩与阶段总结，使课题研究逐步推进，并在课题研究实验中不断反思，积累新经验。

我们在总课题组的指导下，规范科研管理，按时递交科研计划与总结，组织课题组成员进行学习，开展教学实验，撰写教学论文。在学习过程中，教师们深刻地感受到，课题组多年来的理论研究是一项十分有价值、有意义的研究工作，并在实验与研究中逐步形成了科学、新颖、较为完善的理论体系。其研究成果不但大大促进了教学实验的开展，为教学实验提供了科学而坚实的理论依据，同时也为基层教师提供了教学研究的新思路、新方法，具有深远的意义和价值。

在学习研究中，我们认识到课题从两种思维的角度对知识、技能、能力、创造力、智力以及知识的理解、迁移等核心概念进行了新的界定与诠释，克服了忽视形象思维的研究造成的教学实验中的盲点。确立两种思维的思想，并把两种思维结合起来，能够使这些概念富有新的内涵，且更加全面，更具有可操作性。

作为实验学校，我们在专家的指导下不断前行。学校每学年都召开与课题研究相关的学习活动，知名的教育专家、教科院的领导、特级教师经常到我校来指导开展科研工作。教师先后听取了温老及专家们在学习的思维过程、知识的特点、建立两种思维的新智力观、迁移的理论、学习与学习方式、探究与创新等方面的专题讲座，使教育观念得到了不断更新。温老先生还多次到学校辅导，通过亲临课堂或与教师们座谈等方式指导教师学习方法与学科教学，使教师们能飞快地进步。

总课题组的成员们也常来我校，通过多种交流研讨活动促进我校研究工作的开展。他们深入浅出地将创新的教育理论讲解给教师们，帮助教师们提炼教育规律、积累教学案例、修改学科论文。很多教师努力用先进的教学理论指导自己的教学，对教学实践进行理性思考，对教学改革中的案例进行分析，积极参加教育科研的各种活动。其中参加课题实验与论文撰写的教师在我校占90%以上，逐步形成了勇于实践、肯于钻研的教科研氛围。

2. 在教学研究中提升

在温老的亲自指导下，学校教育科研的发展呈现出勃勃生机。我们带领有一定水平的教师进行科研活动，帮助他们选择课题，组织理论学习，制定研究方案，指导方案的实施以及完成总结、撰写论文，以提高学校教学改革的实效性。例如，有的教师撰写的文章主要对理论方面进行阐述，找到了促进教学改革与提高的落脚点和生长点；有的教师撰写的文章提出了一些教学改革中的新课题，为进行更加深入的改革与实践提供了良好的方向。

学校一直在"实"字上下工夫，在"研"字上求发展，真正使教科研活动经常化、专题化和系列化，推动教学工作的整体发展。教师们在实践中学习这样的理论，用这样的理论指导自己的教研，在与同伴深入的探讨交流中深化对理论的理解，并努力将其深深地扎根在自己的工作实践之中。因此，课题的生命力与价值是很可观的。

在课程实施中出现的最主要的问题是，教师对理念基本上都是认同的，但在做的时候很被动，常常出现理念与行动背离的现象。所以在学校中实施课改的重点是在课堂中如何使理念转化成教师的教学行为，以及在这个过程中，教师怎样从被动到自觉。为此，我们以课题研究为重点，提出课题的落脚点就是课堂，是教学质量的提高。在学习培训的过程中，全校有80%的教师参加了实验课题的研究，近50%的教师掌握了行动研究、定量观察、案例分析、问卷调查等教育科研方法，教师制定的研究方案达百余个，撰写研究报告30余篇。几年来，我们回想课题给课堂教学带来的究竟是什么？通过实践，我们可以做出这样的回答：课题使教师的头脑更清楚了，目标更明确了，方法更多样了，教学效果更明显了。

马芯兰校长是数学学科的领路人。在她的影响下，各个学科抓住思维训练这一核心，研究迁移、渗透、交错、训练的方法，并尝试在学科教学中应用。来自北京市、区的教育专家对我校的发展也倾注了很多心血，他们到学校作专题报告，并随堂听课，根据教师上课的情况指导教师实施课程理念。在各学科的教学中，教师都能够创设良好的学习情境，鼓励学生发现问题、提出问题、解决问题。特别是数学课堂，在温老的指导下坚持一题多变、一题多解，提高学生思维的灵活性、敏捷性，使学生的数学思维能力发展得到广泛认可。同时通过学习交流，教师之间形成了支持、协同、合作的情境，教师间交换意见、分享策略，解决共同的问题，或共同分析测验情况、进行质量分析，促使全体教师的学科专业水平不断提升。

3. 在交流研讨中发展

学校组织教师结合"形象思维教育理论""现代信息技术与学科教学整合""课程改革实施中教学方式的研究"等内容开展学习与研讨。通过开展市、区级骨干教师作专题讲座的活动，促进教师学习和科研工作的展开。学校每月定期安排科研沙龙活动，就课题研究与教学实践中的具体问题进行研讨与会诊，为广大教师创设学习、交流的平台。如以"教学有效性研究"为主题，开展骨干教师"专题讲座"；以"合作学习"为内容，召开名师讲堂等学习和评选活动等，为我校有更多的教师成长为校、区、市级"骨干教师""学科带头人"创造锻炼的机会。

二、以发展思维为中心深化教学改革

从发展形象思维到思维的全面发展，各学科普遍将发展思维置于教学的核心，这既是教学改革的出发点，又是教学改革的基础。课题组的研究成果使我们明确了学习是一种认识过程，思维是这个过程的核心，技能、能力是它的两翼，知识是认识的主要成果。理清了什么是学习，便于教师更好地设计教学过程，这对提高学校整体教学质量和办学水平，无疑是至关重要的，同时也是落实科学发展观的重要体现。

(一) 以思维为中心的学科教学改革

在学科教学中，我们提出注重发展形象思维，建立两种思维相结合的教学新模式。引导教师在实验教学的过程中，根据学科的不同特点，把两种思维有机结合起来，突出形象思维训练，培养学生的观察力、想象力、空间想象力、形象记忆力和直觉思维能力，并充分发挥学生的主体作用，引导学生以情境、表象为依托，情景交融、知情结合、独立思考，使学生的思维和情感得到最好的发展。

1. 数学学科

学生学习的数学是现实世界的空间形式和数量关系，是非常实际的内容；但是这些实际的内容在数学中是以非常抽象的形式出现的。如几何中没有长、宽、高的点，没有宽度、厚度的线，代数中用 a 和 b、x 和 y 来表示。可以说，没有概括和抽象就没有数学，而这种形的概括、数的抽象就是思维。因此，数学教学中仅仅注意联系实际是不够的，必须突出思维的训练。

马芯兰数学教学法的特色，就是把发展思维放在数学教学的中心位置。学生开始学习认识数时，马老师便创造了"数位筒"教学，让学生在大量的数一数、摆一摆、说一说的实际操作中认识数，逐步理解"数位""计数单位"等概念，解决了抽象思维（概念教学）的起步教学难点问题。在计算教学中，她重视运算的基本概念教学，使学生懂得运算的意义，在计算过程中讲算理。这些思维训练解决了学生计算不熟练、不灵活、错误率高的问题。此外，小学数学应用题教学是数学教学的一大难点。马老师创造性地让学生进行编题、读题的训练，掌握应用题问题的结构；解题时，培养学生用"小步子"学习的思维规律，进行分析题的训练；马老师还通过联想、发散、概括，一题多解等思维训练，不仅破解了应用题教学的难点，还培养了学生的数学能力和创新能力。

数学组全体教师在教学改革实验中学习马校长的经验，普遍显著地提高了教学质量。他们边学习、边实践、边总结，撰写了《小学数学教学与创新能力培养》和《小学数学教学与思维训练》两本书，其中前者已出版，后者即将出版。

2. 语文学科

小学语文课比较重视学生抽象思维的训练，而忽略形象思维的发展；在教学中注重对文章内容作理性的分析、概括，而缺乏对语言情味、意蕴的挖掘，对具体形象的感知，以及对作品情感因素、审美因素的体会。

我们知道，在文学作品中，人物、景物、场面、环境和一些有形之物都有形象，作家就是用这些形象（表象）来思维并进行创作。我们阅读他们的作品也离不开思维。例如，识字教学时，把字的形、音、义联系起来就是联想。读句子时，要根据句子的结构进行再造想象，理解句子的意思。如读"西边的太阳就要下山了"，我们可以通过想象在脑中浮现太阳下山的情景。阅读文艺作品时，可以通过种种联想、想象在脑中呈现一幅幅反映生活的画面，理解文章的内容。当这些生活的画面唤醒自己过去的生活体验时，就与作者产生了情感的共鸣。语文组的教师建立两种思维的理念，进行语文阅读教学的改革，使语文课堂教学发生了深刻的变化，把过去枯燥乏味的阅读课变得有声有色、情景交融和生动有趣。

学生写作文也离不开形象思维。过去，我们的作文教学不重视观察，写作文没有计划，作文教学效果差。为此，语文教师把作文教学改革作为一个专题，用几年时间探索了一条作文教学的新思路，即以观察为主线、以阅读为基础的作文训练体系：

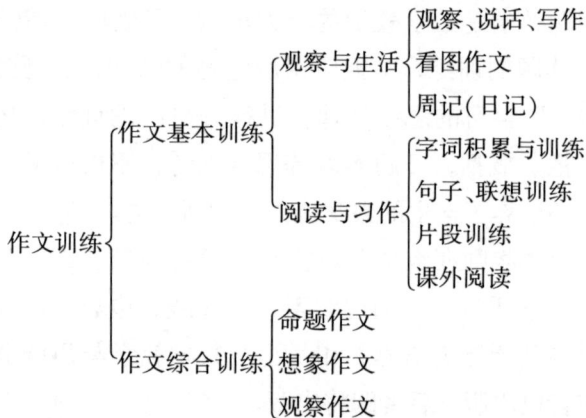

作文训练
- 作文基本训练
  - 观察与生活
    - 观察、说话、写作
    - 看图作文
    - 周记（日记）
  - 阅读与习作
    - 字词积累与训练
    - 句子、联想训练
    - 片段训练
    - 课外阅读
- 作文综合训练
  - 命题作文
  - 想象作文
  - 观察作文

教师们一边实践、一边研究，把研究成果形成《观察·阅读与小学生作文》一书。此外，我们在语文教学中充分利用直观形象的素材，将其与语文教学有机结合，充分发挥现代教育媒体在小学语文课堂教学中的作用。例如，我们制作了"趵突泉""九寨沟""沙漠里的船""我爱三峡"等主题教学网页。网络环境的创设，不但为学生提供了相关的课内外资源、直观形象的画面，而且能够很好地帮助学生想象文章所描写的景物。

3. 英语学科

英语和汉语是两种不同的语言，但在思维层面上是相通的。联想、想象、分析、归纳、推理等思维方法，在不同语言中是共同的、相通的。因此，把发展思维（主要是形象思维）和英语教学结合起来，是提高英语教学质量的一个重要途径。

当代脑科学的研究表明，学习语言（口头语言）存在关键期（敏感期）。在关键期中语言的习得有先天性。小学生正处在关键期，利用关键期这个优势学习英语，有利于提高小学英语教学的质量。

英语教师把小学英语的发音教学、口语教学、词汇教学和句型教学，作为教学改革的重点。如何发挥语言学习关键期的作用？

第一，营造丰富的语言环境。儿童学习英语要发挥关键期的作用，必须营造英语的语言环境。即在课堂中模仿儿童学习母语的家庭环境，也就是把家庭、社会语言环境搬到课堂中来，让儿童在贴近生活、贴近实际的语言环境中学习。

第二，听说领先的原则。要事半功倍地学好英语，就要遵循语言发展的规律，即听说是读写的基础，读写是在口语的基础上发展的。口语是整个语言最基本的环节，从听说到口语再到书面语言是相继形成的。

第三，信息技术的使用。信息技术充分利用色彩、声音、动画、图形、文本等形式，以直观、新颖的图像和画面展示教学内容，可以让学生的多种感官参与，并引导学生进行大量的语言学习、丰富语言材料，从而使学生的联想更加丰富，再造想象得到提高，形象思维得到了发展。

英语组教师在改革的基础上，撰写了《小学英语口语教学》《小学英语教学与思维发展》《培养学生思维　搞好英语词汇教学》《创设语言环境进行词汇教学与思维训练》《运用多媒体优化小学英语教学》等专题，并收入《形象思维与小学英语教学》一书。

4. 音乐学科

音乐课要对各种音乐要素、音乐作品进行表象积累，丰富音乐语言。通过培养直觉能力、情感、联想和想象、音乐记忆力、创造力五个方面进行形象思维训练，发展学生的形象思维。

教师通过音乐培养学生丰富的情感，运用一切方法启动学生的积极性，倡导愉快教学、参与教学、趣味教学模式，鼓励学生运用音乐表现自己的情感。在音乐课堂中，教师可引导学生掌握音乐的表现手法，积累约定俗成的曲调，进行选择性想象训练，从而丰富学生各方面的感受，培养学生的联想力和想象力。

在我校的电脑实验班，音乐教研组在数字化网络环境下进行了一些教学的尝试。比如，教师通过人机交互、网络信息共享、小组合作学习、展示学习作品等教学环节，为学生创设出轻松、愉快、平等的学习环境，加强了学生自觉参与、亲身体验和主动创新的积极性。

网络环境还改变了传统的音乐教学模式，充分发挥了学生的主体作用，大大提高了学生的学习兴趣，培养了学生的创新精神和创新能力。同时，这也对教师提出了更新、更高的要求——要最大限度地发挥网络教学的优势，运用一切高效可行的方法培养学生对音乐的兴趣，调动学生的积极性，这样才能使学生在音乐学习中不断感受美、想象美、表现美、创造美，从而全面、协调、可持续地提高他们的音乐思维能力。

5. 体育学科

在体育教学中，教师一般都采用传统的教学方法（示范、讲解、练习、观察、指导和纠正错误法）进行课堂教学。教师通过动作示范使学生形成正确的动作视觉表象；通过讲解使学生明确完成动作的方法和要领；通过组织练习、指导、纠正等实践活动，让学生体会视觉表象与动觉表象相结合，进而完成所学动作。如何使学生尽快建立正确的动作表象，解决以往教学方法不能解决的问题？教师们通过教学实践和理论学习总结出，形象思维教学法可以有效地为学生在掌握动作方法的过程中搭建一个平台，让已知的知识和技能与所要学习的知识和技能找到一个相同点，为尽快掌握新知识和技能作好铺垫。

例如在进行《蹲踞式跳远》教学时，可以先让学生思考与这个动作相似的动作都有哪些，学生会想到立定跳远和正面屈腿跳高的动作。那么，教师在教学过程中就会很容易地让学生分析出，蹲踞式跳远和其他动作的相同点和不同点。其中空中并腿和双脚落地动作相同，起跳方式和起跳角度不同。学生通过这样的归纳、总结使已有的知识和技能得到迁移，在大脑中出现或形成一个简单的蹲踞式跳远动作表象。再结合教师的示范和讲解产生一个直观的印象，学生就会形成自己的动作概念，并在不断练习的过程中，加深自己对动作概念的形象性理解。这样可以有效地提炼出所学动作的本质所在，也就是教材内容的重点和难点。教师也可以根据重、难点制定出相应的教学目标，让学生围绕着教学目标一步一步地提高。

6. 美术学科

审美活动是一种特殊的认识活动。从思维层面来说，审美是按照美的规律、规则进行的形象思维。

在美术教学中，教师要充分发挥美术学科形象思维的特征，通过视频、图片等视觉资料，引导学生将外界的信息经过感官的活动逐步内化为思维、知识，不断地积累绘画的表象素材，培养学生的直觉思维能力。如在第二册《漂亮的童话城堡》一课中，教师可通过多媒体信息技术平台，引导学生观察、欣赏师生搜集来的生活中、动画作品中、绘画作品中的多种城堡的造型，以此进行形象思维的训练，并让学生积累不同城堡造型的素材，感受绘画创作的形式美；从而在观察记忆的基础上进行建筑结构的提炼与总结，为学生精彩的设计奠定好结构的基础，达到认识城堡美的结构、美的形态的表象积累的目标。再如在第二册《我们的节日》一课中，引导学生观察节日的图片，感受环境中装饰物的布置和色彩，让学生体验节日的喜庆气氛。这样可在认识颜色的同时培养学生对色彩的感受力、辨别力，启迪学生的直觉思维能力，达到引导学生学会认识生活中的美、发现身边的美、观察美的事物、并在情感上感知和体验美的目的。

美术教学对于小学生具有强烈的吸引力，美的启迪、美的感受、美的创造无不体现着思维活动的过程。因此，美术教学在小学生的思维发展中占有十分重要的地位。美术教学不仅能培养小学生的艺术思维才能、审美能力和审美趣味，而且能提高小学生对美的事物的感受力、对事物美丑的识别力、对美的事物的创造力，以及审美思维素养和综合思维素质。

7. 科学学科

小学科学教学以观察、实验为基础，通过对周边自然事物、自然现象的观察和实验，获得对自然事物、自然现象的认识，培养小学生观察、实验的基础技能和实事求是的科学精神。

科学课教师在学生的观察活动中，要注意引导学生对自然事物进行深入细致的观察，丰富和积累表象。让学生把现在的观察同已有积累的表象结合起来，并在头脑中进行分解、组合、类比、概括和联想、想象等加工，从而抓住事物的本质特征，获得对自然事物的认识，发展形象思维。如在学习沉浮规律时，学生通过动手实验了解到：当玻璃瓶、牙膏管、乒乓球不装水时，在水中是浮的；装满水时，它们便由浮变沉；而气球（里面放石子，用皮筋绑在塑料管上）、橡皮泥放在水中是沉的，当改变它们的形状，使它们在水中的体积变大时，这些物体却浮了起来。学生通过分析、讨论并在头脑中比较物体大小前后的变化，找到了这些事物沉浮的原因，初步懂得了沉浮的规律。

学生做实验时，既要动手又要动脑。动手和动脑有什么关系呢？ 学生劳动或做实验时，头脑中一般有一个设想的目标，然后通过动手操作，一步一步地接近目标。每一步操作都会在大脑中产生一个新表象，它与目标进行比较后会获得一个反馈信息，再按照反馈信息进行下一步操作，直到达到目标的要求。这种在大脑中进行的表象与目标的比较、信息的反馈，都是对表象的加工，是形象思维活动。如《凸透镜成像》一课，学生在做实验时，将纸屏、凸透镜、点燃的蜡烛立在桌子上的一条横线上，然后通过手的操作调节纸屏和蜡烛的距离，使纸屏上清晰地出现蜡烛的像，而产生的像都是倒立的。当凸透镜离纸屏近时，像是缩小的；当凸透镜离纸屏远时，像是放大的。这种对凸透镜成像规律的认识，就是动手操作、动脑思维的结果。

在教学改革实验中，科学课教师根据课程标准的要求，让每一个学生通过自己动手动脑进行观察、实验和记录，从而发展了学生的思维，培养了学生实事求是的科学精神。

8. 综合实践学科

综合实践活动是以学生的兴趣和直接经验为基础，密切联系学生自身生活，强调学生通过实践增强探究精神和创新意识的实践性课程，对于培养学生的思维能力有着得天独厚的条件。在教学中，教师精心设计教学环节，运用恰当的方法对学生进行发散、想象、直觉等多种思维训练，取得了良好的教育效果。

教师可通过发散思维训练培养学生思维的变通性。例如在泥条盘筑活动中，书中为学生提供了圆形装饰物的制作图，使学生的思维活动有了可加工的材料，但是千篇一律的作品并不能很好地激发学生的创作热情。因此在教学中，教师从作品的样式、风格入手，重点设计了发散思维训练的过程。在教师的引导下，学生对教材中的每幅图进行了认真的观察和分析，通过给每幅图命名的方法总结出了制作的步骤，并且归纳出了外圈和内部花纹的样式，对已有知识进行了学习和内化。

教师还可通过想象训练培养学生思维的深刻性，通过直觉思维训练培养学生思维的流畅性。教学中对学生直觉思维的训练，通常是在教师的指导下，学生运用已学过的知识与技能，自己发现问题、提出假设、探索规律，从而获得新知识，培养思维能力和动手能力。一般步骤是：创设情境，引入问题；学生对提出的问题做合理的猜想（即进行直觉思维），让思维发散；引导学生通过动手实践来验证猜想，寻找并确定操作方法；对获得的知识加以应用。

在这种不断思考、实践、检验和反馈中，学生对问题的研究逐渐深入，逐步接近了事物的本质。同时，学生在观察和操作的基础上，积累了更多、更丰富的表象，思维得到了提升。

（二）校园数字化建设与管理改革

在课题组教学思想的支撑下，我校自 1998 年开始多媒体教学实验，2003 年开始进行网络教学实验，2005 年引入交互式电子白板并进行教学反馈研究。多年来，学校整体的信息化水平有了大幅提升。

1. 开展电脑班实验

（1）"课堂教学"的变革。

在 2003 年，我校尝试组建了电脑班，让学生在网络环境下人手一机进行学习。我们试图通过这种新的形式改变原有的教学模式，提高学生的能力和教学的质量。没想到电脑班六年的教学改革实验的探索，无意间却引发了一场深刻的"课堂教学"的变革。

首先，改变了教学内容（或教材）的呈现方式，延伸和完善了"课"的概念。电脑班的学习突破了狭小的教室空间与短暂的课堂学习时间的局限。学生可以不再被那仅有的信息源（教师或教材）牵着走，他们可在课前从网络广泛的信息资源中选择他们所需要的学习材料，真正成为学习的主体；在课后针对个人特点，完成教师布置的个性化作业。如在教学《威尼斯小艇》时，教师安排学生在课前查找威尼斯小艇的资料。通过上网学习，学生不仅找到威尼斯小艇的图片，还欣赏了威尼斯的城市风光，了解了威尼斯城的形成原因、威尼斯的桥、威尼斯的风土人情以及有关它的姐妹城——素有东方威尼斯之称的苏州——的情况。课后在教师的提示下，学生从网上查找到朱自清的散文《威尼斯》进行了阅读，扩展了他们的知识。

其次，充分发挥了学生的主体性作用，凸显了个性化学习。学生在校园网上自主选择学习内容、自主选择练习和作业，这种个性化的学习极大地发挥了学生的主体性。如在电脑班对信息技术应用的多频率，使抽象的教学内容具有声情并茂、生动活泼的表现形式，使教学活动情景交融，学生能更准确地感知所学知识；同时也使学生有更多机会用多媒体课件或通过网络来学习英语，体现了学习的自主性和个性化，从而在听、说、读、写等各方面得到更多的锻炼。比如我校学生运用博客及时反馈英语学习情况、浏览并回复英语教师的博客内容、进行在线学习检测等，都大大提高了学生的学习成绩，促进了学生的个性发展和综合素质的提高。

最后，形成了班、小组、个人三者结合的学习方式。学生在独立思考的基础上，运用电脑、网络的交互性功能，完善了班、小组、个人三者结合的学习方式。如在美术课中，学生经过小组协商，利用课堂中学习到的色彩知识创编了许多想象丰富的和色彩知识有关的小故事，达到了教师在课前所没有想到的效果。在这一过程中，每人在独立学习完成一两个形象的填色任务并上传至校园网络后，又充分发挥各自的能力，完成小组创编的色彩小故事。其中，有的负责构思——主创故事情节，有的负责技术——完成Power-Point的幻灯片制作，有的负责展示——边演示边讲解故事。可见，在班、小组、个人三者结合的学习方式中，学生积极参与活动体验增强了他们的自信心，提高了他们解决问题的能力，培养了他们的创新能力。

（2）促进学习的可持续发展。

首先，电脑与网络作为现代教育媒体，是发展两种思维的好载体。利用电脑和网络的教学系统，培养学生的形象与抽象思维能力，有利于学生个性的发展。如音乐课中可便利地借助电脑进行歌曲创作教学。比如小学音乐课改教材第一册第五单元《宝宝睡觉》一课，为了让学生更好地体会"摇篮曲"的音乐风格，教师首先引导学生细心领会歌词的内容、意境、情感，感受词的韵律，然后让学生利用自己电脑里的音乐软件Cakewalk自由编创，最后将学生创编的旋律上传到教师电脑内进行播放。这样，电脑音乐系统极大地提高了学生学习音乐的积极性，有利于培养学生的创作兴趣、形象思维及创新能力，促进学生智力的发展。

其次，有利于知识的记忆与迁移。巩固所学知识是教学过程的一个必要环节。巩固知识的必要性在于：第一，学生在课堂所获得的知识是间接知识，容易被遗忘，必须通过复习来加以巩固；第二，只有掌握和记住了知识，才能为下一步的学习奠定基础，才能顺利地学习新知识、新材料。因此，在教学的每一个环节上，都应该重视对教材的识记与巩固。而要想提高记忆的效果，必须运用正确的识记方法。心理学为我们介绍了三种记忆方法：首先，少用机械识记，多用意义识记。其次，引导学生把视、听、读、写、操作结合起来，利用多种分析器，这样可提高记忆效果。最后，对抽象内容的识记采用形象记忆法。现代教学技术的使用，可以将这几种记忆方法有效地结合。如何短时、高效地记忆知识呢？ 例如学完《小蝌蚪找妈妈》一课后，要使学生记住小蝌蚪的样子、青蛙的样子以及小蝌蚪的身体经过哪些变化成为了青蛙。教师为此设计了多媒体演示文稿，将图、文、声、色结合起来，将具体的图和抽象的字结合起来。实践证明，将多种分析器结合起来，是可以有效提高记忆效果的。

心理学实验表明：人们对通过视觉获得的知识一般能记住25%，而对通过听觉获得的知识一般只能记住15%，假如把视、听觉合起来，记住的知识不是40%，而是65%。因此，在教学过程中，要注意充分运用现代教学技术把图、文、声、像、光等结合起来的特点，使学生感知的材料丰富、直观，让他们的眼、耳、手、脑各种感官都参加到学习活动中来，创造出有利于记忆的环境。

最后，有利于探索性学习和能力的培养。网络上信息量比较大，学生通过浏览网站、整理相关资料、进行集体性交流，能比较好地理解所学知识。因为是一人一机，能使每一位学生都积极投身到自主学习的活动中来，因此优化了学生的自主学习和探究性学习，培养了学生独立思维的能力。如在《有趣的汉字》一课中，教师就借助动画形象生动、易懂好记及其能加强学习活动的序列与学生心理需要之间的联系，促使学生积极、主动地参与活动，创造性地完成学习内容。

2. 交互式电子白板的应用

电子白板是一种新的高科技电子教学系统，它由硬件电子感应白板和软件白板操作系统集成。电子白板集计算机、投影仪及传统黑板的多种功能于一身，使用非常方便。其交互式触摸系统彻底打破了实际应用中的种种局限，轻松实现在白板上书写、注解、操作电脑等功能，为信息化时代的课堂教学及演示提供了完美的互动式解决方案。电子交互白板技术为师生互动、生生互动提供了技术支撑。在课堂教学中，我们利用电子白板完成呈现、展示、交流、互动、合作，拓展教学资源，优化教学过程，提高课堂教学效率。

由于学生对白板关注的增多，加强了集体共同参与的学习过程，教师也成为整个学习集体中的一员，不再是远离学生的、躲在设备后的软件或设备的操作者，学生在无意识中达成了与教师和同学在情感上更多的交流沟通，学习兴趣也随之提高。使用交互式白板技术能即时、方便、灵活地引入多种类型的数字化信息资源，并可对多媒体材料进行灵活地编辑组织、展示和控制。它使得数字化资源的展示更灵活，也解决了过去多媒体投影系统环境下，使用课件和幻灯讲稿以及教学材料结构高度固化的问题。现在，教师的板书内容可以被存储下来，写、画在白板上的任何文字、图形或插入的任何图片都可以被保存至硬盘或移动存储设备，供下节课、下学年或其他班级使用，并可与其他教师共享；也可以电子格式或打印出来以印刷品方式分发给学生，供课后温习或作为复习资料。交互式白板可以记录下白板上发生的教师教学和学生学习过程的所有细节。同时，白板软件提供了一个脱离白板环境可以阅读白板特殊文件格式的小程序，这一功能使学生可以随时复习课堂教学过程中的每个环节。因此，笔记的抄写过程也发生了变化，因为在白板上发生的所有课堂教与学的过程都可以以最通用的格式被记录下来，如PPT、HTML格式，这样原本学生用来记笔记的时间可用来更多地参与到集体学习或交流反馈中。

在装备了电子白板的班级中授课，电子白板课的魅力毕现、活力四溢，令师生精神亢奋、喜形于色，感受到与传统课堂迥然不同的世界。可以这样说，电子白板教学为师生提供了一个优秀的教育平台，使丰富的主题资源在课堂教学中能充分发挥其应有的效能，让课堂教学更加生动精彩。同时也让学生积极地参与到教学当中，大大提高了他们学习的自主性和积极性，达到了事半功倍的效果。

3. 校园信息化的深入研究

2008 年，我们初步尝试开展"数字校园项目"。在研讨中，我们思考计算机或者说现代信息技术最擅长的是什么。我们想应该就是所谓的"数字游戏"，是"信息的组合应用"。于是我们认真反思："我们需要什么信息？"具体来说，教师需要什么信息能够有助于教学，学生获得哪些信息利于自我调整，家长获得哪些信息能够帮助学生成长，管理者需要什么信息提升管理品质……这些信息从哪里获取？ 怎样在日常的活动中，最大限度地获取和共享这些信息？ 最终，我们确定了建设数字化校园的目标。

（1）数字化校园的建设目标。

即以校园文化建设为中心，构建数字校园软硬件环境，整合现有的各个应用系统，完成数据交换与共享；以学校各项管理为中心，构建数字管理办公平台，利用科学的管理方法提升管理品质；以教师应用为中心，构建教、研、学、练为一体，集资源建设与教学评价于一身的教科研应用平台，为教育教学服务，同时搭建一个具有学校特色的资源库系统；以学生学习为中心，构建校内外学生学习、交流平台，给学生开创洁净、健康的网络学习与交流空间；以家长、社会需求为中心，构建信息发布平台，开创畅通的校内外交流空间。

（2）研发教师交流共享平台。

教师交流共享平台的设计思路主要来自教师备课的经历。教师们在研究课的准备过程中经常到处搜寻资料，查询大量的素材，制作精美的课件，与其他教师共同研讨，过程往往非常艰辛；但是课程结束后，这些珍贵的资料往往被束之高阁。因此，我们设立了共享平台，按照现行教材版本进行编目管理，目录层次依次为：学科—第几册—第几课。每课下面设立电子教材、教案、课件、备课资料、题库、反思、视频录像、创新作业、教学研讨等栏目，凡举所需尽在收藏；而对于一些看起来非常美观、实用、但不太清楚应该如何与教材对应的资源则放在公共资源库中，设立关键字以供大家查找。交流共享平台中的题库收藏了有关每课的"反馈性训练"，其中每道题都对应一个知识点、难度级别。

在整个教学储备过程中，每位教师通过日常不断的知识积累和教学反思，不知不觉地提升了自身的教学水平和科研工作能力。

（3）全方位链接学生信息。

① 德育评价系统。

在小学，教师的一个亲切的笑容、一句表扬的话语，都可能对学生的学习产生积极的影响。新课标指出，要面向全体学生，要关注每一个学生，而在学校教学中常说"抓两头带中间"。那么，教师有没有精力关注到每一个学生？ 这个任务怎样不打折扣地实施？我们的德育评价系统就为教师们的评价提供了一个工具。课上评价系统是一个外接的 CS 程序，与数字校园系统相连，使用非常简单。教师在课上根据学生的表现发放电子小星星或者小提示，系统可以主动提示一段时间内未被关注的学生的名字，引起教师的注意。学生和家长也可以通过网络了解评价的结果。同时，系统也提供课下评价和同伴评价的功能，学生们可以轻松获得在校表现的电子档案。家长、教师还可以通过系统给孩子写"成长足迹"，相信将来这一定会成为学生宝贵的财富。

② 作业诊断系统。

我校鼓励每位教师的课堂结构中要有检测的环节，即教师上完课后要通过检测明确哪些学生掌握了，哪些还差一些，哪些知识没有讲清楚、学生没有学明白。为了解决这一问题，在数字化校园建设项目中，我们开发了"作业诊断系统"。这个系统分为两个功能，一个是在线作业，主要针对电脑班和在机房上网络教学课程的班级，反馈题目为标准化试题。在线作业可以使师生马上获得反馈结果，并进行有针对性的在线练习。而对于非标准化试题，系统为教师提供便捷的输入方式。答题结果录入系统后，任课教师可以统计学生上交作业的情况和题目的出错率、作业质量，并根据作业情况编写作业日志，从而有助于更好地利用学习的迁移原理，调控课堂教学。每位学生还可以获得一份错题本，进行有针对性的复习和练习。学校管理者可以了解各任课教师的作业批改情况以及学生交作业的情况，对教学指导起到一定的作用。

③ 考试自测分析系统。

考试分析系统用于对考试测试结果进行分析。即系统提供组卷、导出、考试安排等功能，在考试结束后可对成绩进行分析，包括总分、平均分、标准差等若干指标，系统还可对考试中的每一道题算出得分率、失分率，教师可以根据系统提供的数据进行质量分析。学生和家长可以在线查看历次考试情况，而为了保护学生的权益，系统隐藏了具体的得分，只展示学生大致的成绩曲线。管理者可以通过系统了解每次考试后各班级的成绩情况，及时指导教师调整教学。

三、不断巩固扩大研究成果

(一) 建立"马芯兰教学思想研究中心"

学校坚持教育思想的传承和发展，将马芯兰教学思想渗透在各个学科的教学中，使各学科教学能围绕思维主线进行能力培养。学校数学学科秉承马芯兰教学思想的精髓，在市、区以至全国发挥示范与辐射作用，其中一大批数学教师成长为市、区学科带头人、骨干教师。

我们采用项目负责制的方式，开设"数学教师研修工作室"，以项目教研为载体，以骨干团队为抓手，自我结伴，为教师的专业发展创建环境、提供支持。学校邀请市、区级教研员对课堂教学进行调研诊断，研究了数学"新授内容的探究课、专项内容的训练课、习惯培养的作业课、建立结构的复习课"四种课型的教学模式，推出相应的教学研究课，并刻录成精品课光盘，供数学教师学习研讨。此外，学校还研究一至六年级共 12 册教材中的知识点、能力点，收集学生学习过程中的难点，开展专题研究，初步探索了指导学生解决问题的策略和方法，提升了数学教师对新课程实施的执行能力。研究中，学校把教师的需求作为培训的出发点，聘请专家进行课堂教学指导、综合命题指导、教研组活动指导、立项课题指导、学科基本功辅导等，满足教师不同的需求，促进教师主动参与。

学校聚焦教研问题，关注课堂教学，改进教研活动方式，努力缩短教师对新课程实施执行能力的差异和学科组教学质量的差异，并重视学科组建设，重视教研活动的实效性。通过专业引领、同伴互助、自我反思等多种形式，学校的教研活动呈现出经常化、专题化和系列化的特点。学校还作为朝阳区"校本教研"基地校，开展"数字化校园环境中校本教研方式研究"，组织召开"自主模式下校本教研方式研究"现场会，将优秀经验辐射全区。并通过多种形式的校本教研诊断教学问题，活化教研活动，重视成长过程，使教师的教科研能力得到提高。

教师以新课程理念为指引，以思维为核心，开展形象思维的理论研究与教学实验，在语文、数学、英语、音乐、体育、美术等学科教学中进行课堂教学改革，承担了"北京市提高课堂教学实效性""北京市提高教师课程实施执行能力现场会""北京市交互式电子白板教学研讨会""全国走进名校教学交流活动"等交流研讨活动。

(二)提升课堂教学与管理的综合质量

培养学生的能力、特别是创新能力，是我们在课堂教学中的追求。同时，我们也要追求教学过程的科学化，即以最少的时间和精力使课堂教学达到最佳的效果。为此，我们尝试运用课题理论，提升课堂教学综合质量，并取得了良好的教学效果。

1. 基于课堂教学的研究

（1）课堂教学结构的设计。

我们提出在引导学生学习的过程中，教师要理顺思维、技能、知识三者的关系，让学生明确每一节课的学习目标和学习要求，使他们做好知识和心理上的准备。所谓"温故而知新"，学习是从已知到未知。由于知识各有特点，所用的思维方法也不尽相同，要破解学习难点，就要有效运用教育心理学中学习的迁移原理，整体把握教材，抓学科知识的重点，促进知识的迁移。教师的课堂教学设计要以思维为核心，引导学生对所学的知识进行归纳、概括、总结，重点强化、加深理解和记忆，做到精讲多练，以便于本节课内容和下节课内容能更好地衔接。我们还引导教师认真研读教材，掌握知识体系，在通读教材的基础上分析教材，做到"四看"：一看新旧知识的联系，弄清学习新知识涉及哪些旧知识（经验）；二看学习新知识涉及哪些技能；三看学习新知识运用哪些思维方法；四看对相关旧知识（经验）、技能、思维方法学生是否已掌握。在分析教材、了解学生的基础上，教师要明确教学重点、难点，思考如何突出重点、化解难点，进行教学设计，并从教学内容、方法、训练的培养等方面找到提高学生学业成绩的途径。

（2）学习问题情境的设计。

学生学习内容的呈现方式应采用不同的表达方式，以满足学生多样化的学习需求。创设多种问题情境，可以调动学生的学习积极性，并且一个有意义的问题将对教学效果起到事半功倍的作用，教师要尽可能结合生活实例，让学生理解性地去思考并回答问题。这一过程中培养学生的形象思维能力，是突破学习中若干问题的良好途径。而形象思维是用形象材料、表象，通过对表象的加工、改造（分解、组合、类比、联想、想象）进行思维。教师挖掘教材内容，利用丰富的材料创设学习情境，创设探索性情境、操作性情境、竞争性情境、生活性情境、游戏性情境和故事性情境等，充分调动学生的学习积极性，让学生在参与学习的活动中产生探究新知的欲望。教师还会向学生提供从事教学活动的机会，帮助他们在自主探索和合作交流的过程中理解和掌握数学、语文、科学、音乐、体育等学科知识和技能，使学生对学习产生浓厚的兴趣，提高学习效果。

(3)课堂练习和作业的设计。

对于专业课而言，技能是最主要的，而技能的提高就是靠"练"——这就需要课堂练习和作业相结合。首先，课堂练习的设计着重考查学生刚学或刚练的知识的掌握情况，起到及时反馈和巩固所学知识的作用。因此，课堂练习要紧密联系课上的内容，适时地穿插安排，多选用难度不大、全班学生基本都可以答对的习题；对于课外作业的设计，要联系学生已学过的知识，达到加深理解、综合运用、逐步提高学生对专业的理解与应用能力的目的。作业是反馈教学效果、培养学生能力的一个重要手段。温老带领育才学校进行了关于练习的改革，大大丰富了语文练习的内容与形式。我们在学习中汲取了经验，同时因地制宜、因课制宜，设计了有趣的作业。

语文教学中结合课文中涉及的写作知识、表达方法、修辞手法等，设计说话、仿写、补写、改写等练习，培养学生应用语文知识的能力；结合课文中的一些情节、情景等，让学生进行续写，把学生带入课文的情境，理解、想象、会话等多种训练融于一体，培养学生的想象能力。此外，让学生摘抄新闻、故事，诵读诗词、名篇，日积月累，提高学生的语文综合能力。

数学练习的改革更加体现为实践性、研究性与趣味性。教师要善于挖掘教材的潜在功能，恰当地对教材知识进行延伸、演变、补充，使学生的思维处于兴奋、积极的状态。为让学生亲身经历将实际问题抽象成数学模型并进行解释与应用的过程，教师设计了富有生活情趣、能引导学生动手动脑、学以致用的数学问题。并在训练学生对知识理解、运用的同时，鼓励学生对知识进行再创造、再发现，使学生从传统的模仿中转化到对知识的研究上来。

（4）学生思维能力培养的设计。

素质教育的核心问题是能力的培养，其中思维能力的培养是教学的主要方面。思维加工，一要有加工的材料，就是语言和表象；二要有加工的方法，就是思维的方法。抽象思维的基本方法有分析、综合、抽象、概括、归纳、演绎等，而形象思维的基本方法有分解与组合、类比与概括、联想与想象等。在教学实践中，我们注重研究两种思维方法在课堂教学中的运用，在各学科的教学中强化两种思维能力的培养。

如在小学数学的教学中，应用"数形结合"进行教学，对图形的认识、数形转化，以提高思维的灵活性、形象性、直观性使问题化难为易，化抽象为具体。创造性思维是创造过程中的思维活动，它主要是两种思维（抽象思维和形象思维）新颖的灵活的有机结合。"数"更多的是发展逻辑思维，而"形"更多的是发展形象思维。"数"与"形"结合，相互渗透，把代数式的精确刻画与几何图形的直观描述相结合，使代数问题、几何问题相互转化，使抽象思维和形象思维有机结合。

应用题是小学生学习的一个难点。为了减少学生学习应用题的困难，教学中，通过线段图来表示应用题中的各个数量，以线段的长短表示数量的大小，以线段的位置、长短、对应表示数量关系。这样就把应用题中比较抽象的数量关系用线段图把它形象地描绘出来了。学生通过看图、画图，对应用题中的内容和各个具体内容之间的关系就看得清楚了。对于含有复杂数量关系的复合应用题、分数应用题、百分数应用题、比例应用题，如果能够熟练地画出线段图，就可以把较复杂的数量关系较为明显地表示出来，就能帮助学生较快找到解题方法，列出算式，求出正确的答案。尤其是对学生解答分数乘、除法应用题，画线段图更能起到有益的辅导作用。这样的设计发展了学生的形象思维，使两种思维紧密相结合，培养了学生的创新能力。

此外，还要培养学生思维的广度、精度、深度与活度。要引导学生在生活中善于联系和思考，不人云亦云，遇到问题善于联想，从多种角度看问题。教师在教学中要有意识地加强学生逆向思维的训练，启发学生思考与已知过程相反的过程，培养学生倒过来想问题的习惯，考虑与已知条件相反条件下的状况，构思事物反作用的结果，从而开拓思路、找出解题的途径。

2. 基于教学管理的研究

（1）抓基本功与抓能力。

学校提出要想提高教学水平和教学效果，教师应具备这样一些能力：获取和驾驭知识的能力；了解和分析学生学习心理的能力；学科命题能力；课堂教学的组织能力与语言表达能力。2008年，我们重点抓教师的命题能力，利用暑假期间，通过专家指导、学科纵向教研，我们带领教师研究教材的知识点、训练点，建网络题库，共收入题目39 100道。教师在教学中，通过选取知识点、选择相应的练习题，达到一定的训练效果。为进一步落实课堂教学反馈的监测效果，寒假期间，语文、数学、英语学科教师针对每课时设计《日积月累——课堂教学反馈监测与指导》练习册。这些不但提高了教师对教材知识点的把握能力，同时针对每节课的教学效果进行作业诊断与录入分析，积累了大量的教学应用数据，以备分析使用。

（2）抓常态与抓改革。

学校制定行政听课例会制度，开展常态课堂教学评价，并要求行政领导100%兼课。行政人员每人负责一个年级组，对组内教师的教学全过程进行质量监控。学校在网络上开辟了"校长导学"栏目，利用课堂教学诊断，带动全体教师关注学生学科学习习惯的养成。在课堂教学评价中，重点听学生的学习状态、思维品质和学习习惯，通过评价学生来评价教师的课堂教学效果。常态教学中研究"精讲——训练相结合的教学模式"，加强教研组的横、纵教研，开展专题听课、评课、赛课等活动，研究教点、学点、考点、知识点落实情况、学生能力提升点等。学校还借助教科研管理平台，对教师备课、上课、作业、辅导、测查情况按照区指导意见与评价指标严格执行，规范教师的教学行为；并有效利用数字校园网络平台、"作业诊断系统"和"考试分析系统"，提升数据使用的信度与效度。

(3)研究学生的注意力、记忆力。

兴趣是学习的最好动力，兴趣能引起注意，激发情感。我们初步研究不同学生注意力集中的时间与原因，在教学中不只是用灵活多样的教法、生动形象的讲解去吸引学生的注意，更重要的是利用知识本身的魅力激发学生的求知欲。另外，要让学生重复体验自己亲身参与掌握知识的情感，唤起他们对知识的兴趣，自觉、积极地开动脑筋去摄取知识。结合学科教学，我们充分利用共享资源，为学生提供大量课内外学习材料，通过有意记忆和无意记忆丰富学生的认知，引导学生学会理解性地记忆，并开阔其眼界，帮助学生掌握丰富的知识。

(4)研讨学科学习习惯与培养策略。

我们提出：学好每一门功课的学问，引导任课教师通过教学实践挖掘归纳学科学习习惯与培养策略。通过学科组研究，我们初步拟定培养学科好习惯的突破口：语文——观察、阅读、积累、练笔的习惯；数学——读题、分析、善思的习惯；英语——倾听、交流的习惯；音乐、美术——听辨、欣赏、练习的习惯；科学、体育——观察、模仿的习惯。教师要从学习的角度引导学生抓住关键问题、关键句，突破知识难点；并让学生掌握知识的规律，运用规律去解决学习上出现的问题。这样，只要他们掌握了运用规律的方法，就不会在陌生的问题面前束手无策了。

四、课题实验的优异成绩

一所学校如果没有人文，学校会变得单调、乏味，生命会失去光彩；如果没有高质量的教学追求，学校的教育也会大打折扣。学校通过创设和提供良好的物质环境、精神环境与文化氛围，研究思维训练的途径与方法，潜移默化地去影响、熏陶、启迪师生去追求人生之真谛。从细节着手，追求卓越之心激发朝实人创建了学校的品牌，成为一种优秀的坐标。

我们研究思维的发展，实施新课程，使教师沿着专业化发展的道路前进。通过对课堂的组织和调控进行跟踪和反馈，建构学科专业教研网站的研究，引导教师从学生思维发展的角度出发，创造出适合学生发展的教学方法，逐步提升运用现代教育技术和教育科研的能力。通过逐步打破对教学管理和评估的一些做法，扩展传统校园的功能，最终实现教育过程的全面信息化，以实现教育现代化的宏伟目标。我们将"思维是智力的核心"这一思想精髓作为自己实验的立足点，将思维训练置于教学的核心地位，注重观察、想象、联想、分析、概括的训练，注重研究各学科的基本技能及训练方法，注重知识的积累与知识间的迁移、内化，并体现在教学实验改革的全过程之中，有效地对学生进行基本技能与思维的训练，培养学生多方面能力的发展，使得我校在教育教学方面取得了突出的成绩。

十多年来，学校参加了总课题组"九五""十五""十一五"期间的研究与学习，共享课题研究成果，使教育理论与实践水平得到跨越式提升。学校先后荣获全国首批科研兴校示范基地、北京市奥林匹克教育示范学校、北京市基础教育科学研究先进学校、朝阳区首届教育科研成果奖等60余项集体荣誉称号。学校独立承担了教育部规划课题"校园网络环境下学生合作学习方式的研究"并取得优秀研究成果，出版了《小学生创造性学习教学法》《小学数学教学与创新能力培养》《观察·阅读与小学生作文》等教育专著。其中《小学生创造性学习教学法》荣获教育部第三届全国教育科学研究优秀成果奖，《小学数学教学与创新能力培养》也于2009年被评为北京市教育教学优秀成果二等奖。2009年数字校园系统也获国家版权局著作权，被评为北京市朝阳区教育教学年度成果奖。

学校于"十一五"期间独立承担教育部规划课题2项，市、区科研立项课题 3 项，参加市社科规划办、市教委规划办重点科研项目子课题研究 2 项，较大程度地提高了教师的教学水平。近五年来，学校承担市、区大型学科教学观摩活动 30 余场次，有来自北京市各区县的教师几千人次参与交流研讨。数学、语文、英语、音乐、美术、体育、科学、品德与生活、信息技术学科都分别召开过市、区级专题教学研讨会，得到了各级教育专家的指导。

2009 学年度，学校有 68 名专任教师入选骨干教师名册，其中北京市学科带头人、骨干教师 14 人，朝阳区学科带头人 32 人，朝阳区骨干教师及优秀青年教师 36 人。

《现代教育报》《北京晨报》和中央电视台等多家媒体聚焦在我们的校园，对学校的办学思想与发展动态、办学特色等多次进行报道。我们与英国的 Bounds Green Junior School 和 Welboune Primary School 两所学校结为国际友好学校，并通过互访、互联网等交流办学经验。我校长期为新疆库尔勒华山学校提供教育支援，承担教师的培训工作，并与四川什邡教育基地、青海省海东地区基石小学、内蒙扎赛特旗中心小学、张家口下东营小学等单位结为手拉手学校，开展送课交流、专题研讨等教育实践活动，宣传课题的思想与实验经验。在北京市除怀柔三小、长店小学以外，长期与我们进行学习交流的还有顺义沿河小学、大兴金海学校等 11 个单位。

"宝剑锋从磨砺出，梅花香自苦寒来。"数字化校园展示了未来教育的美好前景，现代与实验的办学方向将指引我们不断实践探索。正如温寒江先生在《建立两种思维的新智力观》一文中总结的那样："15 年来课题组开发大脑潜能，发展形象思维，形成了两种思维的新智力观，它是青少年智力发展的一条最佳途径，为素质教育从传统教育转变为现代教育提供理论依据。"这使我们教育工作者终身受益，并将作为我们一如既往地深入学习与研究的行动指南。我们将再接再厉，为教育事业的蓬勃发展不断创造新的辉煌！

（北京市朝阳区实验小学　陈立华　张　琪）

第十章

科研引领发展,课题写就华章

——北京育才学校小学部实验校研究总结

在北京南城著名的皇家园林先农坛内,在悠悠青草与参天古树的怀抱与映衬下,坐落着优雅别致的仿古建筑群落,这就是既有光荣革命传统又具有现代人文气息、有着71年历史的全国名校——北京育才学校。党和国家三代领导人在不同时期先后为学校题词,对学校的发展寄予了殷切的希望。育才学校是一所由小学部、初中部、高中部、国际部组成的多建制学校,其中小学部更是以优良的育人质量、雄厚的师资力量和坚实的科研基础,享有很高的社会声望。

小学部的发展始终依托以"科研为先导"的办学理念。在以科研导航的发展之路上,小学部迈上了一个个办学的新高度。

一、重视教育科研思想引领

长期以来,我们的课堂教学普遍存在枯燥乏味、抽象难懂、死记硬背、高分低能的现象。就在教师们感到困惑无助的时候,原北京教育学院院长、著名教育家温寒江同志,多年来将教学改革的思考聚焦到形象思维上来。自 1992 年起，他开始主持北京市哲学社会科学"八五"规划项目"开发右脑，发展形象思维的理论和实践"，力图以发展形象思维为突破口，探索一条教学改革的新路。

也是自 1992 年"八五"规划项目伊始，育才学校小学部就在王俊英校长的带领下，紧紧追随这一前沿课题的研究，这一干就是 20 年。

研究初期，教师们很难将熟悉的备课、上课、辅导的教学流程与"科学研究"之间建立联系。带着对"科研"的好奇，抱着试试看的心态，大家开始了艰难的探索。

为了尽快将教师们引向科研的正确航道，温老把辩证唯物主义认识论、现代思维理论、认知心理学理论、文字学、现代语文教学理论带给了多年从事小学教学工作的教师们。专家报告、实验教师专题发言、座谈会、摘录重要文献、撰写读书笔记以及专题讲座与集体讨论相结合、自主读书与集中辅导相结合等多种形式的学习，帮助教师澄清了概念、明晰了理念、更新了观念，为课题研究的实施作好了前期的准备。

通过日渐深入的学习，教师们逐步认识到思维是教学过程的核心。语文教学要想提高质量和效益，必须紧紧抓住思维这个核心。因为作家写文章（如散文、诗歌、小说等）用形象思维，读者（包括教师、学生）读作者的文章也要借助形象思维，而小学阶段又是发展形象思维的关键时期。然而长久以来，语文教学只注重逻辑思维而忽略形象思维，可见，语文教学存在问题的关键在于语文的教学思维、教学过程和教学方法不符合学生思维发展的规律和语文教学的特点。为此，小学部作为实验校，在温老主持的"发展形象思维的理论研究与教学实验"课题组的帮助下，开启了小学语文教学的改革之路。

二、以形象思维为突破口，探索小学语文改革新路

20 年来，小学部以发展形象思维为突破口，以两种思维（形象

思维、抽象思维）为中心，将语文教学改革的进程分为两个步骤：第一步，改革阅读教学；第二步，改革语文练习。20 年的探索，走出了一条语文教学的新路。《小学语文教学新路》一书是教师们 10 年改革语文阅读教学的研究成果。《小学语文练习改革与研究性作业》是教师们关于小学语文练习的研究与实践成果。

从理论的创新与实践的经验两个方面来审视 20 年来课题研究的成果，在《小学语文教学新路》中，主要有以下体现。

● **理论的创新**

1. 构建语文阅读教学过程的新模式

过去语文阅读教学的一般模式为：感知—理解（分析、概括）—练习、巩固。这是只重视抽象思维、忽视形象思维的教学模式。我们用两种思维的理念，在实践中形成了语文阅读教学过程的新模式：感知—理解（想象、感受）—分析、概括—练习、巩固。

直观、形象化教学还不是思维。教师要在感知的基础上，紧密结合课文，通过生动形象的语言和有感情的朗读，有时再配合优美的音乐，激发学生产生种种联想和想象，使课文中描写的画面在学生头脑中清晰、具体、鲜活起来，这就是再造想象的过程。教学实验表明，这样的教学过程，学生学得积极主动，教学效果是好的。

2. 明确了语文训练的基本结构（听、说、读、写和观察）

20 年来，我们在课题研究中认识到，语文的基本技能（能力）除了听、说、读、写外，还应加上观察。听、说、读、写和观察五种技能，是语文训练体系的元素。因为观察是儿童阅读的基础，也是儿童写作的源泉。深入地、有目的地观察，是一种思维活动（主要是形象思维）。儿童对事物的观察越是深入、细致、有感受，他们的表象积累就越丰富，智力就越能够得到发展。儿童初学语文，他们的学习基础主要来自观察——观察不是狭义地看，而是通过生活和游戏，用眼睛去看，用耳朵去听，用鼻子去闻，用舌头去尝，用手去摸，从而积累经验（表象）：这些都是儿童的观察，也就是儿童初学语文认字、阅读的基础。

3. 抓住了语言学习的关键期[1]

脑科学的研究表明:"天生的机制使儿童能获取语言。""早期接触丰富的语言环境,能使儿童的语言快速发展,并很少犯错误。这种能力所依赖的脑区似乎从一生下来就在功能上和解剖上独具特色,并与语言学所称的普遍语法相对应。"为掌握一种语言,必须在幼儿期和婴儿早期接触这种语言。"这可能是由于儿童具有一些先天的机制使他们在大脑中预置了分类接受音位,词、句法类和短语这样一些语言刺激的构造(语言模块)。处在这些语言刺激下,正常语言获取所必需的精细的转折就会易化。"这就说明,语言获取的关键期,同神经具有很大可塑性的时期是相一致的,其年龄一般在1岁到11岁。即小学低、中年级仍处在关键期内。儿童语言的关键期有如下特点:第一,儿童(幼儿)具有学习语言的巨大潜力(内驱力);第二,儿童具有很强的语言模仿力;第三,对那些看来最困难的一些短语结构、句法规则,由于关键期神经的可塑性而变得容易了。

● **实践的经验**

1. 观察、说话、写话课

在小学一二年级,课题组借鉴吕敬先老师"说话、写话"课的经验,开设"观察、说话"课,并把它作为培养观察力的必修课。学校把原有的"说话课"改为"观察、说话、写话"课,每周1节,希望教会学生由简单到复杂、由室内到室外、由静到动、有目的地进行观察,把观察的结果说出来。要求学生要说得完整、连贯、用词基本准确,重点在于内容的具体、条理,而不在语法上做过多的要求。到了一年级末,学生平均可写150字到200字的片段,二年级末学生平均可写300字到400字的片段。训练学生把所见、所闻、所想说出来、写下来,是作文教学的必由之路。三、四年级时,把观察、感受、阅读初步结合起来,学生能写400~500字的片段或短文。五、六年级时,把观察、阅读同自己的思想认识结合起来,把

〔1〕 加扎尼加.认知神经科学[M].沈政,等,译.上海:上海教育出版社,1998:548.

两种思维结合起来，学生能写 700 ~ 800 字的文章，写作记叙文章的能力基本形成。

2. 阅读课想象的培养和训练

在培养学生的再造想象能力方面，课题研究的经验是：在备课时，对每篇课文的内容，教师先要弄清学生的知识、经验基础，了解文章所写的内容以及学生是否有过类似的经验。这其中有几种情况：第一种是学生有过类似的经验，并且比较熟悉；第二种是学生虽然有过类似的经验，但观察不仔细，表象是模糊的；第三种是学生未曾有过类似的经验，对文章内容是陌生的。针对不同的情况，教学中培养再造想象的方法也不同。

对第一种课文内容学生比较熟悉的情况，一般采用教师带感情的示范朗读，再配以适合课文内容的音乐。这种富有感情的朗读不仅能唤起学生有关的经验回忆，也能唤醒一定的情感体验。学生随着文章的朗读可在头脑中展开再造想象，再结合形象进行分析、讲解，文章就变得好理解了。

第二、三种情况指对于课文的内容，学生头脑中的表象是模糊的或陌生的，这就需要使学生尽可能地获得与课文内容有关的经验，丰富他们头脑中的表象。这样在阅读时，才能根据文章的描写，以这些表象为材料展开生动的再造想象。我们的做法是：

(1)课前组织学生有目的地观察；

(2)创设教学情境，调动学生多种感官参与，亲身获取体验；

(3)运用多种媒体手段辅助教学；

(4)启发、指导学生演示、表演；

(5)对话较多的课文，采用分角色朗读的方法。

3. 识字教学和思维训练

汉字是世界上历史悠久的文字，是我国古代劳动人民智慧的结晶。汉字的"六书"是指古人分析汉字而归纳出的六种造字方法——象形、形声、指事、会意、转注、假借。其中象形、形声、会意三种造字方法在字词教学中被普遍运用。

遵循汉字规律，把一个个枯燥无味的符号具体化、形象化，从感知到认知，从抽象到具体，化难为易，在识字教学中进行思维训练是一种有益的尝试。采用图字对照等方法，在识字教学中培养学生的观察力和想象力；识字要求学生耳听、眼看、口读、手写、脑记，做到"五到"；在识字教学中引导学生在观察、想象的基础上分类记忆，提高了学生的识字兴趣，提高了学生的识字效果。

运用儿童脑电波"事件相关电位"的测查，验证了运用形象思维教学法取得良好效果。测试结果表明，认形象字比认非形象字的效果好；形象教学法明显比非形象教学法的效果好。实验组与对照组相比，实验组的成绩明显好于对照组。实验组在认形象字时，大脑认知加工活跃，尤其是右脑加工明显活跃。测试的最后结论是：形象刺激在进行特殊加工时，右脑的认知加工活跃，表明右脑在形象加工时起着重要的作用。"事件相关电位"是一种高密度脑电成像技术，此法用于对语文形象教学的评价，在全国尚为首例。

在《小学语文练习改革与研究性作业》一书中，老师们的研究成果主要体现在以下方面。

● **理论的创新**

1. 练习的内容和技能的形成

温老指出，学习是一种认识过程，思维是这个过程的中心，技能（内化技能、外化技能）是它的两翼，知识是认识的主要结果。用两种思维的观点理顺了技能与思维、技能与知识的关系，完善和优化了学习的认识过程。

虽然儿童的语言能力和观察能力有先天的因素，但听、说、读、写及观察的技能，必须靠后天的训练才能形成，所以小学语文练习的内容包括听、说、读、写及观察技能的训练。这也正是语文训练的意义所在。

2. 迁移在语文教学中的应用

思维有两个基本条件：第一，思维要有载体，即事物在头脑中的表征物，如语言、符号、表象；第二，思维是可操作的，思维活动要达到一定的目的，遵循一定的规律、法则和方法。因此，新、旧两种知识、经验（两种学习情境）若具有共同的思维材料或共同的思维规律、方法，就能够实现迁移；而共同的思维材料、思维规律与方法越多，迁移的程度也就越大。这就是两种思维的迁移学说。

迁移包括有限的迁移和广泛的迁移。前面提到的两种学习情况的第一种就是有限的迁移，第二种是广泛的迁移。语文的工具性，就是把语文当做经常使用的工具——从迁移来说，这就是语文学习的广泛迁移。可见，语文的工具性是通过广泛迁移来实现的。此外，工具性是从功能来说的，而迁移是从方法来说的，我们研究语文学习的迁移，就是研究如何落实语文的工具性。

迁移原理对语文练习的指导意义有以下两点。

第一，我们根据迁移的特点（有限迁移、广泛迁移）把学习内容区分为常用的和不常用的（一般的），语文练习的重点应当放在常用的知识、方法上，即基础知识和技能上。大致列表如下。

分　类 内容、方法		一般的	常用的
知识、经验 （思维材料）		字、词、句、段、篇， 经验（表象）	常用字词，基本句式， 生活经验（表象）
思维规律		词法、句法、逻辑规律、 写作规律等	基本句法
思维方法	一般的	逻辑思维方法、形象思维方法	分析、归纳、概括， 联想、想象
	特殊的	修辞法，写作方法	常用篇章结构方法

第二，要能灵活运用常用的基础知识和基本技能。要着重发展思维（主要为形象思维），培养语文能力。

3. 研究性作业

《语文课程标准》提出：让学生更多地直接接触语文材料，在大量的语文实践中掌握运用语言的规律。这充分说明语文教学要与学生的语文实践活动相结合，通过语文实践提高学生理解语言和运用语言的能力。

研究性作业设计是指教师为有目的地引导学生自主发现、分析、解决问题，积极研究事物本质规律，培养学生合作意识和创造品质，提示怀疑、批判的科学精神的系列策划活动。

语文研究性作业重在过程，重在思维方法的学习和思维水平的提高。研究性作业源于语文教学中未解决的问题，源于生活中与语文相关的问题。研究性作业的设计重视引导学生从已知到未知，从书本走向生活，理论联系实际，提出或解决具有创造性价值的问题。

- **实践的经验**

1. 个性化自主化作业

面对存在个性差异、具有不同学习要求的学生，布置内容相同的作业，并用同一标准去评价学生的作业，不利于学生创造性思维的发展。没有多样性的启迪就不可能有创新思维。因此，课题实验在"大语文观"教育理念的指导下，尝试以尊重学生的个性为前提，以激发学生的主动性、创造性为目标，使作业显示出多样化、个性化、思维化、生活化，突出学生在完成作业过程中的自觉性、自主性、开放性，努力探求接近学生生活实际、能够激发学生自觉完成作业的形式和内容。实现学生完成作业的过程，就是把自己融入学校、家庭、社会的广阔天地中去锻炼、去实践的过程，以达到培养学生创新意识和语文实践能力的目的。

2. 图文日记

指导低年级小学生写绘画日记、图文日记，是引导学生学会观察生活、积累丰富表象、发展形象思维的有效途径。"绘画"是低年级学生的第二语言，这种教学方法符合低年级学生的年龄和心理特点。只要是用心观察、亲身感受的事情，都可以用绘画日记、图文日记的形式表现出来。

低年级学生的绘画离不开观察。在实践中，教师要指导学生有选择、有重点地观察，留心生活中难忘的第一次，捕捉平日生活中的闪光点。

学生进行图文日记练习，可以帮助他们在观察、绘画的基础上，不断积累头脑中的表象。这不仅可以逐步开发儿童的审美感受能力和审美表现能力，而且还可以逐步开发他们的书面语言表达能力，促进两种思维能力的协调发展。

3. 直觉能力的培养

语言是一种工具，也是一种艺术。课堂教学的实质就是帮助和引导学生对课文展开一个由感性上升到理性的审美沟通过程。由于审美的非理性精神使它排斥逻辑推理和分析，最肯定直觉的思维方式，也就是说，审美首先是人在"直觉"状态下与客观外物产生的一种"物我两忘"的心理享受。审美直觉既是一种观察能力，又是一种思维能力。这种直觉具有即时性、直感性和不能用语言来解释其过程的特点。它不是天生的，表面上"突如其来"的审美直觉有其孕育深厚的思维背景——它是在一个人对某事物有着极丰富的表象储备、注意力完全集中在某事物上、思维极为活跃、意识十分敏锐的状态下产生的。这种审美直觉会使学生产生独特的审美体验，从而自愿地、愉悦地受到审美教育，发展自己的形象思维，进而培养自己的创造思维。

三、运用现代教育技术，发展两种思维，深入学科教学改革

育才学校小学部把运用现代教育技术作为推动教学改革的突破口，较早地开展了电化教育工作，从起步到取得一定成绩，走过了20多年的路程。1989年，我校被市电教馆评为首批"电教鲜花校"。"九五"期间，我们制定了"现代教育技术实验规划"，进一步有计划地开展实验工作。到1998年，我校被国家教育部认定为现代教育技术实验学校。

1. 研究多媒体教学应遵循的理论和原则

教学过程是在教师指导下，学生作为学习主体，积极主动地获

取知识和运用知识的过程。学生的认识过程一般分为感知、理解、练习、巩固等阶段，教师要根据不同学科学习内容的特点，使多媒体教学参与学习的全过程。

感知阶段：学生从感知活动开始，感知是思维的源泉。学生学习新知识，是以已有知识、经验为基础，而小学生的知识面窄、经验少，许多事物未曾见过、经历过。多媒体的作用，在于扩大学生的视野，丰富学生的表象，丰富并强化学生的感知，使之贴近生活。

理解阶段：知识的理解过程是思维的过程，其中有的以抽象思维为主，有的以形象思维为主，更多的是两种思维的有机结合。教师要在学生充分感知的基础上，将新旧知识联系起来，进行种种思维加工。其中常用的方法有：

(1)带感情地朗读；

(2)结合媒体提供的形象，绘声绘色地讲解；

(3)引导学生开展联想、想象、抽象、概括，学生画图、表演、口头描述等。

运用(训练、练习)阶段：如利用幻灯片、计算机进行种种练习，发散训练。

反馈、巩固阶段：利用图像、图形、图表进行记忆，用实物投影展示学生学习的成果(答案、图画等)。

由此可见，多媒体的教学功能，从激发兴趣、充分感知、理解知识、训练技能到知识巩固，贯穿于教学全过程。多媒体教学已不是一种辅助性教学，而是一种重要的教学形式。

现代教学媒体和传统教学媒体的教学基本功能，所表达的内容和参与的教学过程基本上一致。这两类媒体的选择与运用所遵循的原则、原理也相同。即同样遵循两种思维相结合的学习理论、思维科学以及和心理学有关的理论和原则。

2. 学科教学改革的实践

关于怎样把现代教育技术和小学学科教学改革有机地结合起

来，我们在总课题组专家的帮助下边研究，边实践，边总结。在开展科研的过程中，我们注意发挥老教师与青年教师相结合开展科研的合力作用，以老带新，青老互促。如我们为各教研组安排了经验丰富的老教师来带青年教师，共同研究现代教育技术的应用。这种结合取得了良好的研究成果，举例如下。

（1）语文。

小学语文教材取材范围很广，古今中外、天文地理都有涉及。有些学生对教材内容有类似的经历，但没有真正体验过；有的内容对学生来说很陌生，学生凭现有阅历难以理解。在教学中恰当运用多媒体技术最突出的优点，就是可以突破时间、空间的限制，让学生能够看到、听到不易直接看到、听到的事物、现象和过程，从而大大丰富表象、丰富教材内容。多媒体技术将有声有色的画面提供给学生，学生在头脑中具有了丰富的表象积累，在进行阅读时就可以观文视其形，见文生其义。学生这时所看到的语言符号不是简单的白纸黑字，而是活脱脱的文学形象了。

语文教材中有许多优秀文章，如《十里长街送总理》《刘胡兰》《最后一课》《卖火柴的小女孩》等，都具有浓郁的感情色彩。文学作品是饱含着感情的艺术。对语言文字的感悟的核心就是要通过对形象的感知、引发学生产生联想和想象，理解内容的深层意蕴，从而把握字里行间的点点情丝。读者与作者在思想感情上相互交流，形成共鸣。多媒体技术的运用促进了学生对文章内容中情感的体验，在"动之以情"的基础上"晓之以理"。

（2）数学。

在数学教学中，教师可运用多媒体把概念的形成、结论的得出过程（大小、快慢、远近、动静、整体与部分）形象、清晰地表现出来，有利于突出重点、突破难点，便于学生的理解和掌握。

小学生的思维正处在以形象思维为主的时期，这就构成了小学生思维的形象性与数学的抽象性之间的矛盾。利用多媒体进行教学，它具有形象直观、动态演示等一些其他教学手段无法比拟的功能，直观地呈现事物的现象，具体地表达事物发展的过程，生动地揭示事物变化的规律，使抽象的知识转化为一定的物质形态，变得形象具体、生动活泼，有效地突出重点、突破难点。

例如，教学圆面积的计算公式时，以往一般是用实验的方法，通过圆割补成近似于长方形的图形推导出来的。圆的面积计算公式，不是近似计算公式，对这一点学生是很难理解的。即使教师通过把圆8等分、16等分、32等分进行割补，学生也难以想象出等分的份数越多，近似的长方形上下两边就越接近于直线段。为了解决这个问题，教师在设计圆面积计算公式的课件时，把教师演示的过程用动画表现出来。这样，学生可以清楚地看出，拼成的长方形的宽就是圆的半径，拼成的长方形的长就是圆周长的一半，弄清了圆与拼成的长方形的关系，理解了为什么能化圆为方的道理，切实掌握了圆面积计算公式的知识。

又如，在分析"一列长300米的火车以每分钟900米的速度通过一座大桥，用了3分钟时间，这座桥长多少米"这道题时，学生往往把火车行的路程与桥长等同起来。我们便可以用计算机模拟火车通过大桥：一列火车在隆隆声中到达桥头，从火车头到达大桥开始，在桥下跟随火车头同步出示火车行驶的路线，直到火车尾离开大桥为止。这样，学生就很容易得出"大桥长度=火车3分钟行的路程-火车长度"这一数量关系式了。

（3）科学课（自然课）。

自然课教学的内容广泛，涉及生命世界、物质世界、地球与宇宙等多方面的知识。有些自然事物和现象在课上不易被观察。教师可利用多媒体技术提供大量生动、形象的感性材料，为学生提供丰富的观察内容。《科学启蒙》影视教材的出版，为学生观察自然现象提供了帮助，将学生不易理解的事物形象地表现出来。如《火山》一课中，火山喷发的壮观景象，隆隆的巨响和山崩地裂，冲天的烟尘遮天蔽日，炽热的岩浆奔流直下；以及《地震》一课所展现的，发生地震时，房倒屋塌，桥梁断裂，道路扭曲……这一切震撼着学生的视觉、听觉，让他们感受着自然的威力。

再如《蚂蚁》一课，录像展示了蚂蚁的生活。蚁巢在土里、石头下或朽木中有几个出口，而且内部精致，有纵横交错的通道。洞中有蚁后的宫殿、雄蚁的营地、幼蚁的育儿室以及贮藏食物的仓库。蚁后在洞中产卵，卵经过孵化变成蚂蚁。蚂蚁是靠触角传递信息的，一只蚂蚁找到一只虫子，它把信息告诉同伴，然后一群蚂蚁齐心协力把食物搬回洞中。这一切学生在平时都很难见到，而通过录像，学生则很容易了解到小蚂蚁的生活。

自然课中的一些概念比较抽象，学生容易对此感到困惑不解，计算机课件则可以帮助学生理解概念。如教学《弹性》一课时，课件把弹簧做成人的形状，它在受到外力后身体变形，表情痛苦，想恢复到原来的状态，从而帮助学生理解"弹力"这一概念。《光的折射》的课件动态演示了光线进入水面后改变了传播方向，从而形象地帮助学生理解了"光的折射"。

(4)英语。

英语教学注重语言实践，在理解知识的基础上，强调听、说、读、写基本技能训练。思维是学习过程的核心，形象思维以表象作为思维材料，表象的积累是学习的重要基础。教师可运用多媒体教学创设语言学习情境，这对于激发学生学习英语的兴趣，培养学生用英语进行交际的能力，巩固所学知识，提高语言训练的效率，都有十分重要的作用。

具体来说，"语言情境教学"就是在课堂中创造出一种语言环境和气氛，让学生学会在这种场合应该说什么、怎么说，授课的方式就是在接近实际的情景中练习会话。例如在讲"How can I get there?"（问路）这一课时，教师把学生座位按十字路口形状排列，同时利用电脑大屏幕，展现十字路口的平面图，把学生引入一种意境，明确本课学习内容。这样还有利于突破教学重难点，使学生直观、形象地了解直走、左拐、右拐这些词汇，引发学生问路的欲望，使学生在兴趣中运用语言。

运用多媒体教学有利于学生知识的巩固。心理学研究表明，单凭听觉获取知识能记忆 15% 的内容；单凭视觉获取知识能记忆 25% 的内容；同时运用听觉和视觉能记忆 65% 的内容。教师们运用多媒体进行英语教学，学生通过鲜明的图像、形象的材料，听觉和视觉同时接受刺激，从而利用形象与声音进行记忆，这样既可以激发学生学习的兴趣，又能提高记忆的效率。

（5）体育。

在体育教学中，运动技能认知阶段的教学一般由教师进行动作示范，学生现场进行观摩。教师示范时，其动作质量受对动作要领认识、心理素质和其他条件的影响；学生对动作的观察角度和时机也受到限制。一个完整的技术动作要包括几个连续的技术环节，像跳高、跳远等复杂的技术动作，如果单凭教师示范，学生们在瞬间是看不清楚的。这就影响到学生掌握动作的准确性，也影响到学生的学习兴趣。因此，教师除了凭借自身行为传递教学信息、进行动作示范外，还可以借助多媒体技术超越时空限制，向学生进行标准化的动作演示。把连续的动作或几个连续的技术环节，利用多媒体技术以定格或慢放的形式反复出现在学生面前，让学生对每一个技术环节的动作都看得清楚，学生也就能反复观察到技术动作的完整性和准确性。这样不仅学生们学得快、兴趣浓，而且也能准确掌握动作要领，使动作清晰地印在脑子里；对于动作的重难点也便于理解、记忆，同时也欣赏到高质量、高水平的演示动作。

例如，在急行跳远教学中，我们利用多媒体课件，展示急行跳远的分解动作，把助跑、踏跳、腾空、落地四个环节生动形象地体现出来。急行跳远这个动作的重点是助跑与踏跳的结合，难点是准确有力的踏跳。我们用闪动的箭头来提示学生动作的重难点，并把动作的重难点用文字展现在屏幕上，让学生一起齐读文字，这样学生对动作的认知便可以一目了然。对于学生易出现错误的地方，我们还可以对动作进行反复播放并作定格处理，这样学生对动作的要领看得更明白，而且对动作技能的要求理解得更准，同时也调动了学生主动学习、主动参与的积极性。

我们把运用多媒体进行教学的实验班与一个技术水平基本相同、而不用多媒体教学的对照班进行对比，统计如下。

表1　实验后两班急行跳远动作评定比较

	质量好	较好	能完成	不能完成
实验班	42%	51%	6%	1%
对照班	31%	48%	17%	4%

统计表明，实验班的成绩明显比对照班的成绩好。

3. 获得的成果

十几年来，我校在运用现代教育技术方面取得了多方面的科研成绩。每年学校集体或教师个人、学生在全国、市、区各项竞赛的评比中，都有上百人次获奖。成绩的取得激励着教师，教师看到自己的成长，更加发挥积极性、创造性，反过来推动学校工作的开展，提升了办学水平。

四、教师队伍在科研实践中茁壮成长

21世纪的教育需要每一位教师都善教育、精教学、能研究，要让科研成为教师丰富教育智慧、提高教育技术水平、永葆事业激情的源泉。可以说，科研为教师的专业化发展提供了源源不竭的动力，为学校的发展注入了生机与活力。随着课题研究的深化，教师们边学习、边实践、边研究、边总结，在科研之路上收获了实践创新的丰硕成果。近20年来，一批又一批具有现代教育理念、懂科研、会科研的科研型教师成长起来。他们实现了自身的专业化发展，由经验型教师发展为研究型教师、专家型教师。小学部30余位语文实验教师中有1人被评为特级教师，7人被晋升为中学高级教师，12人由小学一级教师成长为小学高级教师，4人被评为北京市级骨干教师；在宣武区"1-4-1骨干教师"中，有学科带头人4人，其骨干教师及希望之星11人均为课题组成员。课题组中的3位语文实验教师已成长为校级干部，3位已成长为学校中层干部，担负起学校的管理工作。

近 20 年来，语文教师撰写科研论文共计 600 余篇，其中获得全国一等奖的有 21 篇，获得北京市级一等奖的有 56 篇，区级以上的论文评比中有 224 篇获奖。在课题研究的过程中，语文实验教师做市级公开课、研究课、展示课 43 节，区级 127 节，赴外省市交流 14 节。在区级以上各类会议上汇报课题研究的经验或宣读研究论文 58 人次。语文学科已正式出版的研究成果有三部：《小学语文教学新路》(21.8 万字)、《小学语文练习改革与研究性作业》(23.4 万字)、《课改育才语文卷》(35 万字)。

多年的课题研究使教师们更加深刻地意识到，搞科研、做课题与学校的发展和教师自身的发展有着密切的关系，科研兴教、科研兴校已成为全校的共识。无论是老教师还是年轻教师，大家在科研实践中共同成长。学校已形成了浓厚的科研氛围，教师乐教、乐研、乐写、乐思，人人参与课题研究，人人撰写科研论文已蔚然成风。以下仅举几例说明。

语文特级教师于宪敏几十年来始终坚持教育教学理论知识的学习，尤其自 1992 年参加了"开发右脑，发展形象思维"的教学实验后，在温老的指导下，坚持对小学低年级学生进行"观察、说话、写话"的训练，取得显著效果，并编辑了"儿童观察、说话、写话的小册子"。在全国研讨会上，她做了"课外阅读指导"的观摩课；在学术年会上，她作了题为《小学低年级语文教学中阅读能力和观察能力的培养》的发言，均受到与会领导和专家们的好评。北京市电教馆专门为她录制了课外阅读指导课《大雁齐飞》，并在北京电视台"教育之窗"栏目播放。1998 年 3 月，她随温老等课题组代表出席了李岚清副总理在中南海亲自主持召开的"人脑功能开发与素质教育"座谈会，并就自己的课题实验作了汇报发言。同年 9 月，她被晋升为特级教师。

于宪敏老师不仅在教学上精益求精，在师德上也堪称典范。她先后 9 次获得北京市市级荣誉称号，13 次获得宣武区区级荣誉称号，如北京市小学十佳模范班主任、北京市百名师德优秀教师、北京市"紫禁杯"中小学优秀班主任一等奖和特等奖等。

张浩君老师经过长期教学实践的摸索，擅长于小学低年级学生的识字教学。自 1992 年参加课题后，她一方面踏踏实实地进行教学实验，另一方面在温老"发展形象思维"理论的指导下，更进一步地探索了汉字识字教学的特点和规律。她提交的科研论文和优秀教案有十多篇获奖，并先后在正式出版的成果集和公开发行的学术刊物上发表。

1996 年 7 月，在解放军 306 医院副主任医师赵旭的操作下，在北京教育学院宣武分院二部教研员赵玉琦的帮助下，运用"事件相关电位"的脑科学测试方法，对育才学校小学部张浩君老师任教的一年级实验班和对照班（普通小学一年级）各 20 名学生作比较，以事件相关电位、反应时、辨别成绩等指标，观察不同教学方法对学习效果的影响。这是一项形象教学法对于多媒体教学十分有意义的脑科学测试，结果表明：学习汉字对大脑智能的开发有重要价值。这使她体会到：在识字教学中，促进儿童智力发展，一是要用形象化方法来识字，这既符合汉字的特点，也符合儿童的年龄特点，这样既好懂又好记，能使儿童多识字。同时，也可以利用多媒体的技术优势来进行识字教学。二是要在形象化识字教学中发展形象思维，培养儿童的观察、联想、想象能力。

张浩君老师不仅教有所长，而且还是爱岗敬业的模范，曾荣获北京市普教系统师德标兵、北京市"紫禁杯"优秀班主任、北京市课改优秀教师、宣武区"三八"红旗手等称号。她还曾荣获首都"五一"劳动奖章，于 2004 年被评为宣武区第三届小学学科教学带头人，并被晋升为中学高级教师。

陈崴老师是一名在课题研究中成长起来的优秀青年教师。她 1995 年毕业后来到育才，就参加到课题研究中来。1998 年，她刚开始教一年级语文，就接受了参加首届"春华杯"教学技能大赛的任务。她全身心地投入备课和授课中，终于获得"春华杯"大赛一等奖。当她从科研中获益并取得事业的成就时，投入科研的自觉性也大大增强了。十几年来，她在市、区和课题组举办的各项征文活动中均获一等奖；在中华古诗文经典诵读工程中被授予"全国先进工作者"称号；她参与了育才学校小学部正式出版的几部科研成果的编辑工作。2009年，她被晋升为中学高级教师，现已调任为宣武区语文教研员。

丁纳老师现为育才学校小学部教学处副主任，主抓语文学科。她是从1998年5月调入育才学校后参与到课题研究中来的。当时教师们已经在汉字、阅读、作文等多方面开展了一系列研究，有了一定的研究成果，丁老师通过多次观摩课堂教学和研读论文成果后，认识到课题组所从事的研究项目的理论和实践价值，逐渐对课题产生了兴趣。经过不断学习、研究、总结，她在课题研究中很快脱颖而出：2003年，她参与编写了《小学生灵感诗歌训练作品集》；2004年，她撰写的《利用表象训练技术，培养小学生在诗歌中的创造性想象力的研究》荣获北京市教育学会优秀论文评选一等奖；她还有多项成果被收入课题组正式出版的成果集中。目前，她正带领小学部的语文教师们撰写小学低年级《观察、说话、写话》的校本教材。

房晓梅老师从1992年参加工作后就参与到课题中来，见证了课题从雏形到不断深化的发展历程。经过近20年来的努力探索，她逐渐从一位学生气十足的年轻语文教师成长为较为成熟的语文教师。房老师说，开始参与课题研究的两三年中，她确实没有认识到这项研究对于学生的语文能力提高有什么巨大的帮助，听专家的讲座和指导时也有晦涩难懂之感，但是经过教研员和专家亲临指导备课、听课、评课，自己根据亲身实践总结撰写论文并结集出书后，她才深刻感到"两种思维全面协调可持续发展"对于学生语文水平的提高是实实在在、有目共睹的。她将课题的教学方法运用在本校的"因材施教超常儿童教育实验班"的学生身上，收效也很好。

从房老师的成长和发展的经验看，有专家的引领与指导对教师的教学发展是极其有利的。不仅通过学习专家的教育思想、教育理念使认识得到升华和提高，而且能不断督促自己永不停歇地孜孜以求。近两年来，房老师正在继续深入研究"如何运用课题的理念来培养低年级孩子的观察、说话、写话能力"。她说："温老已是85岁高龄的老人，但是他每次都与我们一起听课、评议、研讨，认真改写我们所编写的《观察、说话、写话》校本教材与教学设计。"温老不仅刻苦认真，而且独具匠心、细致入微，能够及时发现教材的漏洞并引导教师尽力弥补。他多次在语文教师会上提出"小学的语文课本中句子的练习过少，没有句式的总结"这一问题，房老师自告奋勇承担了将低年级教材中的单句以及复杂单句总结归纳并写出例句和编写训练题目的任务。

近20年来，房老师多次被评为课题研究优秀教师，撰写的相关论文在学校的科研年会上进行交流；在参加市、区教育学会和市基础教育课程教材实验监控评价组的评比中分别荣获一、二等奖；在辅导学生参加全国中小学生作文以及华人少年作文大赛中获优秀指导奖；撰写的课例、教学设计在区教研论坛发言，并在课题组展示；所做的研究课、说课、评课参加区教学技能大赛与青年教师评优活动并获二等奖；多篇科研论文被收录于已正式出版的学科教学实验著作中。房老师还被评为第三届宣武区"1-4-1青年教师希望之星"和"宣武区教育系统先进工作者"。她指导一年级学生上《观察香蕉》一课，于2009年6月在北京电视台科教频道《晚晴》节目中播出，受到广泛好评。

李荣梅老师是从2003年才开始接触"形象思维"课题，但是在短短的几年中，她通过刻苦的学习和实践，已经在很多方面有了自己的研究成果。如在阅读教学中，她认真研究"练习的策略"，将各册教材的重难点加以分析概括，掌握了最佳"航道"，将那些重要的知识点、能力块连接起来，每个单元精讲两课，辅助学习一课，自学一课，然后补充相应的练习，以此达到真正的精练、巧练、活练。这样不仅节约了很多课堂教学时间，学生学到的知识也有效地转化为能力，而且学生也学得生动活泼、积极主动。在育才学校中学部对小学部五、六年级的测查中，在她任教的 40 多人的班级中，先后共有 28 人被中学部的实验班录取。

李老师参与课题研究以来，教学水平得到迅速提高，多次被区里评为"1-4-1骨干教师"。她的多篇论文连续几次在课题组征文中荣获一等奖，并在《北京教育学院学报》等刊物发表。除此以外，在 2007 至 2008 年度小学语文教学设计大赛中，她也有多篇论文分获一、二等奖；2009 年又有两篇论文同时荣获由北京教育学会举办的"京研杯"一等奖。

在中国教育学会主办的全国中小学新课程优秀教学设计征集评选活动中，李老师贯穿了"两种思维协调可持续发展"理念的《"精彩极了"和"糟糕透了"》教学设计获二等奖；在宣武区"宣新杯"综合实践课程品德与生活、品德与社会教学研讨活动中，李老师的《品传统美食 颂中华文化》的展示课也荣获一等奖。她真不愧是一位在本课题研究中迅速成长起来的科研型教师。

马蔷老师自 1998 年来到北京育才学校后就参与了课题研究。她在这 11 年来不断深入地学习中，以实践为依托反思科研，提升认识，并有数十篇科研论文荣获奖项，发表在各种刊物上。在课题理念指导下，她的课堂教学效果显著，数十节语文课在全国、市、区级的各种比赛中取得佳绩。其中习作课《变》获得北京市首届青年教师作文评优活动一等奖；阅读课《触摸春天》荣获北京市"京城杯"六城区课改评比优胜奖；识字课《识字4》获得全国识字教学评比一等奖；等等。

张立老师也是积极参加教学实验的一名年轻教师，自 1999 年参与"发展形象思维"课题研究至今已有 10 年。参加课题之初，她主动拜课题组老教师为师，每次听完研究课都和师傅一起总结、研究、分析课的成功之处和存在的问题。2005 年，经测试选拔，她又成为中科院心理所"因材施教超常儿童实验"课题组成员，并承担了心理所与育才小学部合作开办的"因材施教超常儿童教育实验班"班主任以及语文课的教学工作。在科研实践中，她能把两个课题的研究结合、贯通起来，借助超常儿童的智力优势，加强对其在语文学习中观察力、想象力、记忆力和迁移能力的培养和训练，使超常儿童在语文学习中的思维能力得到长足发展。

近年来，她所撰写的科研论文多次获得北京市和全国的奖项。如《字词教学与形象思维》获全国第五届字理教学研讨会论文评选一等奖；《"动"的学习——语文作业练习的实施》获北京市 2003 年度基础教育科研优秀论文一等奖；2008 年，《浅谈语文学习中超常儿童思维能力的发展》在第十届亚太资优儿童新加坡会议上作学术交流，受到很多国家教师的好评；2009 年 5 月，《化解汉语拼音学习的难点》获课题组举办的第六次征文一等奖。该文是她对自己汉语拼音教学的理论总结，同时，由她撰写并主讲的《汉语拼音教学》光盘已由北京普教音像出版社作为汉语拼音的音像教材出版了。

戈松老师参与此课题有 10 年时间了。她也是从一开始的不了解和困惑到后来逐渐熟悉。由于她从小就对中国古典诗词很感兴趣，于是她确定了"在古诗教学中发展学生形象思维"的研究专题。她先让学生从感受古诗语言入手，细致指导学生读古诗，尤其是语音、语调、停顿等方面；再通过想象、联想、记忆等方式让学生理解语言、体会语言；最后通过以文章、绘画等多种形式运用语言。系列的研究思路和方式使学生受益匪浅，古诗本子上出现了一幅幅精美的诗配画、一篇篇优美的诗散文，也使得戈老师更坚定了把"在古诗教学中发展学生形象思维"这一专题坚持下去的决心。

除以上语文学科新老教师成长的主要案例外，其他学科也有许多优秀教师在课题研究中成长和成熟起来。

纪诚老师是一名老教师，她一贯重视教育科研。在课题中，她坚持边学习边实践，大胆改进数学课堂教学模式，精心设计问题情境以引导学生从中获取信息，并通过主动探究、合作交流寻找解决问题的方法，培养了学生思维的灵活性。她指导的学生在全国、市、区数学学科竞赛中成绩优异。纪诚老师也从一名普通教师成长为拔尖人才、特级教师、北京市先进工作者，并多次被评为北京市和宣武区的优秀教师。她说："科研是盏明灯，照亮了我的教育人生。"

马强老师是育才学校小学部的书法教师。参与温老课题 20 年来，他对发展形象思维的研究，从开始的盲从到理解，从理解到深入，从理论到实践，并运用实践得到的数据来验证理论，对课题的认识愈加深刻。他将理论灵活运用到课堂指导教学，使得他的学生在写字的技法上得到了发展，学生的学习习惯得到了增强。这使他认识到：书法教学是一个历练的过程，通过历练，教师在专业化发展上也得到了提升。这也体现了课题研究的最终目的——教学相长，师生共同受益。

形象思维，对艺术学科的教学指导，可谓是切实如需。研究观察力、想象力，可以根据学生的思维特点进行书法的指导；在指导过程中，由于符合学生的特点，学生既感到亲切，又能切实感到自己的进步，学习书法的兴趣大增。几年来，我校学生参加区级书法比赛的人数逐年递增，获奖人数和获奖比例也逐年上升。由此说明，课题研究确实促进了学生书法水平的提升（见表 2）。

表 2　近年来参加书法比赛人数、获奖人数和获奖比例

年　份 类　别	1999	2001	2003	2005	2007
参赛人数	42 人	75 人	134 人	224 人	187 人
获奖人数	5 人	11 人	54 人	100 人	102 人
获奖比例	11%	14%	40%	44%	54%

随着对课题研究的不断深入，马老师开始撰写有关书法教学的论文，并在市、区乃至全国获奖，有的论文在市级学术会议上进行了交流，有的论文还在市级学术刊物上正式发表。2009 年，他被晋升为中学高级教师，现担任小学部教学主任。

科学学科在近几年的教学实验中异军突起，一跃成为小学部优质学科。科学学科共有 4 名教师，近年来有两人已被晋升为中学高

级教师。李玲老师成绩突出，可算是其中的优秀代表。2006 年，她在宣武区小学"宣新杯"综合实践、地方、校本课程教学探讨活动中荣获一等奖；2007 年被评为宣武区"1-4-1 骨干教师工程"第四届希望之星；2008 年在全国"新学习方式下学习策略应用研究"教学评比中，执教的《哪个容器装水多》荣获一等奖；2008 年在中国教育学会小学科学教育专业委员会国家级评选中，其小学科学教学设计《蜗牛》被评为一等奖；2009 年又荣获全国综合实践活动教学观摩研讨及学术年会优秀观摩课一等奖；2009 年《蜗牛》又在北京市小学探究式科学教育优秀课展示及全国首届新课程小学优秀课例评选中均获一等奖。其《用信息技术支持科学探究》论文被发表在中国教育学会《科学课》杂志 2009 年的第 12 期。

在科学学科教学实验中，哈晶和孟学慧老师是合作伙伴——俩人多次合作进行教学研究，联袂署名发表研究成果。如 2004 年，哈晶和孟学慧老师合写的《多媒体技术在自然教学中的应用》被收录在《现代教育技术与小学学科教学》一书中。同时，二人又各自独立完成多篇科研论文和进行公开课展示。如 2001 年，孟学慧老师撰写的《在自然教学中培养学生自主实验能力》一文被发表在人民教育出版社的《中小学教材教法》刊物上。2002 年，她撰写的论文《加强实验记录的指导，培养学生自主实验能力》在北京市"开发大脑潜能，发展形象思维，培养创新能力"研讨会上进行交流。哈晶老师的论文《在自然教学中培养学生观察实验能力，发展形象思维》也发表在《宣武教育》上。

体育学科结合课堂教学改革的开展与实施，确立了"两种思维全面协调可持续发展，深化小学体育课堂教学改革"的研究主题。教师们努力在课堂教学中运用竞赛、游戏等各种方式锻炼学生的两种思维能力，在寓教于乐中提高学生的身体素质。尤其是 2003 年，学校体育组参与了上海体育学院牵头的"全脑型体育教学模式的研究"课题后，教师们将"两种思维"的研究与之结合，在课堂教学中对学生进行了表象和想象的具体训练，探究少年儿童表象和想象的认知发展规律，在练习密度和练习次数上加大学生左侧肢体的强化练习，同时注重双侧肢体细微动作的练习，将筷子夹豆、穿珠子、手指足球、抖空竹等内容引入体育课堂，使学生左右侧肢体共同发展，从而促进身体的全面健康协调发展。2008年年底，"两种思维全面协调可持续发展"体育课堂教学现场会在学校篮球馆召开，体育组5位教师分别结合课题研究成果作了课堂教学展示，得到与会专家的高度评价。

英语学科的全体教师在2007年9月开始参与"发展形象思维的理论研究与教学实验"的课题研究。在这之前，组里有个别教师已经对该课题有了一定的认识和研究，并在牛晓东、许轶、商洋洋等几位教师的带领下，提出了英语学科的研究专题——"运用多种教学方式，突破教学重难点"。他们经过认真分析并借鉴了语文等学科研究的成功经验，在课堂教学中运用图片、实物、简笔画、表情动作等方式创设情境，运用歌曲、歌谣、游戏以及形象的语言丰富学生的表象，促进学生联想，发展形象思维，突破教学的重难点。他们先后组织了两次市级科研课题的展示活动。如由商洋洋和郭维老师作40分钟的展示课；由崔婷、许轶、侯京钰、刘媛媛老师作20分钟的微格教学；牛晓东老师在两次科研展示活动中进行课例交流。两次科研展示活动都邀请了形象思维课题组专家参加，均受到与会专家和教师们的充分肯定。目前，由英语学科教师们撰写的教学实验专集即将正式出版。

美术学科的教师们参与温老的课题研究已经12年了。他们深切感受到，无论是教学实践，还是课堂内容的开发利用；无论是教师成长，还是学生的可持续发展：都有着显见着实的成效与收获。现已有20余篇科研论文获市、区级以上奖项，其中全国级奖项5篇，已发表4篇。做区级以上观摩课及公开课近20节，其中获奖5节，相关课例及课件有6项获市级以上奖项。在参与课题科研中，我校结合先农坛的历史及建筑风格，组织市级以上范围内的研讨活动4次，评课4节。在课题组的引领和专家的指导下，美术教研组的教师不仅在教学研究与理论学习上有了巨大的进步，也辅导和培养了大批热爱美术学习、热爱绘画艺术的孩子，培养他们成为更加聪慧、更具有创新意识的人才。

以上只是选取了部分老师和教研组成长的经历以及他们取得的成绩，还有更多的教师在这个课题中成长、成熟起来。正是"形象思维"课题的研究，给了一批又一批教师们专业成长的方向和展示自己的舞台；正是科研，使得他们由一名普通教师成长为一名科研型教师、区级或市级骨干教师；正是温老 20 年如一日的坚定执著，感动、激励着教师们在科研道路上孜孜不倦。

五、基本经验

1. 专家学者的推动使学校的科研有较高的理论依据和超前性

反思学校开展课题研究的经验，"三个层面的推动"值得借鉴——即专家学者的推动、科研课题的推动和行政管理的推动。

学校有一个专家学者智囊团在指导学校的科研工作。以原北京教育学院院长温寒江先生为代表的教育专家手把手地传帮带，近 20 年如一日地始终坚持每两周到校参加一次课题组的活动。他们以高尚的人格魅力、高深的理论造诣、严谨的治学精神、雄厚的科研能力、一丝不苟的工作态度，影响、感染、教育、带动了全体教师，使课题研究日趋深入并取得可喜的成绩。

2. 科研课题的推动

从"八五"到"十一五"期间，学校科研课题的研究始终不断。20 年间承担的国家和北京市以及其他渠道的课题就有十几项，人人参与课题研究、人人撰写研究论文蔚然成风。课题的研究提高了教师的认识水平，教师的理论修养水平也显著提高，其中获国家级和市、区级论文奖的教师不胜枚举，学校也已连续三届被评为北京市科研示范校。

3. 行政管理的推动是科研工作能否落实的关键

从 1992 年开始，小学部一直坚持主管领导直接抓科研，形成了科研室、课题负责人以及教研组长全体教师"三线一体"的教育科研团队：校长—分管副校长—教科室—教研组—课题组主导线；年级组—教研组—课题组—实验教师研究线；校长—分管副校长—教学处监控线。这三条线分工负责，各司其职，团结协作共同组成了学校教育科研团队。每两周一次课题活动、每月撰写读书笔记，已成为小学部的管理制度，使教师的学、思、做成为工作的自觉。育才学校小学部的历任校长积极倡导并提供条件，切实做到行政工作保证科研、学校管理依赖科研、课堂教学融进科研、课余时间要有科研、闲暇时间安排科研、读书学习联系科研、交往求教促进科研、善挤时间获益科研、总结论文依据科研。一把手带头投身科研，为广大教师树立了榜样。

老校长王俊英在 2003 年前的 17 年间一直担任小学部校长。她非常重视抓科研，善于及时准确地捕捉到提高教育教学质量的关键点，并依次找准学校的科研重点，组织教师参与省部级及北京市教委及其他重点课题，亲自带领教师参加科研和教改的学习与研究。在校长岗位上，她提出了系统且卓有成效的办学指导思想——"发展综合素质的教育思想，专家学者指导的科研理念，创新实干优化的领导集体，讲全面扬优长的办学模式，出名师聘优师的队伍建设，德能智能互促的教学质量，近程远程结合的网络辅学，净化美化优化的校园环境"。还提出了"名师办名校，名校出名师"和"科研为先导"的管理理念，将学校建设推上了一个办学的新高度，创下了育才学校小学部在宣武区小学中的四个之最，即"在岗特级教师最多；学科带头人最多；破格晋升小教高级教师最多；教育科研成果最多"的殊荣。

桑海燕校长自 1992 年起参与课题研究，是在教师岗位上成长起来的年轻校级干部。她曾获北京市第二届青年教师语文阅读课一等奖；2004 年录像课《半截蜡烛》在中国教育技术协会第十四届年会三优评审中获一等奖；同年在中华古诗文经典诵读工程中被授予全国先进工作者，并被评为宣武区课程改革实验先进个人。十几年来，她主编了育才学校小学部多部科研成果，被晋升为高级中学教师，现已调任为北京小学走读部书记、校长。

古燕琴校长自 2007 年走上育才学校小学部的领导岗位后，继承了前两位校长重视科研的优良传统。古校长曾作为一名优秀的语文教师两次赴新疆支教，她用自己娴熟的教育教学技巧，在支边工作中取得显著成效，深受当地师生的欢迎和尊重。2007 年 1 月，原北京市市长王岐山曾到古校长家中慰问，当古校长汇报说育才学校小学部多年来都在开展"开发右脑，发展形象思维"的课题研究时，王岐山市长表示：这是关爱学生的具体体现。市长的鼓励更加坚定了古校长用科研带队伍的决心和信心。目前，她正带领语文教师们编写《观察、说话、写话》的校本教材，并亲自领导和参与课题的结项工作。

科研引领发展，课题写就华章，"路漫漫其修远兮，吾将上下而求索"。未来的发展之路，机遇与挑战并存。而育才学校小学部追求的核心价值观不会改变：让学生全面健康地成长，让教师科学幸福地工作，让学校和谐跨越地发展。以科研导航，依科研护航，相信育才的航船将不断驶向新的航程，创造新的辉煌！

（北京育才学校小学部　古燕琴　陈　崴）

第十一章

踏踏实实搞科研,促进师生双发展

——北京工业大学附属中学实验校工作报告

"九五"后期,我们有幸成为"学习与思维"总课题组的实验校,十多年来,我校跟随总课题组以两种思维的智力理论、学习原理、迁移原理为指导,以解决教学实践中的具体问题为出发点,大胆实践,取得了丰硕的成果。

第一部分 研究内容与成果

一、发展形象思维,构建两种思维相结合的教学模式

1998 年至 2004 年间,我校高中物理、化学、生物、语文、数学、外语等学科陆续展开了在日常教学中发展形象思维的研究。

(一)重视动手能力和思维能力的培养,形成"实验探究式"的课堂教学

"九五"末期到"十五"初期,我们学习了《开发右脑——发展

形象思维的理论和实践》和《认知神经科学》等有关资料，在日常的教学中注意研究学生的认知规律，并根据学生的认知规律设计每一堂课。

物理学科：对原本枯燥抽象的概念教学，要利用一切可利用的手段（如实验、电脑软件、投影、板画，甚至是教师的手势、动作等）为学生提供清晰明确的物理情境，激励学生开动右脑，进行形象思维，将感知化为表象，将表象积累起来加工，发展成为概念。对物理规律的教学，要尽量设计安排学生进行探索性实验，这样不仅让学生在动手中观察、思索、寻求规律，而且培养学生的探索精神和创新意识。由此便初步形成了"实验并进式"和"实验探究式"的物理课堂教学模式。

化学学科：在通过动手实践培养学生的空间想象能力方面作了尝试。教师们在有机化学结构的教学中让学生触摸并拆装组合代表有机物结构的"球棍模型"。当学生获得了这些基本表象之后，教师便让学生收起模型，在头脑中将模型拆装旋转，想象各种新的物质结构，也就是进行再造想象。经过一段时间的训练，学生们形成了较强的空间想象能力，对物质的微观结构和化学反应的微观本质有了更深的理解，并且创造性地运用所学知识的能力有了很大提高。

生物学科：观察与分析相结合，培养学生深入细致的观察品质。例如在课堂上，教师要求学生分组进行观察。小组成员分工合作，有人负责操作，有人负责计时，有人负责观察事物的形象，有人负责记录。每一个小组都必须认真地进行观察活动、总结观察对象的性质特点，并在班级中汇报自己小组的观察结果，然后大家一起讨论、交流并得出结论。

数学学科：课堂上训练学生利用 TI 图形计算器辅助学习，给学生提供了动手、动脑、参与的机会，从而激发学生的学习兴趣，培养学生发现问题、接受问题并提出问题的能力。几年来，学生通过不断观察、实验、比较、猜想，能够准确地阐述自己的思想和观点，形成了良好的思维品质，提高了思维水平。另外，动态几何又让学生充分欣赏了数学中的美。

（二）充分利用信息技术与学科教学的整合，在各学科构建两种思维相结合的教学模式

"十五"中期，随着多媒体教育技术的普及，教师们认识到利用现代化教学手段能更有利于激发学生的学习兴趣；有利于技能的形成；有利于知识的理解；有利于学习的反馈；有利于提高教学效率；有利于扩大教育规模。

在这一阶段的教学实践中，我们一方面继续沿用"探索法""发散训练法""想象法"等新的教学方法，另一方面着重研究了多媒体和信息技术在教学中的有效使用。

在语文、外语的课堂上，教师利用多媒体向学生提供形象鲜明、有声有色的生动情境，激发学生的情感，收到认知、审美、思想品德等多方面的教育效果。

在数学课堂上，教师利用计算机的人机交互功能，引导学生使用几何画板、TI 图形计算器进行探索式学习，使学生身临其境地体会数形结合的奥妙；使学生的操作、观察、试验、猜想、发现等过程变得具体而清晰；数学思维的目的性增强，数学推理的逻辑基础更加稳固，数学思考更具有程序性；使学生通过自主的、积极的数学思维成功建构数学概念、解决数学问题；使"学生发展为本"的教育理念得以实现。

在理、化、生课堂上，教师利用多媒体创设丰富的教学情境，动静结合展示自然界的神奇与奥妙，给学生带来视觉上的冲击、情感上的感染，有效地激发了学生的好奇心和求知欲。例如物理课讲到"超重失重"时播放"神舟"5 号升空、人们做蹦极游戏的录像；讲到机械波时，播放地震的录像和波叠加的模拟动画等都能使学生头脑中积累丰富的表象，储存大量的思维材料。除此以外，学生还可以在动手实践中利用计算机处理实验数据、拟合图像以分析量与量之间的关系，这会大大促进学生思维的发展。

经过几年的探索，我们基本实现了现代教育技术与学科教学的有机融合，形成了"创设情境型""自主学习型"和"计算机辅助实验型""网络学习型"的教学模式。

二、化解教学难点，为学生的学习减负增效

（一）研究背景

2006 年 9 月，我校作为课题实验校参与市社科规划"十一五"重点课题"学习中思维的全面、协调与可持续发展"的研究。总课题组将"教学无难点，教育无差生"、实现"学生学习中思维的全面、协调与可持续发展"作为"十一五"期间的研究目标。我校的部分科研骨干教师也逐渐认识到：教学中存在难点，这些难点是学生不易理解的知识，或不易掌握的技能技巧。在学习新知识的过程中，由于各种干扰因素的存在，当学生试图用原有知识、经验或思考方式来理解新知识时遇到了各种障碍和困惑，就会形成教学（或学习）难点。在教学实践中我们也观察到，如果一个难点没有得到解决，学生在以后学习相关的新知识时，即使新知识不是难点，学生对其也难以理解和掌握。如此恶性循环，有些学生的学习成绩开始下降。进而，学生在学习中不求甚解、囫囵吞枣、死记硬背的现象逐渐蔓延，还有不少学生对学习失去了兴趣和信心，产生厌学情绪。可见，化解教学难点，是使学生顺利地学习、提高教学质量的一个根本问题。经认真讨论，我们确定了本校课题组"十一五"的研究方向——"在高中学科教学中运用迁移理论分析与化解教学难点"，并且我们以此为题申报了朝阳区教委规划办"十一五"课题，并于 2007年年初被批准立项。

（二）研究过程

本课题的研究分为三个阶段进行。

第一阶段：2007 年 3 月至 2007 年 9 月，前期准备，学习动员。

（1）成立课题组，确定课题第一、第二负责人和各子课题组负责人。

（2）课题组主要负责人学习相关理论，整理文献资料，完成文献综述，制定研究方案，进行课题论证，作好开题准备。

（3）召开开题大会，聘请专家给予点评、指导。

（4）为课题组教师配备学习资料，进行"分析教学难点"的培训。建立专用邮箱，随时发布学习信息，交流学习体会。

（5）以点带面，典型引路。骨干教师发挥带头作用，开展先期研究。

第二阶段：2007 年 9 月至 2009 年 12 月，展开研究，有效实施。

以"实践取向、任务驱动、充分参与、整体提高"为原则，课题组教师认真学习现代教育理论、两种思维的智力理论和迁移理论，以科学的态度分析教材和学生，确定教学难点的形成原因，积极主动地开展探索、实践、思考、研究，持之以恒地分阶段、有计划、任务明确、目标清楚地进行化解教学难点的策略研究。

（1）加强理论学习，掌握"分析与化解教学难点"的方法。

在专家的指导下，课题组着重学习了发展形象思维和抽象思维的有关理论和教学经验。我们逐渐认识到：学习过程是知识、技能、思维三个要素的有机组合，如果这些要素存在不足或者缺失都会给学习造成障碍，形成学习（或教学）难点。因此，在分析教学难点的成因时必须从知识、技能、思维三个角度分析，化解难点要注意适时地运用好两种思维的迁移原理、工作记忆原理。

（2）在教学实践中分析教学难点，摸索化解难点的方法和手段。

研究步骤如下。

① 课题组每位成员根据自己任教学科、任教年级以及所教班级的具体情况，以"章"为单元分析找出教学难点；确定每一个教学难点的形成原因以及化解方法（见表 1）。

表1 教学难点归因分析表

形成因素 难点内容	相关旧知识不足	相关生活经验不足	内容综合性太强	不会用形象思维	内容相近或相似易混淆	其他(包括相关技能未形成)
……						

② 确定与难点相关的知识、规律、方法（即思维材料），找到它们与难点之间的联系，选择教学策略和手段，设计教学方案，在"相关的知识、规律、方法"和"难点"之间架设"桥梁"，引导学生实现迁移。

③ 在实施教学方案时进行对比实验，对被试在实验过程中的作业、各类考试成绩及表现进行观察、记录、分析、统计和研究。

④ 每完成一个单元的实验，进行一次反思和小结。

⑤ 总结经验，重复步骤①~④，进行下一轮实验。

研究建议：

① 对比实验要以"章"为单元轮次进行，可采用不同教学方法，并进行效果对比。

② 在不同轮次的实验中，实验班与对比班可以适当交换，以免影响学生的学习发展。

第三阶段：2010年1月至2010年7月，整理成果，总结提高。

（1）对调查研究、实验研究和行动研究的结果进行全面的分析和总结。

（2）举行"化解难点"教学研究观摩课，召开课题研讨会。

（3）撰写课题结题报告，撰写课题研究工作总结，汇编成果专辑。

（4）召开课题鉴定会，展示和推广研究成果。

(三)研究成果

1. 从学习和认知过程的本质出发,分析教学难点的形成原因

以往教师们分析教学（学习）难点，通常是依据教学经验和大部分学生的学习反映，而对于难点为什么难、难在哪里却很少揣

摩。于是，从 2007 年下半年开始，我们将课题研究的重点放在相关智力理论的学习和如何分析教学难点的成因上。一方面，我们请专家给教师们作具体指导；另一方面，我们为参与研究的教师配置了《构建中小学创新教育体系》《让青少年的智力得到最佳发展》等"创新教育丛书"，建立了课题组专用邮箱，以便把各种学习材料及时传到教师们手中。通过专家引领、理论学习和实践探索，教师们逐渐能够从认知过程的本质出发，分析教学难点了。

（1）应用"学习的基本过程原理"和"两种思维的迁移原理"分析教学难点。

"学习与思维"课题研究成果表明：学习是一种认知过程，思维、技能、知识是学习过程的三个要素，其中思维包括形象思维和抽象思维；学习的理解过程包括相互联系的两步，第一步把新知识和有关旧知识（经验、技能）联系起来，第二步是进行思维加工，直到掌握事物的本质特征和事物之间的规律性联系。新旧知识的联系就是指旧知识、经验、技能和能力的迁移。根据两种思维的迁移原理，迁移包括知识的迁移、经验的迁移、技能的迁移、能力的迁移和学习习惯的迁移等。如果与新知识相关的旧知识、经验、技能存在不足或缺失，就会给学习造成障碍，形成学习（教学）难点。因此，在分析教学难点时一定要考虑：哪些难点是由于相关旧知识不足造成的，哪些难点是由于学生缺乏相关的生活经验造成的，以及哪些难点是由于相关技能的缺失或未形成造成的，等等。

（2）应用"工作记忆原理"分析教学难点。

"思维加工"的脑机制就是"工作记忆原理"。工作记忆具有存储信息和处理信息的双重任务，是人们日常推理的起点和基础。"工作记忆原理"表明思维是可以操作的，但思维一次加工的容量又是很有限的，因此，思维加工必须采取"小步子"，也就是思维步骤一定要具体，要便于操作。那么，学习过程中，尤其是在理科的规律、定理的应用过程中，如果思维元素过多又没有明确具体的步骤，学生一定会感觉不易掌握，久而久之此部分就成为难点。所以在分析教学难点时，要考虑哪些难点属于综合性很强而思维步骤又不具体造成的。

（3）根据"思维规律和思维方法"分析教学难点。

形象思维和抽象思维多属于思维的基本方式，都普遍存在于人的认知活动中。而长期以来，在高中教学中尤其是高中理科教学中，形象思维却经常被忽视。人们总是习惯地认为高中数理化乃至其他学科的学习内容都是逻辑性强的、抽象的。因此，有许多需要运用观察、分解、组合、类比、想象等形象思维方法才能掌握的知识和技能——如几何的读图并添加辅助线技能，物理中对电场和磁场的理解、对复杂运动的分析等，都可能会成为学习（教学）难点。那么，我们在分析教学难点时，首先要了解本学科有哪些知识需要运用形象思维、哪些知识需要运用抽象思维，进而再分析哪些知识是由于思维方法使用不当而成为难点的。

通过必要的理论学习，我们认识到："学习过程是知识、技能、思维三个要素的有机组合，在分析教学难点的成因时必须要从知识、技能、思维这三个角度分析。"在专家的指导下，我们按照修改完善后的难点归因分析表（见表2）进行难点分析。

表2 修改后的难点归因分析表

形成因素 难点 内容	知 识				技能	思 维		
	相关旧知识不足	相关生活经验不足	内容综合性太强	内容相近或相似易混淆	相关技能未形成	不会(或没有)运用相关的形象思维	不会(或没有)运用相关的抽象思维	思维步骤不具体
……								

2. 通过教学实践，摸索化解教学难点的策略。

（1）运用迁移原理化解难点。

① 创建知识衔接，实现知识迁移，促使学生顺利掌握新知中的难点。

学生学习任何新知识都需要以有关的旧知识和经验为基础，也就是需要"温故知新"，若旧知识与新知识共同的思维要素越多，则迁移程度就会越大，学习就越容易。因此，教师在进行难点教学时，应该设法最大程度地唤起学生已有的旧知识，充分发挥旧知识的积极作用，使之成为突破难点的桥梁和纽带。

例如高中物理中的"斜抛运动"，因其情景复杂且综合性强而成为曲线运动部分的难点之一。但与斜抛运动相关联的旧知识有两处，一是竖直上抛运动的规律，二是运动分解的思想。多数学生学习斜抛的困难在于对这两部分旧知识产生遗忘或者难以将旧知与新知建立联系。教学实践中，教师通过情景复习的方法将竖直上抛运动与斜抛运动巧妙地联系起来，帮助学生建立知识衔接，取得了良好的效果。课题组许多教师都注意到这一点，在讲授难点知识之前通常进行相关旧知识的复习，必要的时候还会在课前布置复习和预习作业。

② 加强技能训练，培养良好习惯，为掌握难点铺路搭桥。

"技能是在有目的的活动中，主体通过心理操作（主要为思维）和感官或肢体的协同活动，在与内外环境的互动中实现信息的转化，并在转化（内化与外化）中以内隐活动及外显行为方式体现出来的活动方式。"技能形成以后是一种内隐的记忆。它作为一种活动的方式方法，可以迁移到不同知识的获取或应用之中，同时它也是形成习惯的基础。

有一些学习难点是由于学生相关技能的缺失造成的。例如高一的学生学到应用牛顿运动定律解决动力学综合问题时总感觉很难，究其原因并非他们对牛顿定律不理解而是读不懂题意或是解题时无从下手，而是因为他们的受力分析技能和运动情景分析技能不到位。课题组的物理教师们便在教学中补上受力分析技能和画情景图技能训练这一环节。从第一章《运动的描述》中分析"匀变速直线运动"问题开始训练学生画情景分析图的技能。从第二章《力》开始训练学生受力分析的技能。其中受力分析技能训练分为三个阶段：第一阶段，找力。训练学生按重力、弹力、摩擦力的顺序找全物体受到的所有外力并画出力的示意图。第二阶段，合成力或分解力。训练学生熟练使用矢量运算的法则——平行四边形定则，对物体受到的某些力进行合成或分解。第三阶段，在运动情景中分析物体受力。最后引导学生总结出受力分析的要点："重力一定有，弹摩看四周，运动状态需留意，不要添力不要丢。"为比较实验的效果，课题组的物理教师在高一年级选择了两个教学班进行对比教学实验。两班在入学时的物理均分相差 1.82 分（$P>0.05$，可看做成绩平行班），在教学《力》这一章时，教师占用正常课时对实验班进行了受力分析技能的专门训练。结果在对《力》这一章测验时，实验班高出对比班 5.45 分（$P<0.02$），在对《牛顿定律》这一章测验时，实验班高出对比班 6.4 分（$P<0.01$）。教学实验数据还显现，进行受力分析技能训练的班级在后来的物理学习中的成绩也明显好于其他班，因为受力分析这项技能几乎贯穿物理学习的始终。这说明，必要的技能训练能够有效地化解如受力分析这样"颇具影响力"的教学难点。

③ 激发学习兴趣，促进情感和信心的迁移，使学生勇于面对学习难点。

前后两种学习情景的影响，除了知识、技能、能力、习惯产生迁移外，与学习活动相伴的兴趣、情感、信心等也能产生迁移。兴趣是认知需要的一种情绪表现，浓厚的学习兴趣可以促使学生以巨大的热情投入到学习活动中去。情感是人对客观事物的态度和体验，情感的产生来自于实践。如果学习内容能引发学习者情感上的共鸣，学习者便能较顺利地理解学习内容。信心是一种意志力，是学习中不断克服困难、继续前进的动力，在一次学习中树立起的信心能成为下一次学习的力量。

例如，《灯下漫笔》是鲁迅先生创作于 1925 年的一篇杂文，被选进高中语文教材第三册。对于这篇文章的教与学，历来为教师和学生所畏惧。原因有三：第一，鲁迅先生文章的语言不属于规范的白话文范畴，他深厚的国学素养，文白夹杂的表达方式，带来了师生梳理文意的阅读困难。第二，鲁迅先生的作品以小说和杂文居多，而他故事中的人物以及议论的问题的大背景早已离我们远去，让读者觉得陌生。第三，学生现实思想的深度与阅历的广度和知识背景同鲁迅先生的思想的深度与阅历的广度和知识背景的巨大差距，造成学生理解鲁迅先生观点的困难。课题组的语文教师在讲授这篇文章时，让学生先聆听名家的朗读，然后再模仿跟读，这样不仅消除了学生朗读课文的畏难情绪，而且使学生顺着名家朗诵时的语义的停顿、语气的轻重缓急、语调的抑扬顿挫，来初步准确地整体把握文章的内涵和作者的思想情感。学生读着上口了，也就能逐渐进入文章的情境了，进而能以较高的热情继续下面的学习。

又如，高中政治课的经济学部分通常被认为是不好教也不易学的。课题组的政治教师们巧妙地设计了很多学生能够参与的活动以激发学生的学习兴趣，突破难点。例如《经济生活》的"储蓄存款和商业银行"这一内容很枯燥，难度较大。教师就让两个学生上讲台——一个扮演银行的职员，一个扮演来自农村的储户，即兴表演一段小品。学生们通过分析两人的对话可以加深对学习内容的理解，同时参与表演的两位学生更是对储蓄问题产生了极高的兴趣。

（2）形象思维与抽象思维相结合化解难点。

形象思维和抽象思维都普遍存在于人们的认知活动中。尤其是形象思维，无论从幼儿到成人，从文艺领域到各学科教学，从生产劳动到日常生活，都是离不开的。高中各学科教学中也普遍蕴涵着形象思维。本文前面提到过，长期以来对形象思维的忽视，曾造成许多学习难点。因此，发展形象思维，将形象思维与抽象思维有机结合，是化解难点的前提。

① 引导学生进行观察实验和探究。

学生在一定的情景中，通过动手做实验、观察实验现象、提出假设和验证假设，能够很好地完成对知识和规律的意义建构。教学实践表明，利用探究性实验能有效地化解理化学科的教学难点。

例如，高中物理《直流电路》中"电功率和热功率"一直是教学的难点。这主要是因为：学生在初中接触的电路都是纯电阻电路，缺乏对非纯电阻电路的感性认识，而且他们对电动机的内部结构和工作原理也不清楚。在教学中，教师采取学生分组实验，让学生先观察电动机的构造，再连接电路探索电动机的电功率和热功率的关系。学生学得饶有兴趣，当他们观察到电动机转动的同时线圈也生了热，当他们用手握住电动机转轴却仍看到电流表、电压表有示数时，他们不仅对非纯电阻电路有了直观的认识，同时也对电功率和热功率的区别与联系有了深刻的理解。

② 巧用图形的分解组合。

图形往往是对客观事物的概括，是形象思维的表达。利用图形来学习或者表达观察结果有诸多优点，如形象性、直观性、整体性强，信息量多，便于记忆等。培养学生画图的习惯、用图的意识以及分析图的能力，是发展形象思维、有效化解教学难点的好方法。

例如，在《生物的遗传》这个知识板块中，等位基因和同源染色体是两个非常重要的概念。它们是遗传的基本规律、减数分裂等知识中都要涉及的本质，同时也是两个难理解、易混淆的概念。同源染色体是指大小、形态相似，一个来自父方、一个来自母方的两条染色体。等位基因首先强调的是基因在一对同源染色体上，其次是在相同位置上，而且是控制相对性状的一对基因。由于出现了相对性状这个概念，使理解难度再一次加大。在教学中，教师让学生画图表示出同源染色体和等位基因，引导学生观察两条染色体的大小、形态，分析同源染色体图和等位基因图的区别。从而逐步激发学生的形象思维，把同源染色体、姐妹染色体单体、等位基因、相同基因分辨清楚。

又如，在高中数学总复习中，教师利用"数形结合"的思想，对学生进行识别函数图像和画函数图像的训练，化解了《导数应用》中的诸多难点。

③ 利用多媒体"变静为动"。

教材上有些内容中虽然图文并茂，但这些图都是静止不动的

"死图"，想让学生通过这些图去理解一些原本是动态的过程就比较困难。因此，教学中可以利用多媒体的辅助变静为动，帮助学生理解和掌握教学中的难点。

例如，在高中生物必修教材的第五章《植物个体发育》中，由于种子的形成过程非常微观抽象且远离学生的生活实际，靠教师的语言表述很难使学生正确理解，因此往往成为教学的难点。教师适时运用了多媒体辅助教学和结合实物观察法，在课件中用动画模拟了受精卵分裂成基细胞和顶细胞，逐渐发育成球状胚体和胚柄，最后发育成具有两片子叶和胚芽、胚轴、胚根的种子的胚，而受精极核则发育成胚乳，在双子叶植物种子形成的过程中被吸收了。这有效地帮助学生形成了丰富的表象。

又如，在高一化学《必修2》的第二章第一节《化学反应中的能量转化》中，难点问题是"化学反应中能量释放与吸收的微观分析"。难点的成因是：学生想象不出化学反应中旧化学键是如何断裂的，新化学键又是如何形成的，也很难想象出化学键断裂时需要吸收能量，化学键形成时要放出能量。授课教师使用动画创设化学键断裂时吸能和化学键形成时放能的动态情景，帮助学生形成生动的表象，从而认识到任何一次化学反应都是旧化学键断裂、新化学键形成的过程，且在这一过程中总伴随着能量的吸收和释放，而反应中总能量的变化要看吸收和放出能量的多少。

（3）利用"小步子"思维加工，化解难点。

根据"工作记忆原理"可知，思维过程是具体可操作的，思维一次加工的容量又是很有限的，因此思维加工必须采取"小步子"，也就是要步骤清楚，便于操作。学习过程采取"小步子"也会使学习内容变得容易掌握，"小步子教学"自然就成为化解难点的重要方法之一。

例如，初学高中物理的学生感觉最困难的莫过于运动学中的"追击、相遇"问题。因为这类问题综合了匀速运动和匀变速直线运动的所有规律，有时情景又十分复杂，为此学生经常面对题目手足无措，或是好不容易读懂题意却不知道应用哪些规律求解，并感觉困惑："怎么一听老师讲解就明白，自己就是做不出来呢？"如何解决"读不懂题"和"不会选择规律求解"这两大难点呢？课题组的教师们在教学中，首先，训练学生掌握解题的基本步骤：第一步，确定研究对象，边读题，边想情景、画草图。第二步，在草图上标明各个过程、各个状态的物理量。第三步，根据已画出的详细情景图，理性地分析各过程的特征，寻找每个过程对应的运动规律。其次，训练学生应对情景复杂的问题时，如何"化繁为简"、把情景分解后一部分一部分地分析。这样把解决复杂问题的过程程序化，学生很容易掌握。

又如，在高三数学总复习中，教师们发现解决"离散型随机变量的分布列"问题对学生来说是个难点。这部分知识一般以解答题的形式进行考查，题目具有一定的实际背景，但部分题目因条件较多、叙述较长，学生总在众多的条件中分析不清或与实际背景结合不到位。教师引导学生借助"表格分析"的方法理解题意，也就是让学生把问题分解，根据需要一层层列出表格、填写表格、再结合表格列式计算。这种方法看似麻烦，但实际上是将复杂的条件直观化、形象化，将解题步骤具体化，大大降低了题目的难度。

3. 为促进正向迁移而教学

经过两年的研究，我们深刻地认识到迁移在学习中的普遍性和在化解难点中的重要性。因此，我们提出了为促进迁移而教学的目标，并从以下四方面采取手段促进迁移。

（1）整体把握知识体系。

运用迁移原理分析、化解难点，首先，要明确本学科的知识系统和各部分知识（技能）的内在联系。知识（技能）内在联系的实质就是知识（技能）之间有共同的思维要素，这是知识产生迁移的条件。其次，要帮助学生塑造良好的认知结构。教学中注意启发学生对所学内容进行概括和总结，使学生在头脑中形成一个有层次的结构，最具包容性的上位知识应处于这一层级结构的顶点，促进陈述性知识的迁移。最后，要不断完善教材，适当改进教材内容的呈现方式，按照一般的认知规律和学生易于接受的方式编织知识（技能）网络。

（2）加强重点知识的教学。

重点知识包括概括性强的知识（如重要概念、定理等）和带有共性的方法、技能。教师一定要把带有共性的知识讲清、讲透，这样才能举一反三，以简驭繁。同时，抓重点知识的教学还要"瞻前顾后"，要考虑它在整个学科中的地位和作用，要同其他知识联系起来，和实际联系起来，从多方面、多角度把握它的内涵，尽量让学生在真实的情境中去观察、实践原理的应用。

（3）注重基本技能的训练。

技能的掌握是进行学习活动、提高学习效率的必要条件；技能的形成和迁移有助于新知识的掌握和智力、能力的发展。在教学中应研究学科的技能体系，并且要对学生进行足够的基本技能训练（如高中物理的受力分析技能训练，高中生物的读图训练），使之达到自动化而无须有意识地监控，成为一种内隐记忆，这样才能有力地促进新任务的学习。

（4）重视认知策略的传授。

认知策略属于程序性知识。首先，教师要正确地教授认知策略并加以示范，并且不仅要学生掌握该策略的基本步骤，更要使学生掌握该策略的使用条件。其次，教师要注意学生点滴的进步，善于用表扬肯定学生为学习付出的努力。最后，教师应有意识地向学生传授一些元认知策略，教学生学会学习，这将有助于知识和技能的迁移。

三、加强情感教育和学法指导，不让一个学生掉队

现代教育理念倡导全员育人、全过程育人、全方位育人，学校、教师要遵照人的发展规律来塑造每一个学生，要为学生营造民主和谐的学习环境，激励学生带着热情和信心积极主动地投入到知

识的获取和运用中去。教师要深入实际，正视学生的差异，根据每位学生的能力和需要，帮助、促进学生个体的全面发展，不让一个学生掉队。为此，我校自 2007 年开始在毕业年级试行了"导师制"，也就是为学习困难生和问题学生配备教师进行个性化指导。导师制要求在教师和学生之间建立一种因材施教的"导学"关系。

制度要求导师要通过调查、访谈、书面交流等方式，全面了解学生及其家庭的情况，有计划、有措施地开展以下四方面的工作。

（1）思想上引导。

关注学生的品德发展，帮助学生树立正确的、积极向上的人生观、价值观，帮助学生确定下一阶段的现实目标，并鼓励学生为取得更高的成就而奋斗。

（2）心理上疏导。

分析学生的心理特点，关注学生的心理变化。在与学生的心灵沟通中，创造一个充满真诚、温暖、理解和信任的氛围，促使学生很快释放由于困难和挫折引起的不良情绪。

（3）学习上辅导。

全面了解学生，研究学生的学习过程、学习方法和学习情况，帮助学生克服学习上的困难，指导学生制订学习成绩提升的计划，督促、引导学生有效实施计划，促进学生不断提高学习效率和成绩。

（4）生活上指导。

对学生进行生活、健康、安全、卫生、职业等方面的指导，扩大学生的生活情趣和知识面，指导学生加强对生活的控制力，合理安排学习，保持旺盛的精力和舒畅的心情。

我校 2008、2009 两届高三毕业年级共有 50 余位教师担任了导师，被辅导的学生达到 100 多名，这些学生大多属于本科"临界生"或一类本科"临界生"，也有一些是由于心理极不稳定导致成绩起伏大的学生。导师对他们在生活上无微不至，在学法上耐心指导，促使这些学生发挥潜能，有勇气面对困难、迎接挑战，不断改进学法，迅速提高成绩。我校 2008 届高考本科升学率达到 95%，2009 届达到 99%。

第二部分　研究效果与收获

一、提高了教师的科研能力

课题研究提高了我校教师的教育教学水平，在学科领域产生了广泛的辐射作用和影响。近几年，我校教师参加北京市、朝阳区的教学比赛和优秀论文征集活动均取得了优异成绩。尤其是从 2000 年以来，我校有《在物理教学中对学生发散思维的培养与训练》《物理教学中培养学生独立思考能力》《利用图形计算器进行研究性学习的探索》《如何利用化学实验教学培养学生的创新能力》《运用迁移理论化解化学教学难点》等二十多篇论文在中国教育学会学术年会上获奖；课题组教师先后上了《富集在海水中的元素——氯》《化学反应中的能量》《探究加速度与力和质量的关系》《功》等一百余节市、区级研究课。

下面是我校参与课题研究的教师在研究前期、中期、后期的获奖情况统计（见表 3）。

表 3　课题参与教师在研究前、中、后期获奖情况

项　目 阶　段	市、区级研究课 （人次）	国家级获奖论文 （篇数）	市区级获奖论文 （篇数）
课题研究前期 （2000—2003 年）	21	9	24
课题研究中期 （2004—2006 年）	35	7	38
课题研究后期 （2007—2009 年）	46	13	58

二、形成了一支骨干教师队伍

在课题研究中，我们对中青年教师敢于给任务、压担子，鼓励他们走在前面。一批中青年教师在岗位上迅速成才，市、区级骨干教师脱颖而出。到目前为止，课题组已有 4 位教师被评为北京市骨干教师，占我校市骨干教师人数的 50%。表 4 是课题组在研究前期、中期、后期的各级骨干教师数量统计。

表 4　课题组在研究前、中、后期骨干教师数量统计表

骨干级别 阶　段	市级骨干 （人数）	区级骨干 （人数）	区级优秀青年教师 （人数）
课题研究前期 （1998—2004 年）	0	4	1
课题研究中期 （2005—2007 年）	1	7	2
课题研究后期 （2007—2009 年）	4	8	3

此外，从 2007 年 4 月到 2009 年 12 月期间，参与课题研究的 46 名教师中有 8 名晋升为中学高级教师，有 7 名晋升为中学一级教师。

三、教育教学质量稳步提升

我校始终把解决教育教学中的实际问题作为课题研究的出发点，把促进学生有效学习、促进每一名学生的成长、促进教学质量的提高作为课题研究的落脚点。十多年来，我们从一所普通中学逐渐发展壮大为一所市级示范高中校，从我们这里走出了一批批爱学、乐学、会学，具有良好习惯和浓厚社会责任感的优秀中学生。以下是 2007 年与 2009 年我校学生学习状况调查统计表（见表 5）。

表5　2007年与2009年我校学生学习状况调查统计表

调查内容	2007年 符合、比较符合	2009年 符合、比较符合
学习对我来说是一件愉快的事	57.2%	72.6%
我们班的同学学习都很认真和努力	93.3%	97.4%
即使老师不催，我也会主动交作业	88.9%	94.3%
学习遇到挫折时，我能坚持下去	81%	84.8%
上课时，我能集中精力听讲	80.9%	86.3%
每天完成书面作业用4小时以上	65.6%	40.1%

　　从数据可以看出，我校学生的学习积极性和主动性在稳步提高，而学生的课业负担在逐步减轻，这正是我们"注重思维在教学中的作用，通过改进教师的教来促进学生的学"的研究成效。

　　近三年，我校的高考成绩又有了突破性的进展，本科上线率达到95%以上，一本上线率也在连续攀升。以下是2006—2009年我校高考成绩统计表（见表6）。

表6　2006年至2009年我校高考成绩统计表

年　份	一本上线率	本科上线率	专科上线率
2006年	35.2%	86.8%	99.8%
2007年	35.3%	88.5%	100%
2008年	46.6%	95%	100%
2009年	60.3%	99%	100%

结　束　语

　　十多年来，我们跟随总课题组脚踏实地地进行着思维与教学的研究和实践，教师的教学理念、备课方式、课堂教学方式都有了明显转变，教学水平和科研水平有了显著提高，同时学生的学习方式也发生了一定的变化，学习负担有所减轻，成绩稳步提升。反观我们的研究过程，我们比较注重改进教师的教学，但对于如何运用两种思维的智力理论指导学生更有效地学习以及如何对学习困难生进行诊断与辅导还缺乏深入、系统的研究。因此我们认为，课题的结题并不意味着研究的结束，我们将在实践中继续探索，不断前行，让科研成为教师生命的一部分。

参考文献：

[1]温寒江,陈爱苾.让青少年智力得到最佳发展:两种思维的智力基本理论[M].北京:北京科学技术出版社,2006.

[2]陈琦,刘儒德.当代教育心理学[M].北京:北京师范大学出版社,2009.

[3]吴庆麟.教育心理学:献给教师的书[M].上海:华东师范大学出版社,2003.

[4]金洪源.学科学习困难的诊断与辅导[M].上海:上海教育出版社,2004.

（北京工业大学附属中学　郑蔚清）

第十二章

两种思维相结合,培养学生的科学精神
——北京市文汇中学实验校总结

北京市文汇中学于 1997 年建校。作为一所新学校,为了尽快在教育战线上立足,我们选择了"科研兴校"的道路。在建校之初,我们就参加了北京市哲学社会科学"十五"规划重点课题"发展形象思维的理论研究与教学实验",我校的研究课题是"培养初中学生创新精神和实践能力的途径与方法的研究"。"十一五"期间,我们又参加了北京市哲学社会科学"十一五"规划重点课题"学习中思维的全面协调和可持续发展"课题组,我校的研究重点是"如何突破学科教学难点,促进学生的可持续发展"。

我们认为,这两项课题是有着紧密联系的:两种思维相结合能够很好地化解学科教学难点,促进学生的可持续发展,有助于培养学生的创新精神和实践能力。因此,这两项课题研究教给了我们研究问题的方法,指明了我们的研究方向。

以下从课堂教学、课外科技活动和收获体会三方面汇报我们的工作。

一、充分利用课堂教学的主战场，积极开展各学科实验研究

（一）利用数学学科特点，培养学生的探究精神和创造性思维

1. 运用现代化教学手段改革平面几何教学的实验研究

几何的研究对象是图形。因此，几何教学必须从识图开始，把学生的注意力集中到对图形的观察认识上来，使其看出图形的奥秘，进而利用观察图形的表象，加以识别、分解、组合和猜想，然后进行逻辑推理论证。

几何教学中，学生对一般图形的理解较为容易，但若对图形稍加翻转或移动，由于学生头脑中缺少必要的表象作支撑，往往就会不知所措。每每遇到这种情况，多数教师会指导学生通过画图、加辅助线等方法帮助想象，但完成的图形永远是静止的、无法反映完整的运动过程。为解决这一问题，我校数学组教师克服了技术和时间上的困难，集体研究几何画板等教学软件，专门编写了一套"动态教材"。这套教材使图形的翻转、移动过程直观地呈现在学生面前，清晰地展现了图形间位置关系的变化。不仅如此，这种通过软件描述的图形运动过程可控制、可变化，为学生的深入思考和发散思维提供了可能。

让静止的图形运动起来，变"静态思维"为"动态思维"，把静止的图形看成运动过程中的一个个瞬间，从而揭示运动变化的全过程，把形象思维与逻辑思维有机地结合起来，培养学生的创造性思维。实践证明，借助形象思维锻炼抽象思维的方法，改变了过去思维"僵硬"的窘况，大大提高了学生解决复杂问题的能力。

2. 重视数学实践活动，教学生学会运用数学思维解决问题

《数学课程标准》指出：义务教育阶段的数学课程将致力于使学生学会运用数学的思维方式去观察、分析现实社会，去解决日常生活中和其他学科学习中的问题；让学生在实际的生活情境中实践、体验，从而发现知识、掌握知识、解决实际生活问题……

在教学中激励学生参加数学实践活动，引导学生把实际问题转化成数学问题。例如，如何测教学楼的高？教师提出问题后，学生根据所学的知识自己设计方案，写实验报告，分组测量，最后汇报成果。又如，在讲《一元二次方程的应用》时，教师没有采用原有的模式，而是让学生为学校作设计：学校为美化校园，准备在长32米、宽20米的长方形场地上修筑同样宽的若干条道路，余下部分做草坪，要求草坪面积为540平方米，并请全校学生参与图纸设计。这样的问题很有挑战性，极大地调动了学生的积极性，最后学生设计出各种各样的方案。

这样的探究性问题，不仅仅是几道题的问题，更是对学生发散思维的培养，对不同知识的更高层次的综合运用，是学生创新精神和实践能力的很好体现。

3. 鼓励学生自制教具和课件，培养学生动手实践能力

（1）让学生动手制作长方体包装纸盒、圆柱体和圆锥体等实物教具，充分发挥学生的创造力，让他们在"做"的过程中真正体会立体图形和平面图形的关系。而这个设计过程充分展示了他们的动手能力、语言表达能力和美术设计能力等多种能力，是多种能力的综合运用。

（2）动员学生自制活动教具，动态地体现特殊四边形之间的关系。其中如何解决对角线的问题是难点；而学生通过合作与探究，创造性地解决了这个问题。

大量的动手实践，对学生潜移默化的影响很大，使学生已经很好地掌握了几何定理的直观验证方法。如在《勾股定理》教学中，要证明：$a^2+b^2=c^2$。有的学生由数的相等联想到面积，进而联想到体积。因此，学生们制作了三个等高的水槽：底面积分别是 a^2、b^2 和 c^2，然后把两个小水槽的水倒到大水槽中，大水槽刚好倒满，直观地验证了勾股定理。这次动手很好地利用了数形结合的思想，形象生动地对勾股定理进行了直观的解释，有助于加深学生对概念的理解，同时也说明他们很好地掌握了几何问题代数化和代数问题几

脑科学·思维·教育丛书

何化的方法。

这些教具制作的成功，不仅说明学生有很强的动手操作和实践能力，更能说明他们对数学概念理解、掌握和应用得很好，有很强的创新精神和创新能力。

让学生自己制作教具，这是让学生在做中"学"、在"做"中更好地综合运用知识，从而培养学生的动手实践能力和创新能力。

(二)历史课发挥直观性教学的特点,培养学生的创新精神和实践能力

历史课本着"科学性、激励性、渗透性、直观性"的原则，力求与现实相结合，让学生感受"真实的历史""触摸历史"，从而避免了死记硬背，培养学生的创新精神和实践能力。

通过制作小模型、小教具，学生能亲身感受我国古代文化的繁荣灿烂，体验劳动人民的勤劳和智慧。同时为了使制作的模型能够正确地"再现"过去，学生们必须创造性地运用数学、物理、化学、地理等自然科学，这就是创新能力培养的很好的途径。

历史课改变以往通过一张考卷定分数的方法，制定新的评价标准，把写小论文、做小制作作为考试时的一项重要指标。

这样的改革潜移默化地渗透了情感和价值观的教育，以及各种能力的培养。而且这种教育和培养是在制作过程中学生自觉接受的，不是教师生搬硬套、强加给学生的。正如学生王某所说："这样的课，使我改变了以往历史学习枯燥无味的想法。因为它看得见，摸得着，让我们一边玩，一边学，最终使我的素质、修养有所提高。"

目前，学校已收到学生的作品有：抛石机38件；纺车27件；火铳8件；罗盘针2件；弩弓2件、曲辕犁1件；转轮排字盘1件等。

(三)从改革生物实验入手,培养学生的探究精神

长期以来在初中生物实验中，几乎都是验证式实验，而它的最大的弊病就是先给学生结论，再去验证结论，不利于提高学生的兴趣、培养学生的探究精神。我校胡玲老师对生物实验进行改革和探

索，在众多的生物实验方法中选定了"对照实验法"，其步骤是：发现并提出问题——根据问题作出假设——设计并完成实验——得出结论。此方法是从探究问题出发，给学生动脑、动手的几率多，实验效果明显。以下为两个例子。

例1：验证"种子的结构"。

过去一直沿用的教学方法是，先由教师讲述菜豆种子和玉米种子的结构，以及它们之间的相同点和不同点等知识，然后再做实验去验证和巩固"种子的结构"的知识。对此，教师们进行了大胆的改革。首先，创设情境，提出问题：为什么一粒小小的种子能长成参天大树？ 接着提出假设：植物的根、茎、叶与种子内部结构有关。然后设计实验：发给学生浸泡过的蚕豆种子，让学生观察种子内部，并找出胚芽、胚根、子叶等结构。同时假设：由胚芽发育成茎和叶；由胚根发育成根；胚轴的发育起到连接根与茎的作用。再给每人发一粒蚕豆种子并把种子带回家观察（把种子绑在一根筷子上，让它一部分浸泡在水里，另一部分暴露在空气中）。一星期后，学生们惊喜地告诉教师，前面课上的假设是成立的。

例2：对《验证骨的成分》实验的改革。

这个实验过去的步骤如下。

大鱼肋骨	甲 骨	乙 骨
实验步骤	浸泡在15%的HCl中	煅烧
实验目的	去掉无机物，留下有机物	烧掉有机物，留下无机物
骨的物理特性	有机物：柔韧	无机物：硬脆

当这个实验做完以后，有学生提出质疑：如果把实验后的甲骨再进行煅烧，按照有机物和无机物的概念，是不是什么都不剩了？教师支持学生的大胆设想，把浸泡过酸的甲骨进行煅烧，结果真的什么也没有剩下，而学生的学习兴趣一下就提高了。从此，教师就把学生创造的这个实验保留下来，而对以上步骤又增加了一步。

以上实验改革说明，改革生物实验是培养学生创新精神的好途径。

（四）政治课通过活动课增强学生的情感体验，培养学生的创新精神和实践能力

在讲授初二思想政治课《依法保护我们的家园——自觉履行保护环境的义务》这一章节时，教材对学生提出了三个方面的具体要求：一是提高环保意识，要求心中有环境，时时处处想到环境保护。二是增强法制观念，要求在环境保护方面知法、懂法、用法、护法。三是落实环保行动，要求学生能为保护环境做些力所能及的事。教材具体以举例的形式讲了三方面的内容。

政治教师史琳设计了一个系列活动课，进行了有益的尝试，并收到了非常好的效果。

第一节活动课——环保知识竞赛。设计这一活动的主要目的就是激发学生的学习兴趣，培养学生的环保意识。

第二节活动课是在室外进行的。她带着学生们走出教学楼、来到学校的操场，然后让学生们以小组为单位调查校园内的环境污染情况，并在课后完成校园环保调查报告。设计校园环保调查活动的主要目的是，培养学生通过调查获取信息的能力以及合作学习的能力，培养学生的探究精神和实践能力，让学生在体验中学习。课后，学生们认真地完成了调查报告。通过学生的调查报告，我们可以看出这个环节对培养学生探究精神和实践能力的促进作用。如有的学生在调查报告中绘制了教学楼外垃圾分布图，并在校园的平面图上标明各种垃圾的位置（综合运用了美术、数学方面的知识）；有的学生列表统计了校园内某个范围内各种垃圾的比例（综合运用了数学、计算机方面的知识）；还有的学生统计了有关学校水、电使用情况的各项数据（综合运用了数学、物理方面的知识）……学生们运用了多方面的知识（不仅仅是政治课所学的知识）完成了调查，锻炼了多方面的能力，也展示了他们的才华。学生在学习过程中亲自去发现问题、解决问题，并且在探究的过程中获取知识、发展技能、培养能力特别是创新能力，而这就是探究的学习方式。

第三节活动课是在校园环保调查的基础上，让学生对如何将文汇中学建成环保型校园提出合理化建议、设计一个环保型校园并展示交流。设计这一活动的主要目的，就是培养学生的创新精神和实践能力，使他们能够学以致用，联系实际，解决问题。

学生们提出的合理化建议也非常好，大部分都具有可行性。有的学生建议学校实行班级责任制，共同管理学校环境；有的学生建议学校增加惩罚措施；还有的学生为学校制定校园环保规章，这正是运用我们学的法律来解决实际问题的具体表现。

（五）利用美术设计课程，达到逻辑思维与形象思维的交融，培养学生的创造性思维

美术教育可起到陶冶情操、提高素养的作用，同时有助于开发学生的智力。作为教师，要突破传统的教学思维定式，着眼于学生的未来，在美术教育教学中寻求能够发展学生创造性思维的内容，用种种方法训练学生的身心和感官，使他们的各种感官及观察力、记忆力、思维力、想象力、创造力等方面自由成长。

初中阶段的学生思维活跃，想象力丰富，但因为受传统教育方法的束缚，他们往往缺乏形象记忆、想象力和创造性思维的培养，形成了日趋熟练的绘画技法和逐渐失去创造力的突出矛盾，使学生的美术作品缺少个性和创造性的现象。

在美术设计中，逻辑思维和形象思维是密不可分的。以逻辑思维为主的理性思考指导着形象思维的具体运用，而形象思维可以利用各种绘画手法表现符合设想或构想的最终形象。因此，在教学中，教师应把代表逻辑思维的理科知识与代表形象思维的美学感受传授给学生，在体现审美规律的同时，达到科学性与艺术性的统一。

美术课程设计分为三个阶段：（1）欣赏阶段——欣赏为主，开阔眼界。这一阶段主要让学生欣赏大师的作品，获得直观的感受，同时激发学生的学习兴趣；（2）表现阶段——尝试绘画，初步设计；（3）制作阶段——动手制作，完成成品。我校赵亚明老师，便在制作

阶段——美术作业的设计上——进行了大胆的尝试和探索。

如初一年级《美丽的色彩》一课是学生对色彩感知的深化。以往的教学中，教师往往讲述三原色和色彩的三要素，并利用色相、明度、纯度色阶的变化训练感觉。结果学生只是像做机械的化学实验，学习兴趣不高。而赵亚明老师先启发学生联想一年四季的感觉：温暖的春天、炎热的夏天、丰收的秋天、寒冷的冬天，再用语言表述不同季节的色彩感觉，然后出示春、夏、秋、冬的色彩构成作品，最后布置作业要求：用色彩进行表现，可表现自己的心情，还可表现一首乐曲的感觉等；并要求画面不能出现具体形象，一定要用抽象的色彩和几何形体表达。这样就在初步感知的基础上，锻炼了学生的抽象表现能力；而且这样设计就能很好地突破教学难点，真正达到逻辑思维与形象思维的高度统一，让学生在创新中体会快乐。

再如《钟表设计》一课的作业，是教师发给每个学生一个包括电池、表针等零件的钟表表芯。教师要求学生自己找生活中可用的材料进行制作，完成的成品需达到真正钟表的功能，且又能具有一定的装饰性。学生在进行了严谨的构思之后，开始绘制效果图，最后搜集材料、制作完成。学生们的作业多彩纷呈：有的学生用家里的废旧布料进行缝制，把表芯嵌在其中，再填充海绵形成具有民族特色的装饰钟表；有的学生利用旧光盘作为钟表的表盘，加上自制的底座，效果出众，具有强烈的现代感。

美术设计课程的制作阶段，是让学生把逻辑思维与形象思维高度结合的阶段。学生通过自己严谨巧妙的构思和积累下来对美的感知和运用完成独特的作品，是创造性思维培养的结果。制作成品的过程也培养了学生的动手能力与创新思维能力，从形态各异的作业成品便可看到学生创造性思维的最高发挥。

(六)音乐课通过培养学生的想象与联想能力,领略音乐神奇美妙的意境,提高学生的音乐素养,培养学生的创造力

音乐家所写、所奏的音乐怎样才能变成我们脑海里的形象呢?

音乐家的情思如何才能与我们的情思连接在一起？在音乐家和听众之间需要一座桥梁——想象与联想，这是音乐欣赏中必要的中间环节和纽带。

音乐教师李茵老师认为，主要有四个教学策略。

(1)引导学生多注意聆听各种自然界的音响、观察景物的形状动态、观赏影视节目、阅读文艺作品等，以此丰富学生的生活体验和知识积累。

(2)充分发挥歌词的作用，激发与之相关的音乐美感，以促使音乐思维的形象化。歌词是经过加工的文学语言，是歌曲音乐形象的"物质"基础，作为歌曲教材的歌词更富有内容确定、鲜明生动的素质。因此，引导学生从歌词所提供的人、情、景、物等方面来寻觅诗词的意境，有助于培养学生的联想和想象能力。

(3)通过标题音乐培养学生的想象与联想能力。由于音乐与文学、戏剧题材内容联系紧密，有些标题音乐带有一定的情节性。欣赏时，应首先简要介绍其创作背景，初步揭示其思想意义，端正学生的审美态度，然后再让学生入境，进行联想和想象。

(4)培养学生的自由联想。在非标题音乐中，欣赏者必须把通过音乐印象所感受到的情绪和意境与自己平生所经历的感情体验对照起来。这就需要教师启发学生进行自由联想，展开丰富的想象，通过比拟和象征等途径来寻求联想的意境，让音乐插上翅膀，在广阔的想象天地给人以自由美感享受，而这有助于培养学生音乐审美的创造能力。

例如在欣赏冼星海的《黄河大合唱》时，教师可先简要介绍其创作背景，初步揭示其思想意义，端正学生的审美态度，然后从音乐的曲调开始，由浅入深地进行分析、欣赏。那一声声时而低沉、时而雄壮的音乐像是一声声愤怒的吼声；那如泣如诉的曲调像是对日本侵略者暴行的控诉……一幅幅惊心动魄的画面展现在我们面前。然后启发学生逐渐由低层次的知觉欣赏转入感情欣赏，再发展、升华到理性的审美想象。有的学生说："此时好像乌云密布、波涛汹涌,几十个船夫在与惊涛骇浪搏斗着。"有的学生说:"《黄河大合唱》以黄河作为中华民族的象征,不仅表现了中国人民无所畏惧、力挽狂澜的英雄气概,而且表现了中国人民同日本侵略者血战到底的英雄气概……"这些既有听觉转化为视觉的通感,更有创造性想象的升华。获得音乐所容纳的深远意蕴,造成"言有尽而意无穷"的广阔的想象空间,这说明标题音乐是培养学生的想象与联想能力的很好的途径之一。

二、把课外活动和科技活动作为开展课题研究的很好的载体,培养学生的科学精神

发展科技教育是培养学生科学精神的最直接途径。面对"十六大"提出的"全面推进素质教育,造就数以亿计的高素质劳动者、数以千万计的专门人才和一大批拔尖创新人才"的要求,我校在探索素质教育与科技教育的过程中,进行以科学态度、科学知识与技能、科学方法与能力、科学行为与习惯为主要内容的科技教育,从而激发学生学科学、爱科学、用科学、献身科学的热情;培养学生的科学探索意识、科学探索精神;使学生体验科学探索过程,学会探究方法,提高探究能力和科学素养;培养学生提出问题、分析问题、解决问题的能力,发展学生的智力、增长知识、开阔视野;促进学生在全面发展的基础上发展特长,为学生的可持续发展奠定良好的基础。

(一)开展形式多样、丰富多彩的课外活动与竞赛活动,寓教于活动之中,在课外活动和科技活动中发现和培养学生的创新精神

我校从建校开始就将科技教育工作纳入到学校工作之中,并制定了科技教育发展规划。学校于 2003 年 5 月制定了《北京文汇中学关于课外活动实施方案》,确定了我校科技教育活动的具体实施细则和规章制度。为配合科技教育,我校还制定了各种制度,以加强日常工作的管理。

2004 年,学校被市教委认定为"北京市科技教育示范校"。

2007 年，又成功通过市教委评审，被命名为"北京金鹏科技团"。科技教育作为教育教学的重要组成部分，除课堂教学之外，构成了以选修课、综合实践课、科技兴趣小组为组织形式，以讲座、参观、考察、竞赛等为载体的全方位、网络化、系统化的科技教育体系。学校充分开放理、化、生等学科的专业教室及机器人工作室、DI 活动室、仿真实验室、组培室等各种课外活动的特色教室，每学期开展不同的课外活动小组近 30 个，有专、兼职教师和专家予以辅导，学科覆盖面大，参加人数众多，已形成了一定的规模。学校规定，每周一、三课后的 1 小时为规定的科技小组活动时间，任何人不得以任何形式占用，充分保证了课外活动的质量。

在"OM"头脑奥林匹克小组活动的过程中，学生们用筷子粗细的木棍组成的小小支撑结构，承受住了 400 多公斤的重量，获得了北京赛区一等奖；还参加了 2006 年 6 月在美国举行的世界中学生 DI 比赛。

机器人是青少年科技教育的最佳平台，它不但使青少年亲手接触多种高新技术，更能培养青少年的动手能力、创新能力、协作能力和进取精神。"建构自己的知识和能力"是创新与实践课程的宗旨。在活动中，学生们从模范项目的成功尝试，到规定项目的失败与成功，以及最后自由项目的成功展示，都对认识自己以及建构自己的能力起到积极的作用。我校的机器人小组在国内外获得了很多大奖，极大地调动了学生的积极性。这其中蕴涵的知识已远远超越了书本的范围，学生们凭着对此项活动的热爱，如饥似渴地汲取知识，享受着成功的喜悦。

此外，细胞工程是当今生物技术学科领域的重要组成部分。在生物组培小组中，学生的观察力、动手力得到了培养，这让他们更加细心、耐心地去完成实践活动。学生们在组培室中也学到了许多技术，如配培养液、配培养基、无菌室接苗、定植、幼苗后期管理等。

这些课外和科技活动大大提高了学生的兴趣，开阔了学生的视野，让学生在科学素养、动手能力、发散思维及创新能力等方面得到了充分的发展。

学生是一座"复合矿"，只有营造宽松的教育环境，给学生创造自由驰骋的天地，他们的个性特长才能得到充分发展，这样做才真正体现"以人为本"和全面贯彻素质教育的要求。

建校十几年来，学校以科技教育为切入点，以全面提高学生素质为着眼点，以教育创新为动力，大力开展科技教育，培养科学精神，取得了显著成绩。我们以培养学生科学精神为主题，召开了全国现场会及科技论坛，170多位专家、学者、教师出席了现场会。李思然同学的《警惕生物外来物种的入侵》、王兆琛同学的《从帝王陵寝的创建看清王朝的兴衰》和李琛同学的《古怪的圆柱》等都在会上进行了发言与现场答辩。

(二)各学科还结合课堂教学，组织了综合实践活动，以培养学生的实践能力

"实践是检验真理的唯一标准"，书本上的理论并不一定与现实完全吻合。为了培养学生的实践能力，地理与生物教师联合组织学生参观牛口裕水库、首钢、锦绣大地，历史教师也组织古都一日游、参观巍巍卢沟桥、争当考古小奇兵等丰富多彩的社会实践活动。学生们还在教师的辅导下，写出了很有质量的科技小论文。

时至今日，我校学生积极参加各种竞赛活动，共获国际奖3项，全国奖240项，北京市奖715项。这些成绩的取得，蕴涵着我们师生的科技素养，也体现了我校科技教育的水平。现在，课外和科技活动已成为我校的办学特色之一。

三、收获和体会

(1)对学生进行科学精神的培养，能有力促进素质教育的全面推进。

(2)对学生进行科学精神的培养，要紧紧抓好教育、教学、科研三个环节，以教育为根本、教学为基础、科研为关键，以课内为起

点、课外为跑道，形成全方位、立体化的教育网络。

（3）对学生进行科学精神的培养，要与课程改革相结合，不断赋予教育、教学新的活力，构建有利于学生全面、和谐、生动发展的优质课堂教学与实践活动体系，使学生综合素质及创新、实践能力得到提高，为学生终身发展奠定良好基础。

13年来，通过课题研究，我校教师队伍的素质也很快得到了提升。教师们在各种评优课中多次获得全国一等奖和北京市一等奖；教师撰写论文的数量和质量也有大幅度提高。同时，我们培养了大批优秀毕业生，其中培养出7个崇文区中考状元，从文汇中学走出了2名"明天小小科学家"。

虽然在课题研究中我校取得了点滴成绩，但随着工作的深入，我们深感还有更为广阔的空间等待我们去开发和探索。

（北京市文汇中学　温玉清）

第十三章

注重思维的全面协调和可持续发展,提高残障学生课堂教学实效
——北京市东城区特殊教育学校实验校工作报告

一、开展工作的背景

北京市东城区特殊教育学校智障部(原东城培智中心学校)于1999年开始参加由原北京教育学院院长温寒江先生主持的北京市哲学社会科学规划重点课题"发展形象思维的理论研究与教学实验"。在十几年的研究实践过程中,我们把研究的重点放在课堂教学上,主要运用形象思维理论指导智障儿童的课堂教学。"十五"期间,由于东城区布局调整,培智学校与第一聋人学校合并,我们课题研究的人员更加壮大了。

我们的教育对象有两类残障学生,一类是由于各种原因导致脑损伤或脑发育障碍的智障学生;一类是由于各种原因导致听力损伤的听障学生。不论是哪一类残障学生,他们在思维上,在接受知识、掌握技能方面都与正常学生有一定的差异,但是在以往的教学中我们对差异的关注不足。就智障学生的教育来说,我国的智障学

生教育起步较晚，受传统教育思想的影响以及对智障学生身心特点缺乏全面深入研究的制约，智障学生课堂教学并没有重视学生思维的发展。若用今天的脑科学理论审视以往培智学校的课堂教学，我们会发现两种偏向：其一是我们忽视了智障学生以形象为主的思维特点，忽视了智障学生的潜能开发。比如：识字教学教师更强化于汉字的认读，而忽视了理解与运用；计算教学教师更强化于结果的准确，而忽视了过程中的思维。有的教师认为，形象的教学手段、动手操作会影响教学的进度，因而直接进入了抽象思维阶段，用反复强化练习来达到发展思维、巩固知识的目的。其实这样的教学即使得到了稳定、持久的变化，也不能完全称其为发展。因为单纯依靠模仿、重复记忆获得的知识，无法进入意义理解的水平。这种枯燥、乏味、抽象的"填鸭式"教学片面夸大教师的主导作用，把智障学生视为知识灌输的对象，使本身缺乏兴趣、思维缓慢的学生更加被动，积极性更受压抑。其二是我们忽视了教师的主导地位，仅以学生的兴趣爱好作为组织教学的主要依据。教学中，教师反复使用直观形象的教具而不考虑如何使两种思维结合以使学生达到可持续发展。这一点看似注重了形象思维，但学生在课堂教学中过于"自由"，教师要求其少，随意性太强。这种"放任式"教学的目的性较差，影响了智障学生思维的发展，更不利于潜能的开发。经过学习我们认为，深化课堂教学改革必须以先进的教育科学理论为指导。为此，我校参与了形象思维课题的研究，作为子课题校，我们先后确定了"运用形象思维理论指导智障儿童课堂教学的探索研究""注重思维的全面、协调和可持续发展，提高残障学生课堂教学实效"等几个子课题。根据智障儿童的身心特点，我们运用形象思维的理论指导课堂教学，培养发展残障学生的智能，经过十几年的实践与研究已取得初步成效。

二、扎实认真的工作历程

(一)深入学习,提高认识

形象思维课题在特殊教育学校进行实践研究，就必须结合残障学生特点及相应的教育教学实际认真学习相关理论，不断更新理念，正视教育创新理念和改革的必要性、可行性，注重思维的全面、协调和可持续发展，将理论学习内容最大限度内化为教师的教育意识，并主动指导教育行为。

学校一直注重课题研究，把形象思维课题学习与研修工作纳入日程安排，教师们学习了形象思维的科学理论、形象思维的特点和产生以及发展形象思维的重要意义。学校聘请专家进行有计划的研讨培训，教师们还利用休息日时间积极参加市级课题组的相关学习培训，温寒江教授也多次到校指导我们的课题研究工作。课题组教师从对右脑开发理论的懵懂认识到逐步理解并运用相关理论指导教育教学的确是一个发展与提高的过程。学校课题从最初 2 个智障班、3 个学科、4 名教师增加到 2 类残障学生、8 门学科、24 名教师。从人员组成及学科范围的扩大上不难看出学校课题研究正在逐步地深入。我们也从实践中体验到，"只有注重思维这个核心，才能真正提高残障学生的潜能"。

（二）努力实践，精心探讨

科研是先导，学习是关键。我们在学习与实践中初步理解脑科学方面的知识，懂得了两种思维方式，并尝试运用形象思维理论指导课堂教学方式与方法的改进，真正"让学生动起来"。教师们努力实践、精心探讨，不仅提高了学生们的智能，同时也使教师自身的教育教学水平得到相应的提高，真可谓是教学相长。

1. 通过多种途径和手段，使学习变得生动活泼

（1）创设情境，强化形象思维，激发学习欲望。

情境教学是通过创设一种与教学内容相似或相应的情境进行教学的方法，是直观、形象、整体性的。教师在课堂中要根据智障学生的思维特点、年龄特点和生活经验，科学、有效地创设情境，促使他们能够积极主动、全身心地投入到学习中去。经过几年研究，我们总结出几种常用的情境教学的方法。

① 创设故事情境。

智障学生对故事比较感兴趣。合理创设故事情境，把学习内容编成简单的生活小故事，使学生产生身临其境的感觉，能够增强学生学习的乐趣，丰富学生的语言，发展学生的思维。

② 创设操作情境。

智障学生对自己通过操作获得的知识的印象最深刻，记忆牢固。在数学、劳动、计算机等教学中，教师就更注重创设操作情境，使学生通过手操作、眼观察、口表达、耳倾听、脑思考这一过程获取知识，发展思维。

③ 创设问题情境。

问是学的需要，问是思的源泉。智障学生虽然缺乏一定的想象能力和知识经验，但是他们也有一定的好奇心和求知欲。创设有趣的问题情境，使教学内容具有新奇性，能吸引学生学习的注意力。

④ 创设生活情境。

智障学生学习的目的、内容都是与生活紧密结合在一起的。为此，教师们经常创设生活情境，让学生在情境中学习——比如在教室中创设小商店的情境或通过录像创设就医、储蓄等方面的情境。在情境中学习既生动活泼，又便于学生迁移，把学到的知识用在生活中。

情境教学的依据来源于课题组对思维内涵的深化。根据思维的属性——全面性、可操作性，学校把思维放在教学过程的中心。为了强化这种认识，学校在备课、上课要求中特别提出，教案中必须注明教学用具的使用，课堂中必须体现直观性、操作性原则，无教具、图片、课件演示而仅由教师满堂灌的课堂视为不合格课。

（2）注重学生操作体验，化解智障儿童教学中的难点。

教师们在实践中进一步认识到思维的可操作性。知识（经验）的迁移，是通过思维实现的。操作实践可以化解教学难点，使学习的内容变得比较易于理解。智障儿童的思维直观具体，缺乏目的性和灵活性，概括水平低。特别是在理解概念、理解语言时，局限于自己经验范围之内的个别具体事物上，不能较好地迁移知识，也不能较好地运用语言来解决实际问题。为此，教师们在课堂中注重运用实践活动，让学生通过操作学习知识、掌握技能。比如：数学课上为解决某一抽象的知识点问题，让学生借助学具操作，将抽象的数学概念形象化。操作型实践活动能很好地把学生手的动作和脑的思维结合起来，让智障学生的头脑中积累大量丰富的思维材料，然后再通过比较、分析、概括，抽象出概念。再如，在劳动、计算机、美工等操作性较强的课堂上，教师注重整体演示，然后再结合重点步骤边说边带学生操作，以达到每位学生都能掌握技能的目的。

当实践活动内容在教室无法达到预期的教学效果而需要更大的空间时，教师将学生活动的空间自然延伸到校园中、社会中。比如在语言训练课教师实践中，教师为教学生说"我喜欢（　　）"句式，便带学生来到操场，让学生亲自体验跳蹦床、荡秋千等活动，然后引导学生完整地表达句子。再如，为了让学生掌握生活实践的技能，教师经常组织学生到社区实践。每次活动前，教师都制订周密的计划，并且告知家长活动的目的、意义。在活动中，为了使学生都能进行操作，教师根据学生能力分层教学。活动后，再通过画画、写句子的形式让学生表达收获和体会。校外实践活动使学生接触了社会，融入了社会，培养了学生的观察能力和分析、对比能力，学生的自主性有了很大提高。总之，让学生亲身体验、感悟，能较好地突破教学难点。

2. 注重两种思维的结合，提高学生的心智

注重两种思维的结合，也是我们课题实验的一个重要内容。形象思维具有形象性、具体性、可感知性等特点；抽象思维具有严密性、概括性、逻辑的推理性。教学中把这两种思维结合起来，就能充分发挥他们的优势，提高学生的心智，达到整体优化的效果。

（1）加强语言训练，推进语文教学的改革。

语文教学中的阅读教学可以培养听、说、读、写能力，阅读教学的理解过程包括再造想象和分析归纳这两部分思维活动，二者是有机结合的；也就是说，阅读教学中理解的过程是形象思维（再造

想象）和抽象思维（分析归纳）相结合的过程。智障学生的认读能力与正常学生有着明显的差异。他们在阅读课文时经常出现跳字、漏字、语言不连贯的情况。为了改善这种缺陷，教师将阅读教学中普通的分析课文的形式转换成听读表演教学的模式，通过教师生动形象的范读，调动学生读的积极性，并采取让学生自己读、听别人读、评判别人读、分角色读等多种方法，在读中加强朗读训练，同时也体会课文中重点词句的含义，还让他们结合体验进行表演，从而达到理解课文内容的目的。此种方法分散了学生学习的重点、难点，发挥了学生自我表现的能力，补偿了学生的生理、心理缺陷，树立了学生学习的自信心。

（2）加强听觉训练，推进音乐教学改革。

听觉训练的主要目的是让智障学生在头脑中建立一个较为准确的音高概念。听觉思维是音乐思维的基础，在音乐才能的发展中，听觉是首要的。音乐是听觉艺术，它是通过人的听觉引起联想而产生形象。智障学生中大部分学生存在听力障碍。这种病态并非耳聋，而是听力迟钝，对音的物理属性（音的高低、长短、强弱、音色）等部分反应慢，甚至不能分辨，其中最为普遍的是缺乏内心听觉思维。为此，我校教师采取了单音模唱、旋律音程模唱、音高训练等方法进行听觉训练。教学中，教师选择了学生比较熟悉、音准也比较好把握的儿童歌曲，如《两只老虎》《小兔乖乖》等。在模唱过程中，教师鼓励学生进行表演，从而进一步强化学生头脑中动物表象的积累程度。在训练音高的过程中，教师将座位按音阶排列，然后根据学生的身高按照音阶的组成规律列队，让每一个学生都有自己的音名和唱名。教师还利用学生熟悉的楼梯让学生感受音阶的上行和下行。心理学研究表明：动态的事物比静态的事物更能引起学生注意。为此，音乐教学中教师注重让学生在感觉、体验的基础上，由学生自己发现、探索新的音乐现象。另外，教师还运用手势动作记忆音的高低，目的是帮助学生理解唱名体系中音阶之间的关系，使抽象的音高关系变得直观、形象。直观的手势教学是教师和学生之间进行音高、音准交流的一个身体语言的最佳手段。几年的教学实践中，教师深深感受到手势教学对智障学生脑潜能的开发起到了不可低估的作用。手势运动过程也同时训练了学生的内心听觉，使学生可以通过视觉的观察辨别音的高低。

（3）加强舞蹈教学，在快乐中发展聋生思维。

聋生因听力障碍导致其具有特殊的心态，他们对那些抽象、空洞的说教不感兴趣，也难以理解；而富有丰富情感的舞蹈艺术则能以夸张的手法把聋生生活中的美与丑、好与坏形象地展示出来，对聋生有着强烈的吸引力和感染力。聋生学习舞蹈主要靠视觉分析器，他们在形象动作记忆中表现出一定的优势。但由于听不到音乐，他们无法感受节奏韵律，更难以体会舞蹈的魅力。根据聋生的心理特点，教师精心创设了快乐的教学氛围，让聋生在爱和美的气氛中主动学习。在教学中，教师主要采用"以数代乐"的方法训练节奏。从 2/4、3/4、4/4 拍的快慢、强弱规律节奏入手，注意轻重缓急、力度大小的对比变化。通过看教师的口型和手脚的配合，学生运用轻踏、猛跺等去体现，然后再形象地通过阿拉伯数字1、2、3、4的手语数出节奏，同时教师在数的过程中要求学生根据动作边跳边默数。经过一段时期训练后，不管是单一舞蹈动作，还是组合动作、成品舞，教师都能和学生产生"一点即通"的默契。此外，在教学中教师还充分利用多媒体进行教学。例如学习歌表演《小花猫上学校》这个舞蹈时，教师通过多媒体课件把舞蹈内容用情景动画的形式表现出来，让学生观察并展开丰富的想象，同时自己尝试创作简单的舞蹈动作。学生们争先恐后地表演，他们的表演充满童趣，他们的思维能力也得到了进一步的深化提高。在舞蹈教学中，教师们还提出了要"以形促情"。通过生动的、丰富多彩的形象教学，使学生通过表情、动作的表演将内心情感表达外化，这就是形象思维的深化过程。演戏要演情，单纯表演技巧是技美，只有演情、以情感人才能达到情美艺美的境地——中国残疾人艺术团《千手观音》的表演正是情与技的完美统一。通过训练，我校学生也进步很快，其中6名学生被艺术团录取，成为了预备队员。

成功的教学给我们很大启发。通过创设情境、学生操作体验，能够有效地调动学生的积极性，促进学生技能的形成与能力的提高。

三、成功的体验与思考

经过十几年的教学研究，从转变观念到教学课堂教学模式的形成，从对学生思维能力的培养到潜能的开发，从教师的创新意识到科研水平等方面，我们都取得了一定的成绩。

（一）课题研究的成果

1. 从传授知识、发展技能向发展思维、开发潜能转化

形象思维理论是对现有枯燥教学的一次挑战，是一种新的理念。在这种理念的指导下，教师们深刻地认识到，残障学生的教学必须从单纯的传授知识、教学生认识几个字、会说几句话、会算几道题中摆脱出来，要从大教育观的角度去因势利导，发展学生的思维，使学生在建立大量表象积累的基础上用脑进行思维。教师们在参与研究的过程中不断摸索、实践、反思，努力发展学生的潜能，逐步提高自己的研究水平。

2. 在形象思维理论指导下，形成了教学特色

在新课程理念的指导下，我们逐步摸索形成了"以学生为主体，教师为主导，思维训练为核心，开发潜能为目的"的教学特色。我们的教学不是为了形式而形式，而是真正从启发学生思维（形象思维）为切入点，开发学生的潜能。教师们从此高度去认识我们的教学，我们的课堂就成为科研的场所，学生在教师设计的活动中、在丰富信息的刺激中不断发展。寿春秀、林萍、赵青等十几位教师的课还分别在全国、市、区做课大赛中获奖。

3. 教师积极参与校本课程建设，编写教材初见成效

由于残障学生的课程体系不完善、不健全，制约了学生的全面发展。为此，学校教师在课题的引领下不断实践，积极参与到校本课程建设中来，运用形象思维理论为残障学生设置校本课程，编写

教材。学校根据学生的思维特点还在智障部设置了沟通课、球类课及个别训练课，在聋部高年级设置了律动课、书法课、篮球课。承担校本课程的教师，充分发挥自己的特长，编写课程纲要，选择适合学生的教学内容，确定评价方案，有的教师还编写了指导用书。在这个过程中，教师们开发教材的能力得到了锻炼和提高，其中有3名教师参与了北京市培智学校课程纲要的编写。教师们还根据学生及家长的需求，选择学生实际生活中的照片及影像资料作为教学资源，为智障学生编写教材。自2004年开展校本研究以来，我们编写的教材参加了北京市培智学校校本教材展，均受到好评。在研究课程的同时，学校也培养出一批有一定科研意识的教师，其中5名区骨干教师都是学校校本课程开发的骨干人员。

4. 尝试开展协同教学研究，真正体现以人为本

由于特殊教育学校接纳的中重度智障学生存在的障碍类型不同。他们的思维表现和个性差异都很大。比如同一班的学生中有的已认识几百字，而有的却由于注意力不集中还停留在儿童的识图阶段。要想真正兼顾到不同学生的差异，教师有时会有一种力不从心的感觉。为此，学校进行协同教学改革实验，尽可能为学生提供个别学习的机会。

协同教学使教师文化和课堂文化得以实现，体现了学校的办学理念。在协同教学实验前，教师先对学生进行评估、制订计划，然后由两位教师同时在一个班级中进行授课、协同教学，使情境教学、操作实践得到了有效的保障。

5. 成绩以及家长的反馈

形象思维课题给学校的进一步发展提供了空间，得到了家长以及社会的认可。当家长、同行走进学校，看到肢体不协调的学生能准确击球时，看到学生富有情感的舞蹈时，无不发自内心地赞叹。2009年，学校成功地举办了"放飞心灵的文化"艺术节活动，此次活动得到了市区领导及家长的充分肯定。

回顾十几年的研究工作，我们紧紧围绕"思维这个核心"，重点

关注思维的全面发展，努力提高残障学生教学实效。在课题组专家的引领下，在全体师生的共同努力下，学校课题研究得到了家长及各界人士的好评。学校多次参加国际教育博览会，其中《运用形象思维理论指导智障儿童课堂教学的探讨研究》一文还在 2004 年中美特殊需要学生教育大会中进行交流。教师们也在研究的过程中不断总结经验。《运用自然手语培养智障儿童、孤独症儿童沟通能力的研究》《告别枯燥——浅谈充分练习原则在培养智障儿童加减法计算技能的运用》《两种思维有机结合，提高智障儿童心智》等 10 余篇论文、研究报告刊登在《走进现代教育——"发展形象思维的理论研究与教学实验"课题研究十五年》《现代特殊教育》等书刊上。《运用多元智能理论提高智障学生的识字能力》《聋儿低幼绘本教学指导策略的个案研究》等百余篇论文还获得全国、市、区论文评比一、二、三等奖。几年来，我校教师本着边研究、边实践的原则，编写了 19 门适合我校现有学生使用的校本课程纲要、6 个学科 26 本校本教材及部分教师指导用书，这些教材受到学生的喜爱。此外，学校10 余名教师还在市、区乃至全国的教学大赛中获奖。学校课题实验教师 20 余人次获得"北京市东城区骨干教师""北京市东城区人民教师""北京市优秀教师""北京市师德标兵"等市、区级荣誉。百余名学生在全国、市、区组织的多项艺术节会演、特奥会活动中获奖。学校也连续两次获得"东城区教科研先进集体"，多种活动分别在中央电视台、北京电视台、《北京晚报》等多家媒体先后 20 余次进行播报。

(二)课题引发的思考

(1)课题研究使师生共同成长达到了双赢的目的。课题实践十几年来，不仅提高了教师的素质，使教育教学创新得以实现，有效提高了残障儿童教学的质量；更重要的是，该课题研究符合新课程标准，体现素质教育精神的教育观念，为智障儿童课程改革提供了一个坚实、崭新的平台。

(2)残障儿童的思维领域还存在着很多的空白，比如自闭症学生表现出来的现象我们还无法用脑科学的理论去解释。为此，我们还应不断深入研究，利用科学的手段发现学生的个体差异，根据学生的个性特点发展学生的潜能。

（北京市东城区特殊教育学校　刘志军　徐敦萍）

第十四章

开发大脑潜能,幼儿教育改革实验 15 年
——福建省龙岩市市直机关幼儿园实验园总结

一、基本情况

福建省龙岩市市直机关幼儿园是一所有 59 年历史的幼儿园。20 世纪 80 年代初复办以来,我园发展到 17 个全日制班级——包括小小班、小班、中班、大班,同时还辐射分管了 5 所分园,形成了有特色品牌的办园模式和现代化的管理模式。从 1995 年开始,我园跟随着我国教育家温寒江同志主持的"发展形象思维的理论研究与教学实验"课题深入开展研究,确立从形象思维入手,开发大脑潜能,形成我园独特的"全脑潜能开发"新课程,成为我们办园的亮点。

在开展此课题的过程中,"八五"期间,我们在一个班的实验使我们在教学理论认识上有了一些转变,开始对形象思维有了初步的认识,并认识到发展形象思维有利于开发幼儿大脑潜能。"九五"期间,我们又在小、中、大班各年段用两个班进行研究,让更多教师对幼儿形象思维发展有新的认识,并提高我们对幼儿教育的理念和做法,为我国幼儿教育改革探索新的模式。六个班的教学实验都引

起教师们的兴趣和重视，让她们看到了幼儿思维的活跃性，使幼儿的认知能力有了新的突破，且与其他班对比，成绩显著提高。因此，在"十五"期间，我们推广到全园四个年段来开展课题。小小班（2～3 岁）、小班（3～4 岁）、中班（4～5 岁）、大班（5～6 岁）共 17 个班 730 人进行了教育教学实验。通过实验，我们深深认识到，如果我们自己不创编一套比较适宜的教材和相关的学具，就很难进行更深入的研究，而且也体现不出我们的教育教学特点、形成教育教学一体化。所以，我们就一边实验一边编教材，用两年时间编出了一套"全脑潜能开发"教材和学具。我们还向中国专利局申请专利，经知识产权局的鉴定后，这套材料被批准为"创新实用型"的专利产品。因此在"十一五"期间，我们又推广到分管的 3 所不同类型的幼儿园进行实验，也取得了良好的效果。

二、幼儿教学改革基本思路和特点

我园教学改革的基本思路为：以主题教育为主线，以发展思维为核心，以自编教材为依据，以创设情境为依托。

（一）以开展主题教育为主线的新路子

我们在开展教育教学活动时，预设一个主题为抓手，密切结合幼儿教育各领域的教育内容。我们根据幼儿认知能力的发展特点，选择有教育价值的、幼儿熟悉和感兴趣的内容为主题对象，将健康、语言、科学、社会、艺术等五大领域的教育内容有机地整合和拓展。如大班主题活动六为《鼓鼓的花生宝宝》，其中"花生"是我们闽西的特产，幼儿既熟悉又亲切。于是在教学中，我们以"花生"为主题，将教学内容分布在各领域中——健康领域中为《花生营养多》《好吃的花生食品》；语言领域中为《花生旅行记》；科学领域中为《认识花生》《数花生》《花生乐园》；社会领域中为《种花生》《快乐的花生营》《花生加工厂》；艺术领域中为绘画《我喜欢的花生》、写生画《丰收的花生》、手工《巧用花生壳》《制作花生》、音乐《种花生》等。幼儿在活动中通过深入观察、主动探索、自主体验、有益尝试、交流讨论等实践活动，获得知识和经验，促进了思维的发展；教师在教育过程中根据幼儿的实际情况，对预设的主题进行合理的拓展和延伸，及时合理地调整教育目标，灵活有效地推进教育过程，增强了教育的针对性和实效性。

(二)发展幼儿思维是我们整个课程研究的核心

思维的全面发展包括抽象思维和形象思维。以发展形象思维为主，全面发展幼儿思维是我们课题研究的核心。我们在课程研究中，突出形象思维的发展，重视感知阶段的观察、体验，重视理解过程的再造想象。如在教大班幼儿欣赏散文《栽下一棵小树苗随想》时，文章的选材贴近生活、情景设计优美、语言流畅。在教学过程中，教师先让幼儿回忆、交流植树和春游的感受，通过形象记忆丰富相关旧知识和经验；接着教师声情并茂的朗诵，让幼儿初步体验散文内容的意境美。为了加深幼儿对散文的理解，教师还运用多媒体课件，结合生动形象、具体直观的画面，巧设提问，引导幼儿通过联想、想象、分析、综合等思维活动，达到对散文的理解，促进幼儿思维的全面发展。

再如在培养幼儿形象思维的过程中，在注重让幼儿观察体验的过程时，要向幼儿提供丰富的视觉环境。如要让中班幼儿画以"龟兔赛跑"为主题的4~6张的小连环故事画，就要让幼儿先听懂《龟兔赛跑》的故事，还要让幼儿角色表演这个故事。等幼儿有了一定的思维过程后再去画，幼儿画的作品就很有创意，内容丰富，画面美丽。同时，幼儿的形象思维也得到了发展。又如在写生画中，教师让幼儿认真、仔细地观察实物，引导幼儿分析总体与部分之间的联系、色与色之间的搭配关系、形与形之间的变化关系。教师在有意地引导幼儿思维的一个过程后，再来激发幼儿大胆的表现，幼儿就能感兴趣地去绘画。只有从形象思维入手培养，才可以使幼儿的心智能力得到比较好的发展。

(三)自编教材是课题研究的保证

经过"八五""九五""十五"关于"开发大脑潜能，发展形象思维"的课题研究，我们对幼儿教育的五大领域逐一进行分析和研究，以《幼儿园教育指导纲要》为准绳，编写出了一套既有特色、又能体现课题持续研究的幼儿教材。下面以语言、数学内容为例进行说明。

1. 语言方面

（1）主要内容：诗儿歌、故事、阅读识字卡、语言记忆训练。

（2）主要特色：

① 每首诗儿歌都配上了图片，便于幼儿边读、边理解、边记忆；还配有幼儿要重点掌握的词的字图卡片，便于幼儿操作运用、组合学习。同时，我们还录制了 CD，便于幼儿准确倾听。

② 每一个故事都配有图文并茂的小人书，便于幼儿人手一本自己翻阅观察，进行讲述。同时，也配有要重点掌握的词的字图卡片，便于幼儿组合学习。我们还针对各年龄段将故事录制成 CD，便于幼儿准确倾听。

③ 语言记忆卡是针对每个年龄段设计制作 100 幅图，每五幅图的内容都有相关联系，每幅图用简短的语言概述，便于幼儿快速看、听、读，训练幼儿的记忆力。

2. 数学方面

（1）主要内容：10 以内自然数的形成、序数、相邻数、组成分解、加减运算，以及排序、分类、时间和空间概念、对几何图形的认识和运用、钱币等。在小班、中班、大班，我们通过实践操作进行数学思维训练题。

（2）主要特色：

① 我们设计了"数学思维训练"学具，命名为"全脑潜能开发学具"。本学具包括操作板、博棋。其中操作板正、反面都设有数学方格；博棋分为正方形、长方形、圆形、半圆形、三角形、正六边形六种，共有 160 个。每种博棋表面都设有动物、植物、数字、运算符号等标识。这套实用新型学具有易于操作、结构简单、制作成本低、集学乐玩为一体等优点。

② 在设计每个年龄段数学思维训练内容时，我们注意了数学本身的系统性和逻辑性特点。每张"数学思维训练卡"都是从具体、形象、直观、简单的形式来解剖抽象的数学知识，使幼儿对学习数学产生浓厚的兴趣和热情，初步掌握数学知识。

（四）以创设情境为依托，以区域活动为补充

教学实践中，我们注重以情景、表象为依托，挖掘教材的因素，情景交融、知情结合。根据教材描述的形象和情景，我们运用绘画、音乐、道具、幻灯等布置教学情景。如在小小班"练习说话"时，可以通过设计情景，让成人和幼儿一起参与角色和对话，控制游戏规则。可以先玩"我藏起来了"的听力游戏，这是一个深受幼儿喜爱、令人激动的游戏。趁幼儿没看到时，成人在附近藏起来，并喊"我藏起来了，快来找我"。成人可以藏在能让人半隐半现的东西后面，让幼儿学会先判断声音的方向，再用眼睛去找。这个游戏也会让幼儿明白，所看到的肩膀与手臂及整个身体是连在一起的。幼儿找到成人的时候会非常激动，这正是一个让幼儿练习听力和说话的好时机——这就是根据人先有思维后有语言的特点来设计的情景游戏。

再比如做发音练习的游戏"你是谁"，这项游戏能让幼儿的注意力更集中，而且会先让幼儿想，再让幼儿说，而这也是开发宝宝形象思维的一种方法。例如出示一张香蕉图片——图片中的东西必须是幼儿认识的，成人说道："这香蕉好吃吗？"随后，成人拿出一个真香蕉放在图片旁边，用谈论图片的方式和幼儿说："这个香蕉，真好吃，真好吃！"从而将图片上的东西与真实的东西联系起来。像这样在一次游戏中拿出 3～5 张图片和实物进行思维链接后，再让幼儿挑一件玩一玩或尝一尝，幼儿会边吃边说："我吃香蕉啦！"

根据幼儿的学习特点、兴趣爱好和教学需要，教师、幼儿共同创设了各活动区域，如数学思维训练区、语言阅读识字区、创编故事区、美术活动区、唱歌表演区、角色游戏区、建构游戏区、体育锻炼区等。幼儿在自由活动时间可以自由选择区域进行活动，教师

则根据幼儿的需要和发展目标，进行观察和给予适时、适当的指导帮助，让幼儿感受自由、自主、放松的学习氛围和方法。这样就把各类抽象的知识化解成了幼儿喜爱、易于操作、生动活泼的区域小活动，激发了幼儿的学习兴趣，促进了幼儿两种思维的发展。

三、教学改革实验的内容

幼儿教育要走"发展形象思维—发展语言—思维全面发展"的教育模式。

(一)小小班教学内容

人的发展先有思维后有语言，因此教学中要多用形象思维中的听觉思维和幼儿说话，创造良好的语言倾听环境。

幼儿在自发的发声时期，还没条件模仿成人说话，但婴儿出生仅一天就能辨认自己父母的声音。这是因为在母亲怀孕期间，父母都在胎儿周围说话，胎儿就会感觉到父母的声音。因此，幼儿先有初步的形象思维，而成人经常用丰富的面部表情、富有变化的语调——如轻声和大声的起伏变化、强弱声音的变化或节奏不同的变化，会吸引幼儿比较持久地听你说话。而且对着幼儿说话时，让幼儿看清说话的口型和嘴的动作，便于幼儿的言语视觉和言语听觉协调起来，加深对语音和语调的感受，这些对他们以后学习说话是很有好处的。

在小小班里训练幼儿的听力和倾听能力，是发展语言的前提。俗话说：听得清楚，才想得明白。也就是说，听懂后，就懂得如何去做了。因此，从小培养婴幼儿良好的听力与良好的倾听习惯，是幼儿语言发展的重要条件。训练好幼儿的听觉，关键在于如何灵活掌握多种训练方法，且要做到持之以恒。如有意识地制造一些声音，用游戏的方式开门、关门，把东西摔在地上或东西与东西相碰从而让幼儿分辨是什么东西发出的声音。再如用录音带录下汽车声、水声、鸟声、撕纸声、熟人说话声，让幼儿分辨；或在教室里唱歌，一边唱一边听节拍并一边拍打节奏，区分音乐声音大小、强弱、快慢。还可以让幼儿每天倾听成人读一段故事或一首诗歌，这不仅培养了幼儿阅读的兴趣和习惯，还逐步培养了他们的语言和理解能力。这种积极的阅读方式特别有助于婴幼儿语言能力和思维能力的发展。

我们在上语言课时，很注意培养幼儿的倾听能力，特别是在小小班上语言活动课时，我们经常玩"传悄悄话"的游戏。如将5名幼儿排成一队，第一位幼儿由老师对着他的耳朵轻声说一个词语，接着第一位幼儿将听到的词语对第二位幼儿轻声传说，依次类推地接传，到第五位幼儿时，他(她)将前一位幼儿传话的词语大声说出来，看一看对不对。刚开始玩这种"传悄悄话"的游戏时可以传"词语"，当幼儿学会后，教师可以用儿歌里的句子，让幼儿重复玩这个"传悄悄话"的游戏，幼儿也百玩不厌。这种安静的游戏让每位幼儿都能体验到分享和倾听的乐趣。另外，对于听力水平稍弱的幼儿，教师要更加关注。教师可以有意走到幼儿的面前，要求幼儿看着教师听教师说话；教师提问题的时候，要幼儿认真倾听；当幼儿回答问题的时候，教师要用鼓励的眼神、和蔼的笑容，耐心倾听幼儿说话，让幼儿听明白后再回答问题。再者，教师可以多让幼儿倾听故事，但要配上轻柔的音乐作为背景，这样幼儿会在很放松的情绪下听故事，而且坚持的时间会比较长，倾听能力也就容易培养起来。同时，在日常活动中，教师要以规范、准确的语音发指令，让幼儿"按指令行事"，如听指令做相应的动作，听音乐节奏配上相应的动作，还可以在日常生活中交给幼儿一些任务让幼儿去完成，以锻炼幼儿对语言的理解能力。

（二）语言教学内容

我们语言教育过程的新模式是：语言情境—观察活动—语言表达。

如何将形象思维与抽象思维有机结合起来？我们的做法是，让幼儿在通过听觉、视觉、触觉等感知客观物体的过程中发展语言思维。例如，阅读故事不应只停留在看和讲述上，还应注重幼儿思维、记忆力的培养，注重陶冶幼儿的情感，加强艺术的表演，从而加深幼儿对故事的理解，发展幼儿的思维能力和语言表达能力。教师还应注重帮助幼儿积累相关的知识与经验，采用形象生动的教学或利用多媒体教学，让幼儿从感性入手，积累表象，理解故事，复述故事。

首先，要注意巧设情境。如给小班讲故事《两只小羊》，教学前借助实物创设"独木桥"，让幼儿自由练习走"独木桥"，积累过独木桥的经验。有了感性认识，幼儿对故事里两只小羊由于过独木桥时互不相让、结果双双掉进河里产生了深刻的感受。幼儿同时深刻地理解了故事所要表达的美好情感和蕴涵的道理：过独木桥时，彼此间可以协商、礼让，如果毫不讲理、互不相让，对双方都没有好处。

其次，语言教学注意设定课时。我们主要采取分课时的教学活动，每个课时都有不同的目标和重难点：第一课时，引导幼儿从观察封面开始，从封面中去了解故事的名称、作者及背景，然后再一页页引导幼儿观察画面内容，引导幼儿提出问题，或由教师提出一些问题引导幼儿进行思考，指导幼儿从画面中去寻找答案，使幼儿能初步理解故事的主要情节和故事内容；第二课时，结合图片和多媒体教学，帮助幼儿熟悉故事情节，丰富词汇，学说优美的词句；第三课时，采取个人、小组、竞赛等形式，要求幼儿能清楚、连贯、有感情地复述故事；第四课时，通过布置场景、提供道具，引导幼儿根据故事情节生动、有表情地表演故事。如讲《守株待兔》的故事时，我们根据故事情节的发展预设了以下几个层次的问题，首先是"你们觉得他（农民）还能等到兔子吗"，并以此引导幼儿结合故事情节展开联想、分析。得到幼儿的否定回答后，教师再跟进提问："为什么等不到兔子？"让幼儿充分展开想象、推理，大胆地表达自己的想法。接着，教师再根据幼儿的回答继续追问："如果你是他（农民），还会继续等兔子吗？ 为什么？"从而启发幼儿不断地结合故事情节和已有知识（经验），积极地运用各种思维方法，循序渐进、层层深入地理解故事。

（三）数学教学内容

由于幼儿学习数学是抽象思维的起步（萌芽）阶段，因此，我们通过"操作活动—口头语言—符号语言"来认识生活中的数学。数学包括了很多方面内容，如何让数学与数学之间相互链接、达到迁移，又抓住幼儿思维发展的特点进行突破性教学，十几年来我们下了很大工夫进行探索研究，并边实践边论证，终于创编出一套《全脑潜能开发》的教学学具，同时也编成了各年龄段系列数学思维训练题。这样幼儿不仅学得轻松，而且很感兴趣，更重要的是幼儿初步掌握了学数学的基本方法。如我们在设计具体形象活动中，努力将逻辑抽象的数学渗透在具体表象之中，让幼儿在反复积累表象和统计的过程中，得出数学之间的逻辑性和实用性。例如，我们在小班玩多几何拼块时，让幼儿拼自己喜欢的图案，然后请幼儿数一数自己用了几块正方形、几块正六边形、几块三角形、几块梯形，再请幼儿当"小小统计员"记录所需用的"材料"（这里指的是多几何拼块操作材料）。而小班幼儿不大会用数学记录，所以刚开始让幼儿用"1"来表示一块块，最后让幼儿边数、边记、边读用了几个"1"，慢慢地引导和启发幼儿说出"一共用了几块"这样从具体形象物转移到抽象的数学当中，并通过反复操作具体的事物，幼儿不厌其烦地拼、数、记，以及教师不断鼓励幼儿"你拼的图有多好""你是小小设计师吗"等肯定的语言，让幼儿的学习兴趣始终保持在最佳状态，反映幼儿对主体的外部动作和内部动作的协调。教师还可向幼儿提出一定范围的要求，让幼儿发挥想象和创造，这也是我们培养幼儿形象思维的另一个要求——想象。如提出"请你拿出3块红色的六边形、4块绿色的三角形，排一排、数一数、拼一拼，变成什么了"，没想到，幼儿不仅数量拿得准确，拼出来的作品也让人吃惊，真有百花齐放的感觉。就这样，从小班开始一直训练到大班，幼儿的数学心智发展较成熟，思维的灵敏性和思维的品质也发展较好，使幼儿学起数学不感到困难而且爱学。这就是通过幼儿自身对直观教具的演示，使抽象的数或形的概念具体形象化，让幼儿直接感知具体形象中的数量关系和时空关系，从而在头脑中形成表象，并在多种表象的基础上进行抽象概括，最终形成数学概念的一种方法。

再如，在动手操作中积累经验，化解组成教学的难点：组成教学中，需要幼儿不断地操作以使幼儿在动手操作中获得大量的感性经验，促进幼儿从感知水平上的分合过渡到抽象水平上的分合，从而提高幼儿的思维能力。如教"5 的分解与组合"时，教师引导幼儿在棋盘上反复用"上楼梯""下楼梯""交换位置"的方法操作练习。

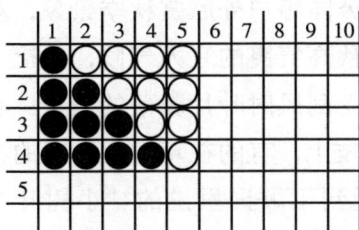

"上楼梯"的方法
图 1

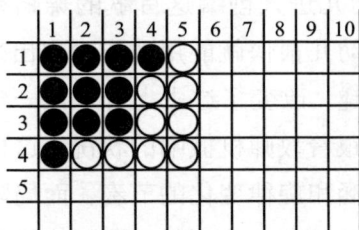

"下楼梯"的方法
图 2

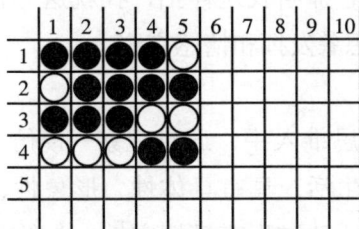

"交换位置"的方法
图 3

这样将抽象的数变成可触摸的、直观的感知活动，让幼儿在操作中完成"5 的互换和互补"规律探索，帮助幼儿建立"5 的分解与组合"的教学模式。在此基础上，再教幼儿 6 ~ 10 的分解与组合，引导幼儿如何分得又好又快，从而培养幼儿举一反三的能力。

（四）艺术教学内容

我们倡导让幼儿在活动中去感受，让幼儿用眼睛去看，用耳朵去倾听，用脑子去想、去记，用语言去表达内心感受到的世界，用图去表现思维的结果，使思维和情感得到很好的发展。

例如，通过情景教学唱歌、运用直观的现实场所丰富表象，使幼儿在获得音乐直感和现实意境的同时，联想起音乐表达的意境，对音乐有初步的想象和理解，很快便学会一首歌曲，唱起歌来情声相融，并且能用表演的形式表达内心的感受。如《我是一片树叶》歌曲教学过程中，教师先带幼儿到公园等户外欣赏秋季景象，观察花草树木的变化，感受秋风拂面、秋高气爽的宜人气候，并捡起一片片落叶，做成叶环戴在头上，感受刮风时叶片飘落的情景：有的叶子被吹到花丛中，有的被吹到树枝上，有的在草地上，有的在房顶上，有的在石块上……确实感受到了歌词里说的"小树叶穿黄袄，一片片站不牢"的情景。当幼儿进入创编这首歌的舞蹈动作时，因为有了亲身的感受和体会，幼儿很快就能用动作表现出来。幼儿情绪高涨，教师教起来轻松有趣，改变了过去上音乐课一句句教唱法或整曲教唱法、幼儿一遍遍跟着教师机械唱的状况。这样即使学会了，幼儿也难以理解歌词内涵和旋律变化的节奏，而局限在"老师教我这样唱，我就这样唱；老师叫我这样拍，我就这样拍"的被动的学习方式，埋没了幼儿的想象发挥和情感交流。

（五）科学常识教学内容

科学常识教学中，教师从形象思维入手，通过观察—模仿—操作—游戏—分析，使教学贴近幼儿生活，具有具体性、形象性、可操作性、趣味性，让幼儿喜欢；且活动过程充满探究性，为幼儿学语言、美术等各领域铺垫知识作准备，起了很大作用。也就是先有具体形象的物和具体的事，让幼儿通过各种感官感知事物的本质特征后，用抽象的语言或数字去概括表示已感知的事物或事物的来源和形成过程，使幼儿更能想象并且掌握其他知识和技能，更能用形象思维方法学习儿歌、讲述故事、编画故事等。如为使小小班幼儿认识"小熊面包"是怎样做出来的，就让幼儿和家长一同去面包房，按照《小熊面包》儿歌的顺序亲自做一遍。每做一个环节，家长就给孩子读一句儿歌，一边做一边读，有的家长还将做的过程拍摄下来。这样，小小年龄的幼儿备感兴致，自豪地同教师和同伴说"我做出可爱的小熊面包啦"，而且幼儿很快明白儿歌里所讲到的动词——"搅""拌""搓""压"等，认识了食品中的糖、面粉、蛋、牛奶等，还认识了一些用具和烤箱的作用。每当小小班幼儿再次读起这首儿歌时，他们又配动作又自豪地声情并茂。虽然这首儿歌句式多、字词多，但幼儿也可以一字不漏地朗读。

四、课题研究成果

为了了解我园新编教材的教学效果，我们对我园大班毕业的幼儿升小学后的情况作了跟踪调查，内容如下。

（一）幼儿认知能力调查分析

我们从2008届市直机关幼儿园大班随机抽出80名幼儿，在大班毕业升入小学后，分别在小学一年级上学期和二年级上学期对幼儿进行了跟踪调查，其中男女各半，平均年龄分别为6.9岁和7.9岁。调查主要针对认知能力（数学能力、阅读能力、观察力、记忆力、注意力、想象力及口头表达能力）等方面进行。这些幼儿在接受"发展形象思维教学"训练中，从中班开始使用我们园本开发的"全脑潜能开发"教材和学具，共使用两年。在跟踪调查中，我们把各项能力分为好、中、差三个等级，其分值分别为3、2、1分，分值越高，能力越强。从统计图（见图4）中我们发现：各种能力中，好的等级最多，差的等级几乎是零。这说明，本教学法对提高学生的认知能力是有效的。其中最高的能力是记忆力，其次是想象力和口头表达能力，数学能力次之；三者的总平均分分别是2.83、2.78和2.76。而记忆力是以表象记忆为主。

总平均分

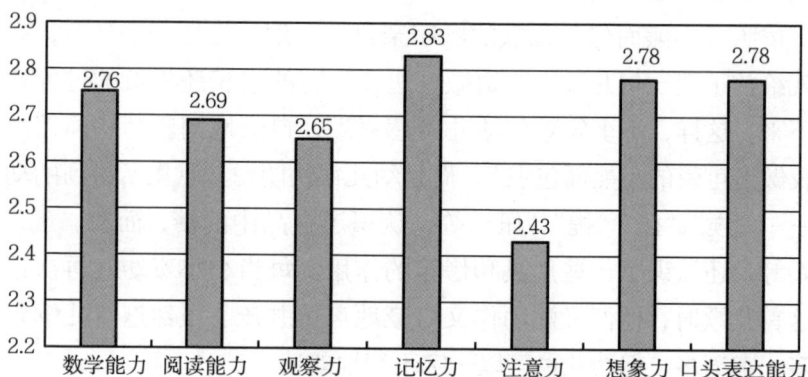

幼儿认知能力统计图
图4

（二）幼儿学科成绩调查分析

我们从2008届市直机关幼儿园大班随机抽出80名幼儿在其毕业后进行跟踪调查，分别调查了他们在小学一年级上学期和一年级下学期的成绩，其中男女各半，平均年龄分别是6.9岁和7.5岁。调查主要针对数学成绩和语文成绩等方面进行。这些幼儿在接受"发展形象思维教学"训练中，从中班开始使用我们园本开发的"全脑潜能开发"教材和学具，共使用两年。我们在调查中，将学生成绩分为优、良、中、差四个等级，其分值分别为4、3、2、1分。从统计图（见图5）中我们发现：幼儿的成绩为优的占多数，为良的只有几个，为中和差的都为零，且其数学与语文成绩总平均分都是3.99分。这说明，本教学法的成效体现在幼儿的成绩上是可喜的。

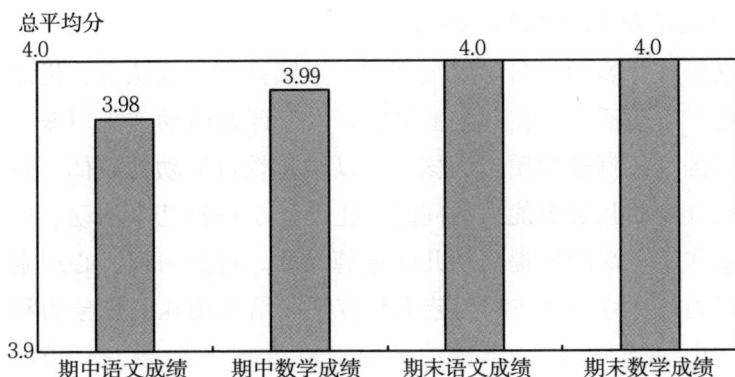

总平均分

幼儿学习成绩统计图

图5

(三)幼儿行为习惯调查分析

我们从 2008 届市直机关幼儿园大班随机抽出 80 名幼儿在其毕业后进行跟踪调查，分别调查了他们从一年级上学期、一年级下学期到二年级上学期的生活习惯和学习习惯等方面，其中男女各半，平均年龄分别是 6.9 岁、7.5 岁、7.9 岁。这些幼儿在接受"发展形象思维教学"训练中，从中班开始使用我们园本开发的"全脑潜能开发"教材和学具，共使用两年。我们在调查中，将幼儿在各个习惯方面的表现分为好、中、差三个等级，其分值分别为 3、2、1 分。从统计图（见图 6）中我们发现：幼儿的学习和生活习惯的平均分均为 2.6 分。这说明，本教学法对幼儿生活与学习习惯的培养也起了很大的作用，能促进幼儿养成良好的行为习惯。

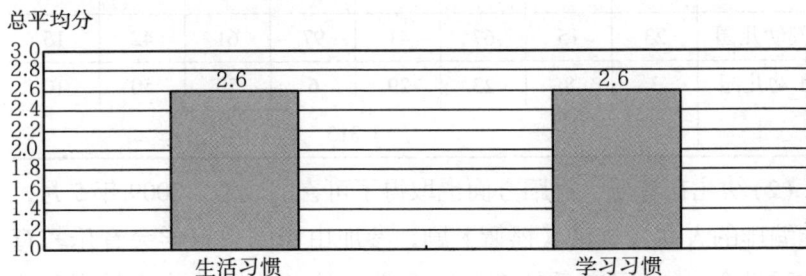

总平均分

幼儿生活习惯和学习习惯统计表

图6

（四）幼儿参加各种活动获奖情况

我园在深入开展学习科学发展观中，紧紧把握"强队伍、优课堂、创特色"实践活动。在"全脑潜能开发"课题活动实施以来，我园注重以提高教育教学质量为核心，以幼儿教育活动为载体，并在不同领域开发幼儿思维能力的同时，还设计了各种艺术活动、社会实践活动和亲子活动来提高幼儿的道德品质、行为习惯、心理素质、交往能力等。特别是在利用艺术教育手段培养幼儿的想象力和创造力方面，我们积累了丰富的经验，也得到了社会、家长的好评。

（1）2009年10月，我园课题组成功申报了"戴敏敏全脑潜能开发名师工作室"。我园在每个月开展的"快乐挑战"各项之星评比活动中，让幼儿自愿报名参加各种快乐挑战的项目，并通过名师工作室的教师对参加快乐挑战的幼儿一一进行评估，鼓励更多的幼儿大胆地挑战自我，展示自己的个性风采，同时也锻炼了幼儿的心理素质——在"快乐挑战"的平台中体验成功的喜悦、失败的磨炼。通过这个平台，幼儿能积极地参与活动，其中11月份就有1 315人获得成功，详见表1。

表1　2009年11月"快乐挑战"各项之星成功情况统计表（单位：人）

项　目	唱歌之星	舞蹈之星	阅读识字之星	记忆之星	体育之星	数学之星	美术之星	创编故事之星
市直幼儿园	50	65	191	81	61	104	143	51
富健幼儿园	23	15	67	41	97	61	42	15
121幼儿园	3	8	23	29	6	79	50	10
总计	1 315							

（2）幼儿在音乐、舞蹈方面也取得了可喜的成绩。2009年5月，我园编排的大型音舞诗《摇篮》剧，参加由中国教育学会音乐教育专业委员会、《中国音乐教育》联合举办的"首届幼儿音乐剧"活动，并获优秀奖。

（3）幼儿获其他奖项的情况：

① 在 2008 年全国"真彩"杯童心画语大奖赛中，我园送评 513 幅作品，获奖 403 幅，获奖率近 80%。其中特等奖 27 幅，金奖 59 幅，银奖 101 幅，铜奖 115 幅。

② 在第九届"星星河"杯"全国少年儿童美术书法摄影作品"大赛中，我园送评 443 幅作品，获奖 258 幅，获奖率近 60%。其中一等奖 56 幅，二等奖 61 幅，三等奖 88 幅，优秀奖 53 幅。

③ 2009 年 5 月，我园开展了幼儿美术现场作画比赛，获奖情况见表 2。

表 2　2009 年 5 月幼儿美术现场作画比赛获奖情况统计表(单位:人)

项目 奖项	特等奖	一等奖	二等奖	三等奖	优秀奖
写生画	1	66	23	10	—
主题画	5	75	15	11	—
亲子制作	—	—	—	—	42
总计			248		

(五)教师队伍的成长情况

(1)以脑科学新成果的理论为依据，我们先后认真学习了总课题组编撰的《开发右脑——发展形象思维的理论和实践》等十几本书，转变了教育理念，树立了以幼儿为主体的意识，为培养创新人才打下坚实基础。我们认识到广大教师应该起主导作用，在幼儿的主体地位、师幼互动、幼幼互动、亲子互动等方面，扮演促进者、激发者、辅导者的角色。教师对各种能力的培养也有了更进一步的认识，即教育活动的重心应放在如何促进幼儿"肯学""爱学"和"会学"上，从小培养幼儿良好的学习习惯和生活习惯，使每位幼儿都能得到个性的、全面的、可持续的发展。开展对一个课题长达十几年的不断追求和研究，促进了教师思想的稳定性和研究的有序性，激发了教师终身学习的愿望。特别是总课题负责人温寒江先生已 80 多岁仍执著钻研的精神，更加激励我们永不放弃，使我们一步一步走向实践成功之路。近三年来，我们总结出 160 篇教学论文和

2 650 篇优秀教案。

在教育理论上，我们认识了什么是现代教育理论，特别是对思维的理解有了更深层面的认识。我们体会到形象思维在教学上是有声有色、有情有境、贴近生活、贴近实际的，而在教学过程中发展两种思维，可使学习变得生动活泼和比较有趣味，使学习的内容变得比较易于理解，教师也能对思维有比较全面、深刻的认识，有力地指导教学实践。

（2）教师论文获奖情况（2007—2009年）：

① 2007年，我园选送45篇论文参加"北京市教育学会发展形象思维的理论研究和教学实验"第五次征文活动，41篇获奖。其中一等奖3篇、二等奖21篇，雷彩银老师还在大会上进行了交流。

② 2009年5月，我园选送88篇论文参加"北京市教育学会发展形象思维的理论研究和教学实验"第六次征文活动。其中一等奖10篇、二等奖58篇，得到了总课题组专家的赞誉。

③ 三年来，我园另有30余篇论文在省、市获一、二等奖，十几篇论文在全国公开发行的专业刊物发表。

（3）2009年，我园戴敏敏园长获龙岩市首批名校长称号；林杭英、池丽英获首批市级名师称号；雷彩银、余萍、连怡霞、王卫苗、陈婕、张向阳等6位教师被评为园级名师。我园还成立了"戴敏敏全脑潜能开发名师工作室"，带领全市幼儿园教师开展相关课题研究。

近十几年来，我园先后荣获"省优质幼儿园""省、市文明学校""省先进幼儿园""省家庭教育先进园""省巾帼文明示范岗""市平安学校""市绿色学校""市三八红旗集体"等光荣称号。园长戴敏敏也获得"省优秀校长""省先进教育工作者""省课题改革先进工作者""市管拔尖人才""省、市三八红旗手""市十大青年优秀人才""市名校长"等荣誉称号。

五、家长和社会的反响

(一) 家长的反响

"开发大脑潜能，发展形象思维"课题研究，得到了家长的认可。

在新课题的研究过程中，我们始终注重通过家园配合提高教育教学质量。从开学初的新生家长会到家长学校课题讲座、课题研究活动展示和开放日、各项亲子活动……引导家长共同参与幼儿园的课题研究，体验幼儿园实施课程改革的方法、策略和途径，给家长留下了美好的回忆，家长对幼儿园科研给予了大力支持和高度评价，促进了课题研究的进程和效果。

课题研究的过程和结果好坏与家长反馈的意见是密切关联的，因为对每位幼儿的成长，家长们是看在眼里，喜、忧在心里，而幼儿的成长是家长的希望，因此，家长非常关注幼儿园教育教学改革。通过这十几年的深入研究，以及与一批批家长的交谈和反馈，家长给了我们比较高的评价。如大一班胡宇涵的家长在《幼儿园是孩子成长的乐土》中写道："四年里，幼儿园开展了'游戏与全脑潜能开发'课题，内容包括趣味美劳、科学的游戏阅读、识字训练、数学思维训练、语言记忆训练。从游戏中学知识，激发了孩子的求知欲望，使他能够很快掌握知识，应用知识。幼儿园还每年举行'乐乐运动会''爱在我心中'幼儿演讲比赛、'六一'幼儿现场作画比赛、'六一'文艺会演、'全脑潜能智能大赛''家长开放日'等活动，使孩子在德、智、体各方面得到比较全面的发展。尤其是绘画，他经常代表班级参加全园比赛，在今年'六一'幼儿现场作画主题画比赛中获得特等奖的好成绩。看着孩子在'全脑潜能智能大赛''六一'文艺会演中临场表现大方冷静、表演生动，我几乎热泪盈眶。我想，儿子这几年的发展变化除了家庭重视外，很重要的一点就是幼儿园老师对幼教事业的全身心投入和对孩子无私的爱，给他提供了展现自我的机会，增强了他的自信心，这为他今后的成长打下良好的基础。四年来，孩子每天都给了我们太多太多的惊喜，太多太多的感动。在孩子即将幼儿园毕业之际，我们全家衷心感谢为孩子提供苗壮沃土的幼儿园，感谢拥有慈母爱心的老师们。"

又如，小小二班朱翀毅父母钟金香、朱茂富在《情景趣教，促素质根基》中写道："情景趣味的充分体现，是宝宝肯学、爱学且好学的前提。在平时的'家教'过程中，我们得以有接触、感受《全脑潜能开发》教材的机会。应该说，教材在抓住幼儿情致、兴趣方面具有独到之处，也就是提供了适合这一年龄阶段小孩的事物。字配画、景配内容会让宝宝爱学、易学，而有了情结合景的基础、前提，方让宝宝有了学习的兴趣。在家长面前，宝宝经常会触景生趣地给我们讲述毛毛虫、四季太阳、多彩小石头、小花猫的情景故事，也会给我们讲司马光、小羊、达·芬奇、小红花的故事。有时，当我们给宝宝复述时，宝宝还会经常纠正我们的不足呢！此外，宝宝还会在别的小朋友面前展示说，我们学校有什么、什么，我们学了什么、什么，可谓乐在其中。适合并优质的教学，是宝宝学有所长的关键。我们没有从事过教学工作，但从宝宝日常的表现可以直接地看出，市幼有一套极适合幼儿学习的教学方式与环境。宝宝经常在家里说，这是郭老师教的，这是连老师教的。我们有时问宝宝，老师教的听得懂吗？宝宝会毫不犹豫地说，听得懂、喜欢！还会纠正我们平时的一些说教方式。"

(二) 社会的反响

"全脑潜能开发"的学具和教材，被推荐参加第十一届中国北京国际科技产业博览会。经与美国泛太平洋公司和澳洲圣安国际教育联合有限公司洽谈，我们选择了澳洲"圣安国际教育"合作共同开发此项目。

(福建省龙岩市市直机关幼儿园　戴敏敏)

出 版 人　所广一
项目统筹　杨　巍
责任编辑　刘　灿　郑　莉
版式设计　刘　莹　沈晓萌
责任校对　贾静芳
责任印制　叶小峰

图书在版编目（CIP）数据

教学改革的回归与创新："学习与思维"课题研究
20 年/温寒江，王迎春，连瑞庆主编 . —北京：教育科学
出版社，2010.11（2017.7 重印）
（脑科学·思维·教育丛书）
ISBN 978－7－5041－5341－8

Ⅰ. ①教… 　Ⅱ. ①温… ②王… ③连… 　Ⅲ. ①中小学—
教学研究　②中小学生—教学改革—研究　Ⅳ. ①G632.0

中国版本图书馆 CIP 数据核字（2010）第 213015 号

脑科学·思维·教育丛书
教学改革的回归与创新——"学习与思维"课题研究 20 年
JIAOXUE GAIGE DE HUIGUI YU CHUANGXIN—— "XUEXI YU SIWEI" KETI YANJIU 20 NIAN

出版发行	**教育科学出版社**				
社　　址	北京·朝阳区安慧北里安园甲 9 号		市场部电话	010-64989009	
邮　　编	100101		编辑部电话	010-64981245	
传　　真	010-64891796		网　　址	http://www.esph.com.cn	
经　　销	各地新华书店				
制　　作	北京金奥都图文制作中心				
印　　刷	保定市中画美凯印刷有限公司		版　　次	2010 年 11 月第 1 版	
开　　本	165 毫米×239 毫米　16 开		印　　次	2017 年 7 月第 4 次印刷	
印　　张	20		印　　数	4 501—5 500 册	
字　　数	248 千		定　　价	45.00 元	